性暴力をめぐる語りは何をもたらすのか

被害者非難と加害者の他者化

前之園和喜
Maenosono Kazuki

勁草書房

性暴力をめぐる語りは何をもたらすのか
――被害者非難と加害者の他者化

目次

序章　性暴力をめぐる語りを分析する

本書は、性暴力をめぐる報道において被害者と加害者、そして被害者でも加害者でもない第三者の「わたしたち」がどのように語られているか、また、そこにどのようなジェンダー規範が作用しているかを、具体的な新聞・雑誌メディアの言説の分析をとおして明らかにしたものである。

近年、性暴力を告発する機運を高めた#MeToo運動の広がりや、二〇一九年三月に相次いだ性暴力事件無罪判決への抗議に端を発するフラワーデモの盛り上がりなど、性暴力への世間的な関心が高まっている。長いあいだ沈黙させられてきた性暴力被害者、そして性暴力そのものが不可視化されてきた現実が改めて浮き彫りになるとともに、被害者や事件の多さにも注目が集まった。

ただ、このように性暴力が大きな注目を集めているとはいえ、すべての人が性暴力を身近に起きる／自分が起こす可能性のある喫緊の問題として考えているとはいえないのではないか。実際、香川県による県政モニターの調査では性暴力を「意識したことがない」と答えたのは、調査対象者のうち五七・二%にのぼる（香川県 2015:4）[1][2]。しかし、この調査からは男女差がわからないため[3]、男性と女性とで性暴力を喫緊の問題として感じる度合いがどれほど異なっているのかを推し量ることはできない。同様に、大学生を対象にした性暴力にかんするアンケート調査の自由記述を分析した研究では、男女差はわからないものの、「性暴力の問題は、自分や身近な人が痴漢やセクシュアルハラスメントの被害にあうなどして身近な問題であると捉えている学生がいる一方で、ニュースやドラマの中の遠い出来事としか感じられない学生も一定数いることが分かった」と報告されている（執行ほか 2019：140）。つまり、性暴力が注目される状況のなかでさえ、性暴力を自分ごととして認識していない人びとが一定の割合で存在しているのである。

しかし、実際には性暴力が身近に起きていることはデータからも示されている。一九九九年度から三年ごとに無作為抽出法によって実施されている「男女間における暴力に関する調査」(4)（内閣総理大臣官房男女共同参画室および内閣府男女共同参画局）で、該当するデータがある二〇〇五年度から二〇一四年度までの調査では、女性のみを対象に「子どもの頃も含めて、これまでの経験についてお聞きします。あなたはこれまでに、異性から、無理やりに性交されたことがありますか」との問にたいして「あった」と答えた割合（「一回あった」と「二回以上あった」を合わせた割合）は六・五％から七・七％のあいだで推移しており、その加害者のうち配偶者や交際相手などの面識のある男性（複数回答）の割合は七四・四％から八六・〇％を占めている（内閣府男女共同参画局 2006：71–2, 2009：82–4, 2012：47–8, 2015：61–2）。被害経験の対象を肛門性交と口腔性交にも広げ、女性に限らず全員にたずねた二〇一七年度の調査では、七・八％の女性が「無理やりに性交等」をされた経験があると回答しており、その加害者は、配偶者・元配偶者が二六・二％、交際相手・元交際相手が二四・八％、職場・アルバイト先の関係者が一四・九％など（複数回答）、面識のある男性[5]が大半を占めている（内閣府男女共同参画局 2018:68-71）。二〇二〇年度の調査でも被害経験率や加害者の多くを面識のある男性が占めている傾向はほとんど変わらない（内閣府男女共同参画局 2021:70-3）[6][7]。これらの数字は、一三～四人に一人の女性が意思に反する性交（等）の被害にあっていることを示しているだけでなく、その加害者の大半が面識のある男性であることも示している。

「男女間における暴力に関する調査」では、「無理やりに性交（等）された」という性暴力のみに焦点をあてているが、性暴力は意に反した性交（等）に限定されない。より幅広く被害経験についてたずねているのが、ＮＨＫによる「性についての実態調査」[8]の一部の設問である。「あなたは、これまでに自分がまったく望まないのに次のような性的被害（ちかん《ママ》、強姦など）を受けたことがありますか」との問に対して、「そのようなことはない」の回答と無回答を除き、複数回答で女性の三二％がなんらかの被害にあっていると回答している（ＮＨＫ「日本人の性」プロジェクト 2002:235-6）[9]。つまり、女性の三人に一人は性暴力被害にあっているのである。なお、性暴力被害に痴漢を含むため、加害者（複数回答）は「見知らぬ人」が七七％で最多となっており、以下、「知人」が一三％、「友人」が六％と続く（ＮＨＫ「日本人の性」プロジェクト 2002:236）。

　これだけの女性が配偶者や交際相手など面識のある男性から性暴力の被害にあっているにもかかわらず、一定数の人びとが性暴力を「自分とは関係のないこと」と考えているのはなぜであろうか。そういった意識は人びとがもつ性暴力や加害者・被害者のイメージとどのようにかかわり、そのイメージはどのように作られているのであろうか。

こうした意識やイメージを人びとが形成するにあたって不可欠となる、性暴力を含む犯罪にかんする情報の入手源は、マス・メディアの報道がその大半を占めている（内閣府「治安に関する世論調査」二〇〇四年、二〇〇六年）。そうした情報から性暴力への人びとの意識やイメージはどのように形成されていくのであろうか。

本書は、日本語メディアにおける性暴力被害者・加害者像の分析を行うとともに、それによって被害者でも加害者でもない「わたしたち」が性暴力とどのように向き合っているのかを分析するものである。

1　被害者と加害者はどう語られてきたか

本節では、以上の問題関心にもとづき、性暴力をめぐる語りにかんする先行研究を概観することで、性暴力被害者と加害者がどのように語られてきたかを確認していく。

なお、本書が対象とする性暴力は、男性の加害者によって女性の被害者にたいして行われた性暴力である。むろん、それ以外の性暴力――たとえば、男性から男性への性暴力や女性から男性への性暴力――は不可視化されているものの、たしかに存在しており、その調査や研究も進展している（たとえば、内閣府男女共同参画局 2018:68, 2021:70）。それでもなお本書は、男性から女性への性暴力を対象とする。なぜなら、男性から女性への性暴力が大多数を占める状況において（内閣府男女共同参画局 2018:71, 2021:73。序章注5も参照）[(10)]、こうした性暴力は男性を上位に、女性を下位に位置づける非対称なジェンダー秩序のもとで起こり、女性に性暴力の恐怖を植えつけることでその秩序を維持する機能さえ果たしていると考えられるからである（Brownmiller 1975=2000:6）。この形態の性暴力に着目することで、本書は、性暴力の語りにジェンダー規範がどのように作用しているのか、そして男女で非対称なジェンダー秩序がどのように維持・再生産されているかを考察する。

以上の点から、本書は男性が加害者であり、女性が被害者である性暴力の語りを分析する。以下ではその形態の性暴力をめぐる言説を分析した研究を概観することにする。

1-1　被害者の語られ方

被害者の語られ方にかんする研究には多くの蓄積があるが、ここでは被害者への非難（victim blaming）についての研究を概観する。性暴力被害者が語られるとき、被害者の言動に非難されるべき要素が認められるかどうかが厳しく詮索される。そのため、被害者をめぐる語りの多くが非難に言及しているからである。

先行研究で指摘される被害者の語られ方として、非難の有無によって被害者を二分する枠組みがあげられる。アメリカの新聞を分析したヘレン・ベネディクトはこの枠組みを「聖女（virgin）」／「魔性の女（vamp）」の二分法と呼び（Benedict 1992:23-4）、アメリカのテレビ・ニュースを分析したマリアン・メイヤーズは「聖女（virgin）」／「尻軽女（whore）」または「良い娘（good girl）」／「悪い娘（bad girl）」の二分法と呼んだ（Meyers 1997:53）。非難の有無にもとづく被害者の二分法において、前者が非難される点のない被害者、後者が非難されるべき被害者であると認識される。同様に、性暴力を含む犯罪にかんする日本のテレビ・ニュースを分析した小林直美は、ニュースの型を、被害者を悲劇の主人公とする「ヒーロー／ヒロイン型」と、性規範を逸脱したなど被害者を悪く表象する「悪女型」とに分けている（小林 2014:124–5）[11]。この分類も被害者への非難の有無に依拠している点で、ベネディクトやメイヤーズの二分法と共通であると解釈することができるため、日本のメディアにおいても同様の二分法にもとづいて被害者が二分されているといえる。

非難される被害者

このように二分された被害者のうち、まずは非難される女性について検討する。被害女性への非難には、ジェンダー規範、人種・エスニシティや階級、性暴力そのものの否定が用いられる。それぞれについて順に確認していこう。

性暴力の被害者は一般的に、派手な服装をしていた、複数の男性と関係をもっていた、深夜に出歩いていた、男性を自宅に招いたなどと報じられることで、性暴力の危険性を高める行為を自ら行った能動的な主体として語られ、その「落ち度」や責任を問われる（Soothill and Walby 1991:85–6; メディアの中の性差別を考える会［1991］1993:40; Benedict 1992:23–4; 細井・四方 1995:36; Loś and Chamard

1997:318–9; 四方 2014:136–7)。これらの行動や態度が、「女性は性的に積極的であってはならず、貞淑さを保つべきである」という女性が遵守すべきジェンダー規範に違反していると解釈されるために被害者が非難されると分析する研究もある(Meyers 1997:61–2; 小林 2014:130)。これがジェンダー規範を要素とする非難である。

次に、被害者への非難にさいして人種や階級といった要素があげられる。アメリカのテレビ報道にかんする研究では、黒人女性の性暴力被害事件は、そもそも白人女性が被害者である場合よりも報道されないが、報道される場合には白人女性よりも「落ち度」を問われて非難されやすいことも明らかとなっている(Meyers 1997:66)。さらに、被害者への非難にさいしてジェンダー・人種・階級の不可分の結びつきも指摘されている。被害者が黒人女性である場合、黒人女性であることを貧困と性的積極性とに結びつけるステレオタイプによって、本人の積極的な言動が被害を招いたと非難されると同時に、一般に黒人女性は白人で中流階級の女性がもっている社会的にふさわしい価値観を欠いた存在として語られたとメイヤーズは分析している(Meyers 2004:112)。

ここまで確認してきた被害者非難の語りは、性暴力の存在を認めつつ被害者を非難する言説である。一方、当該性行為は同意のうえのセックスであったと述べることで性暴力そのものを否定する語りも存在する。そこでは、「女性は復讐のために性暴力を捏造する」という趣旨の加害者側の言い分が無批判に新聞に掲載されたり(Benedict 1992:59–60)、被害者が自ら誘ったとされたり、本来は無関係であるはずの被害者の過去の性的経験を取り上げて性暴力を受けたという供述の信用性が毀損されたりすることで（Soothill and Walby 1991:71–3）、被害者が同意を翻して性暴力を「捏造」したとして非難されることがある。後者のように、被害者が性的に放埒であることが供述の信用性を損なうと解釈されていることから、性暴力の「捏造」を非難する語りにおいても「女性は性的に積極的であってはならず、貞淑でなければならない」という規範が作用していることがわかる。

このように性暴力を認めるか否定するかという観点から被害者への非難を分節した研究は管見の限り存在せず、被害者への非難として一括して議論されているのが現状であるといえる。さらに被害者への非難が、危険を回避しなかった・原因を作り出したことの次元、女性の規範にたいする違反の次元、または性暴力を「捏造」したことの次元のいずれに向けられているのかを分節した研究は存在しない。

加えて、非難されるべきとされる被害者は、二つの意味において「他者」であると認識されることがある。第一に、性暴力被害にあわない男性を基準にしたときの「他者」である。メディアが情報源とする警察や裁判所は主に男性によって担われており、そこにおける「わたしたち（we）」は性暴力にあうはずがないと考えられる男性であるため、性暴力被害にあった女性は「他者」であると認識される（Loś and Chamard 1997:318）。第二に、保護に値する被害者にたいする「他者」と認識されることがある。被害者を保護に値するか否かによって二分し、メディアは貞淑で「上品で立派な《リスペクタブル》女性」と認識された保護に値する「無垢な」被害者に同情する一方、それとは明確に区別される、性的に奔放であるゆえに女性が遵守すべきジェンダー規範に違反したと解釈されることで保護に値しないと認識される「売春婦」の被害者を「他者」として表象することが指摘されている（Kitzinger 2009:88）。

非難されない被害者

次に、非難されない被害者について検討する。一般的に、幼い少女や高齢の女性が非難されない被害者であると認識される傾向にある。それは、年齢の低い被害者・年老いた被害者は、弱くて傷つきやすい《ヴァルネラブル》と考えられているからである（Meyers 1997:66）。また、被害者がこれらに該当しない年齢であっても、当該社会でマジョリティである人種や階級に属していると、性暴力以前の行動や性生活が詮索されることなく、被害者は非難されずに「良い女性（good woman）」と認識され、純真さと尊厳とが保たれる傾向にある（Benedict 1992:244）。非難されない被害者についての研究は、非難される被害者についての研究に比べて少ない傾向にある。これは、性暴力被害だけでなく第三者による非難が被害者に大きなダメージを与えている現状から、被害者への非難を根絶しようとする研究が多いことに由来すると考えられる。

非難されるとともに非難されない被害者

さらに、同じ性暴力事件の報道において被害者が非難されて語られることもあれば非難されずに語られることもある。高名な黒人男性ボクシング選手であるマイク・タイソンが、黒人女性に性暴力を行った事件をめぐるアメリカのテレビ・ニュースの報道を分析したスジャータ・ムーティは、裁判の前には被害者は無力な「聖女（virgin）」や「良い（good）」女性として語られ、黒人女性であったにもかかわらずあたかも白人であるかのように扱われていたことを指摘している（Moorti 2002:104–5）。一方、有罪判決後の報道では、タイソンの支援者による発言が引用され、被害者は「魔性の女（vamp）」や「悪い（bad）」女性として語られ、被害者の服装や加害者のもとに向かうという不適切なふるまいが性暴力を招いたとして非難されたり、性暴力そのものがでっちあげであるとして非難されたりしていた。そこには、男性を誘惑する女性として被害者を語る、黒人女性のセクシュアリティにかんする神話が動員されていた、とムーティは分析している（Moorti 2002:105–7）。この事例は、「非難される被害者」と「非難されない被害者」が相互排他的なカテゴリーではなく、「真の被害者」とは誰かをめぐる争いのなかで混ざりあうものであることを示している。そして、被害者にかんする語りを生産する者のポジショナリティが、被害者を「非難される被害者」と「非難されない被害者」のどちらとして語るのかを決定していることを示唆している。ここからわかるのは、事件における被害者にかんする語りは完全に一様である場合ばかりでなく、事件の性質や事件について語る者のポジショナリティによって複層化される場合もあるということである。

被害者への非難にかんする研究が批判するもの

以上の記述では、性暴力事件において被害者が非難されることが問題なのであり、非難されずに語られればそれで問題ないと思われるかもしれない。しかし、ある事件で被害者が「落ち度がない」と認識されて非難されないとしても、それはけっきょく他の「落ち度のある」被害者を念頭にした表現であり、結果的に他の「落ち度がある」と認識された被害者を非難することにつながると、日本の新聞による性暴力を含む犯罪報道を分析した四方由美は指摘している（四方 2014:193）。このように、被害者の語られ方をめぐる研究は、非難の有無によって被害者を二分する言説のあり方そのものを批判しているといえる。

ここまで、被害者の語られ方を中心に扱った議論を概観してきたが、性暴力は加害者が存在することではじめて起こる。そのため、性暴力にかんする語りをトータルに分析するためには、加害者についての研究を検討する必要がある。以下では加害者の語られ方についての先行研究を概観する。

1－2　加害者の語られ方

被害者の語られ方にかんする研究と比べて、加害者のそれは少ない状況にあるが、ここでは、加害者を他者とみなすかどうかにかんする先行研究を概観する。加害者が語られるとき、加害者がいかに「異常な存在」であるか、もしくはいかに「普通の存在」であるかが強調して語られ、それが語りのほとんどを占めているからである。

「異常な他者」としての加害者

性暴力を行った加害者を、社会的に周縁化された属性や苛烈な暴行の様態などへの言及を動員しないてその要素を類型化しながら概観する。

加害者の属性として、第一に病気があげられる。日本の痴漢をめぐる言説を分析した牧野雅子は、二〇〇〇年代後半に性依存症という病気を抱える者として加害者を語る言説が登場したことを指摘している。そこでは、加害者は「露出の多い女性は痴漢を待っているとか、女性は痴漢されて喜ぶものだという、特有のゆがんだ女性観」をもつ「異常な存在」として語られる（牧野 2019:154-5）。また、特定の病気ではないものの、加害者を矯正不可能な存在と位置づけて病理化することで「異常な怪物」として語る言説もみられる（Boshoff and Prinsloo 2015:217-8）。

第二に、周縁化されたエスニシティがあげられる。日本では、関東大震災のさいに、「朝鮮人男性が日本人女性を強かんした《ママ》」というデマ（「朝鮮人レイピスト神話」）が政府・官憲の発表や新聞によって広められ（金 2014:2）、そのデマが「自警団＝日本人男性集団のナショナリズムと家父長意識を刺激し、虐殺心理へと駆り立てた原動力」となった、という（金 2014:19）。東日本大震災のときにも同様に、「ナイフを持った外国人がウロウロしています／レイプも多発しております」のように、「外国人」と性暴力を結びつけるデマが流された（荻上 2011:54）。それだけでなく、「阪神・淡路大震災のとき、地震で、朝鮮人によるレイプも多発。みなさん、気をつけて」といった、「外国人」のなかでもとりわけ「朝鮮人」を標的にしたデマも流された（荻上 2011:50）。アメリカでは、写真や名字により加害者が黒人やラテン系であることが強調され、有色人種の加害者を動物、すなわち野蛮さと結びつける語りが展開されることがある（Worthington 2013:109）。さらに、マイク・タイソンによる性暴力事件の報道にさいして、「暴力的な野蛮人」や「文明化された社会にそぐわない」といった黒人へのステレオタイプ化された語りが用いられるという人種差別がみられたことも指摘されている（Lule 1995:181–90）。

第三に、低い階級があげられる。イスラエルの新聞において、低階級出身の加害者は中・高階級の加害者に比べ、より「問題のある存在」として表象されたり、周縁化されたエスニシティを強調されたりする傾向にある（Sela-Shayovitz 2015:422）。同様に、タイソンの性暴力事件の報道において、アメリカの新聞は低階級の出身であったタイソンについて、金銭や地位を獲得して成功したとはいえ、急に富を与えられた貧しい階級出身の人間は、結局は自身の地位や過去から逃れられないことを悟る、という伝統的な語りを展開し、加害者と出身階級とを結びつけていたことが指摘されている（Lule 1995:185）。

第四に、醜い風貌があげられる。加害者の写真は記事をセンセーショナルに印象づけるために、効果的に用いられる。北アイルランドの新聞では、加害者は「乱れた」、「汚い」、「野性的」な姿に見える、「にらみつけるような目つき」の写真を掲載されることがある。これらの写真が加害者を「他者」とみなすことにおいて効果をもつのは、加害者がそのような風貌をしていると一般に考えられているという文脈においてこそである（Greer 2003:80–2）。

第五に、周縁化された地域があげられる。スウェーデンの集団レイプ事件(12)にかんする新聞報道を分析したガブリエラ・ニルソンによれば、移民である加害者は、周縁化されたエスニシティと低い経済階級によって特徴づけられる「恵まれない郊外」という、加害者がとどまるべきと考えられた領域を越えて、都心の犯行現場に移動して性暴力を行ったと認識された。その移動によって、加害者が「外部」からの脅威をもたらす「理想的な加害者」、つまり「他者」として語られたことが指摘されている（Nilsson 2019a: 125-9, 2019b: 1189-91）。

ここまで確認してきた要素は、病気やマイノリティのエスニシティといった加害者がもつ周縁化された属性であったが、それらとは異なり、特権的なアスリートの地位も加害者と結びつけて語られる要素としてあげられる。先述したマイク・タイソンによる性暴力を、幼いころから才能に恵まれたボクシング選手として特別視されて育てられてきたという「生涯にわたる甘やかしの結果」であると解釈し、「社会の規則は自分には適用されない」というゆがんだ考え方を、加害者のアスリートとしての特権的な地位と結びつけて「他者」と認識する語りもみられる（Lule 1995: 187）。

さらに、加害者本人の属性以外の要素として、「怪物」や「動物」があげられる。加害者は、「人間でない」（Boshoff and Prinsloo 2015: 212）、「悪魔」や「怪物」（Naylor 2001: 188）と形容されて非人間化されたり、「動物的な本能を抑えられない」（Lule 1995: 181）、「人を食い物にするハゲタカ」（Boshoff and Prinsloo 2015: 217）など、動物になぞらえて語られたりもする。

加えて、加害者による行為の極端さがあげられる。激しい暴力といった苛烈な暴行の様態や、加害者の前科への言及によって、そのような暴力を伴う凄惨な「異常な性暴力」を行ったり、犯罪をくり返したりするという「異常性」を強調されることで、加害者が「他者」とみなされて語られることが指摘されている（Nilsson 2019b:1182）。

ここまで、加害者が「他者」と認識されるさいに用いられる要素を概観してきたが、これらの語りは、たんに加害者を病気や低い社会階級などの属性や「異常性」と結びつける以上の意味をもつ。すなわち、加害者の周縁化された属性や「異常性」を強調してメディアが描写することは、性暴力を「異常な加害者」個人、もしくは周縁化された少数の男性に特有の問題と認識させるとともに、男女間の非対称なジェンダー秩序といった社会的な視点から考えることを阻み、加害者をほとんどの男性や身近な男性とは異なる少数の逸脱的な存在と考えさせる効果をもつのである（Walby et al. 1983:89; Soothill and Walby 1991:36; Meyers 1997:66; 牧野 2019:155-6; Nilsson 2019b:1182）。

このように加害者を「異常な他者」と位置づける語りと並行して、それとは異なる者として「正常なわたしたち」を立ちあげる語りの存在も指摘されている。加害者と結びつけられる要素として醜い風貌をあげたクリス・グリアーは、加害者とは視覚的に区別される、性暴力などけっして行わない「普通の人」の構築を指摘する（Greer 2003:139）。同様に、プリシラ・ボショフとジャンヌ・プリンスルーは、「We Bust Rapists!（わたしたちは加害者を逮捕した！）」という新聞の見出しにみられるように、新聞は「we」を主語に置くことで自らを複数形の「わたしたち」として構築しつつ、異常な加害者を逮捕する英雄的な地位を獲得していることを分析している（Boshoff and Prinsloo 2015:212）。ここで「正常なわたしたち」として構築されているのは、性暴力を行う「異常な他者」を参照しながら、それとは明確に区別される人びとである。

以上で確認した加害者をめぐる語りについて、次のように整理できる。本書では、病気などの周縁化された属性と結びつけたり、「異常性」を強調したりすることで、加害者を「正常なわたしたち」やその人びとが営む社会から逸脱した「異常な他者」として位置づけることを、性暴力加害者の「他者化」と定義する[13]。そして「異常な他者」としての加害者像を読者に抱かせる語りを、性暴力加害者の「他者化」の語りと呼ぶ。

「正常なわたしたち」としての加害者

加害者を「異常な他者」と位置づけて他者化する言説が存在する一方、加害者を「正常なわたしたち」に位置づける言説も存在する。牧野雅子によれば、一九七〇年代から一九九〇年代の日本の男性向け雑誌における痴漢をめぐる言説において「男ならだれでも、そばに女のコがいれば、タッチしてみたくなるんだって」(牧野 2019:93)のように、男性はすべて痴漢行為を望む者として語られた。同時に、痴漢行為は性欲の発露として生じる「自然なこと」や(牧野 2019:118)、「性愛行為の一変種」ととらえられ(牧野 2019:105)、「異常な性行為」としての性暴力であることを否定された。このように、すべての男性が望む痴漢行為を行う者は、性暴力を行う「他者」ではなく、むしろ一般性を強調された「正常な男性」として認識された。

同様にガブリエラ・ニルソンは、加害者が他者化されない語りを分析している。先に言及した事件とは異なるスウェーデンの集団レイプ事件をめぐる新聞報道では、「権力とカネ、煌めきと娯楽に特徴づけられる男性支配的な環境」と形容される都心（Nilsson 2019a:134）で性暴力を起こした、高階級に位置づけられるスウェーデン人男性（つまり、階級、エスニシティ、ジェンダーにおいてマジョリティ）の加害者は、自分たちがいるにふさわしい都心という場所にいたこと、そして性暴力の現場が男性の所有物とされるナイトクラブという「ホーム」であったことで、不道徳で違法な性暴力という行為が「正当化」された（Nilsson 2019a:135）。つまり、性暴力が「正常な性行為」とみなされたことで、加害者は性暴力を行わなかったと認識されて他者化されず、むしろ「正常なわたしたち」として位置づけられたといえる。

以上の検討から、「正常なわたしたち」として認識される男性は、性欲にもとづいて性行為を行うものの、その行為は「性暴力」とは認識されず、男性ならば誰でも行うはずの女性との「正常な性行為」を行った者と認識され、他者化されなかったといえる。この言説は、加害者を「異常な他者」とみなす言説の対極に位置づけられる。

「異常な他者」かつ「正常なわたしたち」としての加害者

ここまで、加害者が「異常な他者」または「正常なわたしたち」のどちらかに二分される語りを検討してきたが、加害者がそのどちらでもあると位置づけられる語りを分析する研究も存在する。スウェーデンのタブロイド紙を分析したニルソンは、有名人《セレブリティ》による性暴力、とくに#MeToo運動においいて語られる性暴力の加害者が、一方では有名人の潔白なイメージを守るための加害者側の主張において——性行為が性暴力であることを否定して、または性行為の存在そのものを否定して——性暴力を行わない「正常なわたしたち」と認識され、他方では性暴力を告発する被害者側の主張において性暴力を行う「異常な他者」として認識されることを指摘している（Nilsson 2019b: 1187–9）。

さらに、イスラエルのショムラートというキブツのなかで起きた複数の性暴力事件について報じた新聞記事を分析したエフラト・ショハムも同様の語りの存在を指摘している。イスラエルの全国紙では、加害者は「社会の未発達なセクター」のキブツ出身であるという理由から性暴力を起こした「他者」として表象されたのにたいして、全国紙による差別的なまなざしに対抗するキブツの地方紙では、事件を性暴力ととらえる見方が疑問視され、加害者は逆に「普通の少年」として語られた（Shoham 2009: 225–6）。

これらは、被害者にかんする語りと同様に、ひとつの事件における加害者にかんする語りが完全に一様なのではなく、加害者が「異常な加害者」でもあり「正常なわたしたち」でもある場合も存在しうること、またどの立場から語るか、すなわち語る者のポジショナリティが、加害者を「異常な加害者」か「正常なわたしたち」のどちらとして語るのかを決定していることを示唆しているといえる。

2　語りの四タイプ——性暴力をめぐる語りの分析図式

ここまでの検討から、性暴力をめぐる語りにおいて、女性被害者が非難されたり非難されなかったりすること、また、男性加害者が他者化されたり他者化されなかったりすることが先行研究によって明らかになっているといえる。しかし、これらの研究は、被害者または加害者のどちらかのみを論じるか、被害者の語りと加害者の語りとをわずかに関連させて議論しているものの、どちらかに比重を置くことで両者を同等に扱っていない。すなわち、被害者の描かれ方と加害者の描かれ方との相互作用を論じていないのである。しかし、両者をともに分析したレベッカ・A・ディベンナルドが「被害者を理解することなしに加害者を理解できない」と指摘するように（DiBennardo 2018:16）、性暴力にかんする語りをトータルに分析するには、被害者を加害者とを組み合わせて分析すること、さらにいえば、そのうえで両者の語られ方の相互作用を分析することが必要なのである。

そこで、本書では性暴力をめぐる語りのトータルな分析をめざし、被害者をめぐる語りと加害者をめぐる語りとを組み合わせて分析する。被害者と加害者の語られ方を類型化するために、図０－１のような二元図式を用いることにする。

横軸は、性暴力加害者の他者化（Othering of Perpetrator、以下O）の有無を示し、縦軸は、性暴力被害者への非難（Victim Blaming、以下B）の有無を示す。縦軸と横軸とによって形成される四つの象限により、性暴力加害者・被害者の語られ方にかんする四つのタイプが導かれる。

3　加害者と被害者の組み合わせから何がみえるか

以下では、加害者の語られ方と被害者の語られ方とを組み合わせて分析した研究を、二元図式に配置しながら概観していく。次にみていく研究は、加害者の他者化と被害者への非難との関係や相互作用にふみこんで語りを分析している点で、ここまでの議論とは異なる。

3－1　「異常な加害者」対「理想的な被害者」

第一に、「異常な他者」としての加害者を、非難すべき点が認められない「理想的な被害者」と対置する語りである。イギリスの新聞とオンライン・ニュースを分析したナターシャ・マリアは、このタイプの語りを、「性獣」と「理想的な被害者」の語りと呼ぶ。「悪魔」や「怪物」などの語彙によって語られる「他者」としての加害者は、「無垢」であることが証明された「理想的な被害者」と対比され、両者の構築は相互に依存していると指摘する（Marhia 2008:34）。一方、被害者は加害者の異常性を増大させるレトリックの道具として用いられ、無垢であればあるほど、加害者の異常性が強調されて語られる（Marhia 2008:38; DiBennardo 2018:14）。性暴力を含む犯罪について日本の新聞報道を検討した大庭絵里も同様の構図の存在を指摘している（大庭 1990:29）。

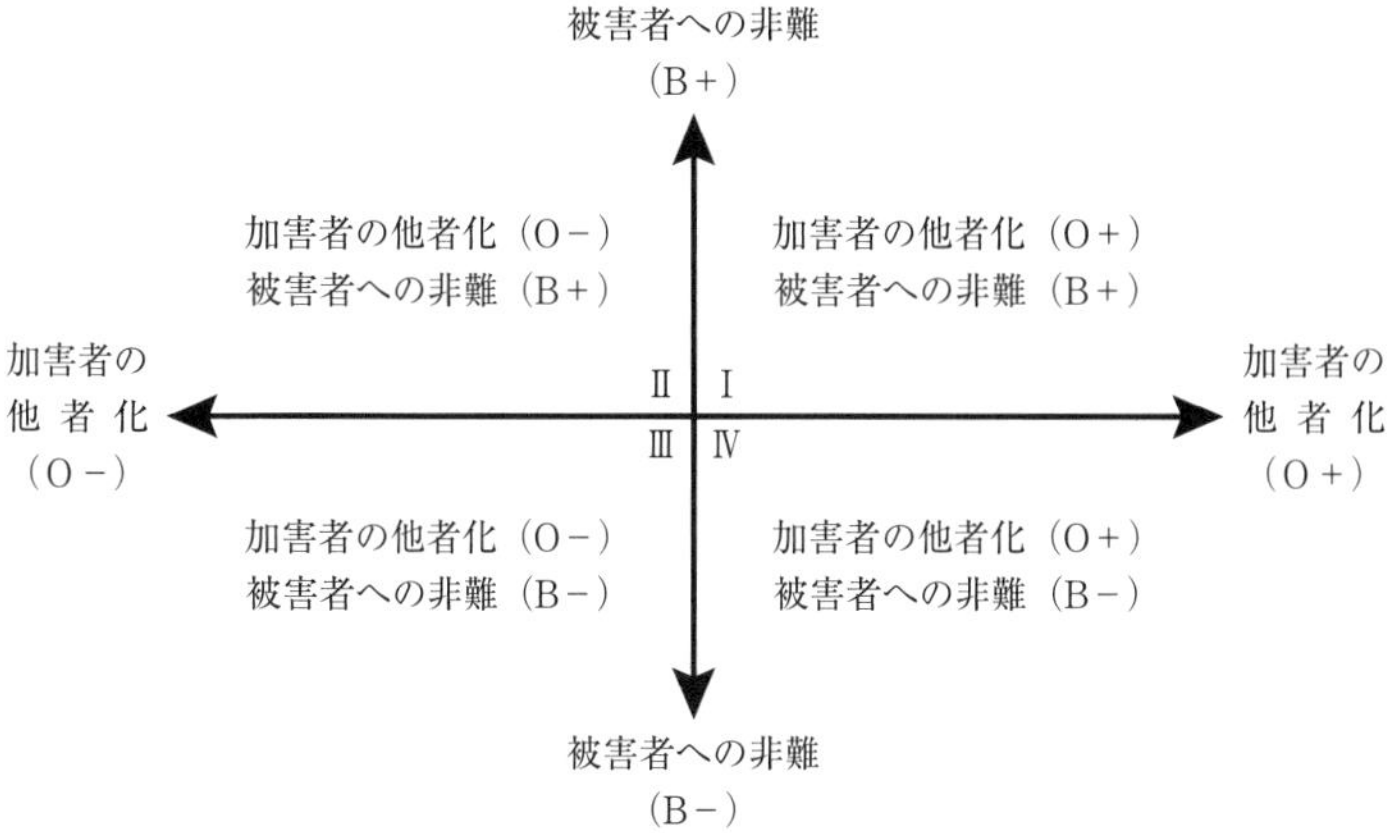

図 0-1　加害者の他者化と被害者への非難による語りの二元図式

さらに、この語りは性暴力をめぐる語りの大半を占めており、そこで語られる性暴力が「真の性暴力」として認識されていることから（Marhia 2008:34）、ここで登場する被害者／加害者は、誰もが正当性を認める「真の被害者／加害者」であるとイメージされていると考えられる。この語りに登場する被害者は、おもに「『落度《（ママ）》がない』者」と認識される「女・子ども」であり（大庭 1990:29）、とくに性的な無垢さが子どもらしさと結びつけられているため、もっとも「理想的」とされる被害者は子どもまたは幼児であることが指摘されている（Marhia 2008:39）。これにたいして、成人女性を「理想的な被害者」として語るには、「より多くの言説的な作業」が必要とされることが指摘されている（Marhia 2008:39）。その作業の具体例として、第一に被害者の性暴力以前の行動が性暴力を誘発しなかったと示すこと、第二に性暴力の最中に無力であった、抵抗しようとしていたことを示すこと、第三に被害者の心的外傷の大きさを示すことがあげられている（Marhia 2008:39–40）。

一方、この「同情しやすい対象」としての被害者に危害を加えた加害者は、「凶悪」で「憎い犯人」として逸脱視されて他者化される（大庭 1990:29）。とくに子どもが被害者の場合には、小さい子どもたちの傷つきやすさ《ヴァルネラビリティ》が強調され、子どもたちを被害から守ることが社会一般の責任であると語られ、これを大義名分として、監禁や科学的去勢などの加害者への暴力が正当化される（DiBennardo 2018:13–4）。また、加害者が移民や外国人の場合には、性暴力が国家の安全保障の問題として語られ、加害者は「わたしたち」の国境を侵犯する「危険な外国人」として他者化される一方、被害者の身体は国家それ自体の象徴として利用される。同時に、国民の女性たちを保護するために外国人犯罪へのさらなる対策を求めるナショナリスティックな言説が語られる（Marhia 2008:37–8）。このように加害者が「普通の男性」から切り離された「異常」で病的な個人として提示されることにより、先にみた加害者にかんする研究と同様に、性暴力が男女間の不均衡なジェンダー秩序にもとづいた暴力ではなく、少数の個人の例外的な行動と認識されることが指摘されている（Marhia 2008:36）。

以上で検討した語りは、加害者を他者とみなし（O＋）、被害者を非難しない（B－）語りであるから、図のタイプⅣに属する。そこでは、被害者は誰もが正当性を認める「真の被害者」として語られ、「落ち度」などの非難されるべき点がないと認識される社会的保護の対象として、加害者は「真の加害者」として語られ、他者化されて「正常な男性」や社会とは切り離された異常な個人として認識され、疑う余地のない「真の性暴力」を行った者として提示されているといえる。

3－2　「正常な男性」対「でっちあげ女」

第二に、「正常なわたしたち」としての男性を、非難されるべき女性と対置する語りである。ナターシャ・マリアはこの語りを「誤解された男性」と「レイプでっちあげ女」の語りと呼び、両者の構築は相互に依存していると分析する（Marhia 2008:35）。この枠組みでは、男性の視点から性暴力が「セックス」と呼称され、女性も同意のうえで性行為を楽しんでいたという男性の主張によって当該性行為が性暴力であることが否定されることで、男性は誤って告発された「正常な男性」としてその冤罪被害の大きさが強調して語られる一方、被害者は同意のうえの性行為を性暴力と捏造し、虚偽の申告をしたとして非難される（Lees 1995:125; Marhia 2008:41）。このタイプでは、性暴力にかんする問題が男性の視点によって語られ、その発言が客観的で理性的であるとみなされて無批判に信用されるとともに、それによって女性の発言の信用性が毀損されてしまう（Lees 1995:125）。

日本においても、この枠組みの語りが分析されている。牧野雅子は、二〇〇〇年前後に登場した「痴漢冤罪」をめぐる言説において、そもそも痴漢行為は存在していない、別の男性の犯行であるから自分は痴漢ではないという男性側の主張により、男性は無実の「冤罪被害者」として語られるのにたいして、周囲の気を引くことや金銭を得ることを目的に痴漢を捏造する「陥れる女」や、告発する相手を間違えた「騒ぐ女」が非難されることを指摘している（牧野 2019:160–82）。

以上で検討した語りは、加害者を他者化せず（O－）、被害者を非難する（B＋）語りであるから、上図のタイプⅡに属する。このタイプの語りの特徴は、当該性行為が性暴力であることが否定されたり、性行為の存在そのものが否定されたりすることで、加害者が「性暴力を行わない者」として語られるとともに、被害者が性暴力を捏造したとして非難されることである。

3－3　枠組みの精緻化へ

以上で検討した先行研究は、性暴力をめぐる語りの力学の解明にたいして少なからぬ貢献をしているといえる。しかし、先行研究は以下に述べる限界を抱えているため、その議論のみでは見落とされる点が存在する。

被害者・加害者を位置づける枠組みにおける限界

第一に、語りのタイプをめぐる限界である。被害者と加害者を組み合わせた先行研究の議論は、「異常な加害者―理想的な被害者」の語り（タイプⅣ）と「正常な男性―非難されるべき女性」の語り（タイプⅡ）をそれぞれ別の問題として論じるか（大庭 1990; Lees 1995; DiBennardo 2018; 牧野 2019）、これらを二項対立としてとらえ、その枠組みにおいて加害者と被害者との関係を論じるか（Marhia 2008）のいずれかにとどまっている。しかし、この議論には、論理的に存在しうる「他者化される加害者―非難される被害者」の語り（タイプⅠ）と「他者化されない加害者―非難されない被害者」の語り（タイプⅢ）を見落としているという限界が存在する。たとえば、女子高生コンクリート詰め殺害事件（一九八八－一九八九年）の報道において、少年加害者の実名を公表する根拠として用いられた「野獣に人権はない」[14]という言説のように、加害者は他者化された（谷原ほか 2005:333-4, 2006:168）[15]。その一方で、「どうして何の抵抗もせず少年宅までついて行ったのか」[16]という言説に代表されるように被害者を非難する言説も出現した（細井・四方 1995:36）。先行研究は、このような言説（タイプI）を見落としている点で限界を抱えている[17]。

加えて、先行研究はある事件の報道において見いだされたひとつのタイプを固定的にとらえているが[18]、このようなとらえ方では事件にかんする報道がもつ複層性、さらにその複層性を生み出す要因を議論できない。ひとつの事件にたいする報道の態度が完全に一様であるとは限らないから、事件の報道が二元図式における複数の象限にまたがって配置されることもじゅうぶん想定される。たとえば、「他者化される加害者―非難されない被害者」の図式をもつ言説はタイプⅣ（O＋、B－）に分類されるが、加害者を「正常な者」に組み込むと言説はタイプⅢに配置され（O＋→－）、被害者を非難すると言説はタイプIに配置される（B－→＋）。そこで、本書は、ある事件をめぐる報道をひとつのタイプとして固定的にとらえず、加害者の他者化・被害者への非難を喚起する／否定するといった性暴力をめぐる語りがもつダイナミクス――「真の加害者」・「真の被害者」とは誰かをめぐる争い――を分析の射程に収める。

対象とする地域・事件の文脈をめぐる限界

第二に、文脈にかんする限界である。まず、言語／文化が性暴力をめぐる報道に与える影響が示唆されているにもかかわらず（Sela-Shayovitz 2015: 424）、日本語メディアの性暴力をめぐる言説にかんする研究（とくに質的な言説分析による研究）[19]がほとんど存在しない点である。先に検討した先行研究は、おもに英語を中心とする日本語以外のメディアを対象とする研究であり、これを日本の文脈にそのままあてはめることはできない。実際、アメリカやスペインの大学生と比較したとき、日本の大学生のほうがより被害者を非難するとともに加害者の責任を低く見積もる傾向にあることが示されており（アメリカとの比較は Yamawaki and Tschanz 2005: 384、スペインとの比較は Kitakaze et al. 2008: 11–2）、被害者・加害者にたいする態度における言語／文化による差異が確認されている。ここから、日本語メディアでの性暴力の語りの様相と、他の言語のメディアでのそれとが異なることも推測されるが、日本語メディアにおける性暴力の語りにかんする研究は、わずかな例外を除いてほとんど存在しないのが現状である。

続いて、性暴力事件とその報道がもつ特殊性・普遍性の検討が不足している点である。性暴力の語られ方にかんする研究の大部分は、ひとつの具体的な事件を報じる記事の詳細な分析、または特定の期間における記事の全体的な傾向の分析に大別される。それぞれの研究群の意義は大きいが、前者は全体における個別の事件の位置づけや普遍的な傾向という全体的な文脈を見落とし、後者は個々の事件の特殊性や文脈を見落としかねないという限界を抱える。この点を克服するため、本書は、個々の事件・報道の特殊性をふまえた分析のうえで、事件の特殊性を超えた普遍性を検討し、日本の性暴力報道のトータルな分析をめざす。

本書の課題

以上の検討より、本書は、日本語のメディアは性暴力をどのように語っているかという問いを立て、これに答えることを課題とする。具体的な問い立てを、①被害者・加害者はどのように非難・他者化されている／いないのか、②誰もが認める「真の被害者／加害者」はどのような者として語られているか、③被害者でも加害者でもない（と自分では考える）「わたしたち」は性暴力との関係においてどのように語られているのか、④性暴力をめぐる語りにジェンダー規範がどのように作用しているか、の四点とする。

これらの問いに答えることで、本書は被害者／加害者の語られ方だけでなく、「性暴力から距離をとるわたしたち」の語られ方を分析し、性暴力を取り巻くマジョリティ側にも研究の視点を広げる。そして、性暴力をめぐる語りのなかにあらわれる、マジョリティが共有するジェンダー規範、すなわち「女性とは／男性とはこのような存在であるべき、あるいはこのような存在であるべきでない」という価値の体系を析出すると同時に、それが女性と男性とでどのように異なっているのかを分析する。さらには、そのようなジェンダー規範を動員しながら行われる被害者への非難・加害者の他者化のどのような側面が、性暴力の撲滅にとって困難をもたらしているのかを明らかにし、性暴力のない社会に向けた足掛かりを得ることをめざす。

4　語りの複層性を読みとく

ここでは、これらの問いに答えるための分析対象としてのメディアと事件を選択し、その妥当性を検討する。続いて、その記事を分析するための理論枠組みであるラベリング理論を概観し、それをメディア研究に接続する。

対象とするメディア・事件

前述の問いに答えるため、本書はマス・メディアのなかでも、とりわけ新聞と雑誌を分析対象とする。新聞を選択する理由は、第一に、性暴力を含む犯罪の情報入手源として新聞が多く用いられているからである。内閣府による「治安に関する世論調査[20]」では、治安にかんする情報の入手源のうち、新聞は、一位のテレビ・ラジオに次いで八〇・一％（二〇〇四年）、八一・一％（二〇〇六年）を占めている[21]。本書の主要な分析対象期間（後述）において、新聞は情報入手源として広く用いられているといえる。

第二に、新聞の信頼度が高いからである。日本新聞協会による「全国メディア接触・評価調査[22]」では、二〇〇一年から二〇一五年まで隔年で行われた調査のどの年度においても、主要六メディアのう[23]

ち、新聞は、一位のテレビ（ＮＨＫ）に次いで「情報の信頼性が高い」と評価されている。このことから、新聞というメディアは一般に広く信頼されているといえる。信頼性の観点から、性暴力や被害者、加害者が語られる様相を分析する素材として新聞は適していると考えられる。

このように広く読まれ、信頼されている新聞のなかでも、本書は分析対象の新聞を、発行部数の多い全国紙五紙[24]のうち、該当期間の販売部数の多さで上位三紙の『読売新聞』、『朝日新聞』、『毎日新聞』の三紙[25]とする。

次に、雑誌を選択する理由は、雑誌には新聞と比べてより直接的で煽情的な表現が用いられているからである。「治安に関する世論調査」では、治安にかんする情報の入手源のうち、雑誌の選択率は一〇・六％（二〇〇四年）、一一・六％（二〇〇六年）とやや低い。しかし、被害者女性にかんして「女性が性体験を語ったり、売春に興味を持ったりすることに対する過剰反応」（狩谷 2013:74-8）がみられたとされる東京電力女性社員殺人事件（一九九七年）[26]をめぐる週刊誌報道は、「かなり自粛した報道内容」（日本弁護士連合会人権擁護委員会 2000:162）となっていた新聞と比較したとき、「被害者の私生活、プライバシー《（ママ）》にかかわる情報の暴露が中心となっており、興味本位かつセンセーショナルに報じるという異常な報道姿勢」をとっていたことが指摘されている（日本弁護士連合会人権擁護委員会 2000:163）。この点から、東京電力女性社員殺人事件の報道だけでなく、同様に女性の性《セクシュアル》的な要素を含む他の事件の報道にさいしても、週刊誌を含む雑誌記事においては新聞では避けられるような内容が掲載されると予想される。そのため、雑誌記事を対象とすることで性暴力や被害者、加害者にかんする直接的・煽情的な表現の分析が可能になることが期待できる。なお、分析対象の雑誌を、大宅壮一文庫に登録された雑誌とする。

続いて、対象期間および対象事件について述べる。対象事件の選択プロセスは下記のとおりである。対象期間を、日本において性暴力にかんする新聞の報道が増加したと指摘されている一九九五年以降の期間（観音堂ほか 2003:264）とした。その期間において、Ｗｅｂ　ＯＹＡ－ｂｕｎｋｏ（大宅壮一文庫雑誌記事索引のウェブ版）にて、まず大項目を「犯罪・事件」、中項目を「性犯罪」、小項目を「性犯罪一般、性犯罪諸事件、痴漢、のぞき」として検索し、性暴力を扱った雑誌記事を抽出した。この検索結果において、備考欄に事件固有の名称が附された事件、すなわち雑誌メディアで大きく報道されたと大宅壮一文庫が判断した事件のうち、記事件数の多さや事件の内容・影響などを総合的に勘案し、表０－１に掲げる一〇の事件を選択した。

次に、対象記事の選択方法について述べる。新聞記事について、事件を象徴する単語を複数あげ（表０－２に記載）、その単語によって各新聞の記事検索サーヴィスを検索し[27]、抽出された記事のなかから、無関係な記事を取り除いたうえで分析対象とした[28]。また、雑誌記事について、先に抽出した一〇の事件の名称（表０－３に記載）によって改めてＷｅｂ　ＯＹＡ－ｂｕｎｋｏ全体を検索し、検索結果のうち備考欄に事件名の記載がある記事を分析の対象とした。そのうえで、記事の収集期間を、事件が発生した日から、それ以降に事件の報道がほとんどみられなくなる契機となった出来事（第一章および第二章で詳述）が発生した月の月末とした（表０－１に記載）。その結果、新聞記事が三、三二

表 0-1　事件の一覧と記事収集期間および記事件数

事件名	収集開始日	収集終了日	記事件数	
			新聞記事	雑誌記事
沖縄アメリカ兵少女強姦事件	1995年９月４日	1997年５月31日	547件	64件
帝京大学ラグビー部集団強姦事件	1997年11月13日	2002年２月28日	57件	30件
スーパーフリー事件	2003年５月18日	2005年11月30日	152件	98件
奈良女児殺人事件	2004年11月17日	2013年２月28日	1,116件	138件
広島女児殺人事件	2005年11月22日	2010年８月31日	1,134件	50件
京都大学アメフト部集団強姦事件	2005年12月23日	2007年11月30日	109件	13件
特急サンダーバード号強姦事件	2006年８月３日	2008年５月31日	62件	14件
東京大学強制わいせつ事件	2016年５月10日	2016年12月31日	31件	13件
慶應義塾大学集団強姦事件	2016年９月２日	2017年11月30日	19件	23件
千葉大学医学部集団強姦事件	2016年９月21日	2017年６月30日	99件	11件

表 0-2　新聞記事の検索ワード一覧

事件名	新聞記事の検索ワード
沖縄アメリカ兵少女強姦事件	沖縄 and（少女 or 女児 or 小学生）and（強姦 or 暴行 or 乱暴 or レイプ）and（アメリカ or 米）
帝京大学ラグビー部集団強姦事件	帝京大 and（強姦 or 強かん or 暴行 or 乱暴 or レイプ or わいせつ or いたずら）
スーパーフリー事件	（スーパーフリー or 早稲田大 or 早大）and（強姦 or 強かん or 暴行 or 乱暴 or レイプ or わいせつ or いたずら）
奈良女児殺人事件	奈良 and（女児 or 少女 or 小学生）and（殺人 or 殺害）
広島女児殺人事件	広島 and（女児 or 少女 or 小学生）and（殺人 or 殺害）
京都大学アメフト部集団強姦事件	（京都大 or 京大）and（強姦 or 強かん or 暴行 or 乱暴 or レイプ or わいせつ or いたずら）
特急サンダーバード号強姦事件	（サンダーバード or 特急）and（強姦 or 強かん or 暴行 or 乱暴 or レイプ or わいせつ or いたずら）
東京大学強制わいせつ事件	（東京大 or 東大）and（強姦 or 強かん or 暴行 or 乱暴 or レイプ or わいせつ or いたずら）
慶應義塾大学集団強姦事件	（慶應義塾大学 or 慶応義塾大学 or 慶応大 or 慶應大 or 慶大）and（強姦 or 強かん or 暴行 or 乱暴 or レイプ or わいせつ or いたずら）
千葉大学医学部集団強姦事件	千葉大 and（強姦 or 強かん or 暴行 or 乱暴 or レイプ or わいせつ or いたずら）

注：and や or などの演算子は、各検索サーヴィスの指定による。

表0-3　本書での事件名とWeb OYA-bunkoでの事件の名称の対照表

本書での事件名	Web OYA-bunkoでの名称
沖縄アメリカ兵少女強姦事件	沖縄・米兵少女暴行事件
帝京大学ラグビー部集団強姦事件	帝京大ラグビー部集団レイプ事件
スーパーフリー事件	スーパーフリー事件
奈良女児殺人事件	奈良・小１女児誘拐殺人事件
広島女児殺人事件	広島・小１女児殺《(ママ)》害事件
京都大学アメフト部集団強姦事件	京都大学アメフト部集団レイプ事件
特急サンダーバード号強姦事件	特急サンダーバード強姦事件
東京大学強制わいせつ事件	東大生集団ワイセツ事件
慶應義塾大学集団強姦事件	慶応《(ママ)》大学広告学研究会集団レイプ事件
千葉大学医学部集団強姦事件	千葉大学医学部集団レイプ事件

六件、雑誌記事が四五四件、合計三、七八〇件の記事を収集した。なお、それぞれの事件における記事の件数は表０－１に記載してある。

分析の理論的枠組み

これらの記事を分析するにあたり、本書はハワード・S・ベッカー（Becker 1963=［1978］1993）らによるラベリング理論（「レイベリング理論」とも呼ばれる）に依拠する。以下では、ラベリング理論における「逸脱」の定義およびその視座の有用性を確認したうえで、ラベル付与の過程におけるメディアの役割を確認する。

本書が依拠するラベリング理論とは、一九六〇年代のアメリカで逸脱研究の文脈においてハワード・S・ベッカーらによって提唱され、犯罪や非行などの「逸脱」やそれを行った「逸脱者」、そしてある行為を「逸脱」とみなす社会の規則を分析対象とする理論である。ラベリング理論において「逸脱」は、従来のように本人に内在する要素（たとえば精神疾患などの病気）が表面化した結果としての行為とは考えられておらず、同様に「逸脱者」はそのような行為を行った者としてはとらえられていない。そうではなく、ラベリング理論における「逸脱者」は、社会集団が作り出した「これを犯せば逸脱となるような規則」に違反したと解釈されて「首尾よくこのレッテルを貼られた人間」として、そして「逸脱」は「他者によってこの規則と制裁とが『違反者』に適用された結果」としてとらえられる（傍点は原典、以下特記なき限り同じ。Becker 1963＝［1978］1993:17）。すなわち、ラベリング理論は「逸脱者」を他者から「逸脱」行為を行った者というラベルを付与された（ラベリングされた）者であると定義するのである。このような定義は「『逸脱行動』そのものを分析するというより、『逸脱させる側』すなわち『排除する側』を分析するのに有効な枠組み」をもたらす（水津 2012:185）。ラベリング理論に依拠することで、犯罪などの「逸脱」やそれを行う「逸脱者」の側だけでなく、その「逸脱」を生み出す側をも分析の射程に収めるこの理論に依拠することで、「逸脱者」にたいしてラベルを付与する側を分析の俎上に載せることが可能になる。

　ラベルを付与する側について、山口毅は「私たちは逸脱者を非難することで、自分は『道徳』を守る側にいることを示し、『共同体のまっとうな市民』としてのアイデンティティを確保できる」と述べる（山口 2014:179）。つまり、「逸脱者」とは無関係であり、むしろ「逸脱者」から距離をとることによってはじめて、ラベルを付与する側は自らを逸脱者ではない「正常な者」として同定することができるのである。

そして、「逸脱者」にラベルを付与する装置として、政策や法律などの制度のほかに、メディアの存在が指摘されている。水津嘉克は、「現代社会においてマスコミュニケーションが、この逸脱（排除対象）カテゴリーの生成・維持に関してはたしている役割も無視できない」と述べ（水津 2015:94）、「逸脱」の生産・再生産におけるラベル付与の装置としてのメディアの影響の大きさを示唆する。

ラベルの付与と並行しつつ、それとは逆に、「わたしたち」が共有する「常識」を形成する装置としてのメディアの役割も指摘されている。逸脱とメディア研究を整理した平林紀子は、メディア研究を牽引したスチュアート・ホールの議論を引きながらメディア研究とラベリング理論を接続させている。

はじめに、逸脱とメディア研究におけるメディアに関係する諸アクターを整理する。届け出のあった事件の捜査を行い、犯人や被害者と直接的に相対する警察などの「権威的情報源」は「最初に『問題』を定義する位置にある人々《ママ》」という意味で「第一義定義者」と呼ばれる（平林 1989:128）。続いて、しばしば犯人や被害者と接触するのではなく、警察発表などに依拠しながらニュースを構成するメディアは、「第一義定義者が既に設定した定義を再生産する」位置にある人びととして理論化され、「第二次定義者」と呼ばれる（平林 1989:128）。最後に、メディアから提示される情報を受容・消費する位置にある公衆は、「第一義定義者とメディアによる問題設定と解釈枠組みに殆ど《ママ》依存しつつ、……『逸脱の社会的創出』過程に参加」するアクターとして理論化される（平林 1989:131）。

これらの諸アクターのあいだの関係は次のように想定される。メディアは「第一義定義者の視点を……翻訳し直し、公共的争点として客観化する」と同時に（平林 1989:132）、「公衆の言葉を取上げ、……〔それを〕世論として提示し、自らその疑似世論に依拠して発言」する（〔 〕内は筆者、以下同じ。平林 1989:132-3）。一方で、メディアは「この疑似世論を、公衆の願望や信念の証拠として第一義定義者に向けてフィードバックさせる」という逆方向の影響も与える（平林 1989:133）。つまり、メディアは第一義定義者による発表に依拠しながら事件を構成し、それをメディアの受け手に届けると同時に、メディアの受け手の声を拾い上げることで自ら世論を形成する。その一方で、受け手と一体化したメディアは第一義定義者にその世論を提示することで第一義定義者に影響を与えているという循環的なモデルを、逸脱とメディア研究は想定しているのである。

この循環モデルにおいて、「第一義定義者とメディアと公衆のディスコース〔言説のこと〕が収斂」することで「社会的に共有され自然で自明な知識」としての「常識」が形成されるのであり、その「常識」から外れた行為を行った者にたいして貼りつけられる「『常識』の外にあることを示す標識」こそが「逸脱ラベル」なのである（平林 1989:132-3）。すなわち、メディアは「わたしたち」がもつ「常識」を形成しつつ、その「常識」を共有しない者を「逸脱者」としてラベリングする機能をもっているといえる。

以上で検討したことを、本書の文脈に引きつけると、非難される被害者と他者化される加害者がラベリング理論における「逸脱者」であり、そのようなラベルを付与する者がメディアを含む「わたしたち」である。「正常」とみなされる加害者と非難されない被害者も、この「わたしたち」に含まれる。このように考えれば、すでに確認した「わたしたち」の立ちあげを指摘する先行研究は、明言していなくとも、ラベリング理論の視点を共有していたといえる。

しかし、ここで「メディアの受け手は、メディアが提示する内容をそのまま受容するだけの存在とはいえないはずでは。実際、CMに抗議する人もいたではないか」と思う読者もいるかもしれない。たしかに、メディア研究のなかでも受け手をたんに受動的な存在としてのみとらえる「主流」メディア研究の立場に否定的な批判的フェミニスト・メディア研究においては、メディアの受け手がメディアの言説をたんに受動的に受容するだけではないこと（アクティヴ・オーディエンス論）や、受け手によるメディア解釈が多様であること（エンコーディング／デコーディング・モデルやコミュニケーションの記号論モデル）が指摘されている（van Zoonen 1991=1995; 松田 1996; 田中東子［1999］2012）。ここでは、メディア研究者が受け手をたんに受動的存在としてのみ認識し、メディアの受け取られ方を一義的に想定することが批判されているのである。

ただし、この批判は、メディア言説を一方では能動的・多義的に受け取る人びとが存在し、他方では受動的・一義的に受け取る人びとも存在するという事態に起因するといえる。そうであるならば、「一つの選択の可能性として、人々は〔メディアの〕テクストを現実に忠実なものとして受け入れるかもしれない」ことが批判的フェミニスト・メディア研究において指摘されているように（van Zoonen 1991=1995 :53）、メディアの内容を受動的に、かつメディアの意図どおりに受け取る人びとの存在が想定できる。

本書が扱う性暴力という事件の報道においては、この受動的な受け手の存在をより強固に想定できるといえる。冒頭で確認したとおり、性暴力を身近に感じる人は少ない（香川県　2015:4；執行ほか 2019:140）。そのような人びとは、周囲に性暴力は存在しないと考えるとともに、まさか自分が性暴力を行っているとは思わないし、（他の人から見れば性暴力を受けているといえる人であっても）自分が性暴力を受けているとは考えづらいといえるのではないか。そうであれば、どこか遠くで起きていると考えられている性暴力にかんしてはとくに、「既に社会的に隔離されている逸脱者や集団に対する解釈は、メディアの解釈に多く依存することが予想される」のである（平林 1989:132）。つまり、「わたしたち」は、性暴力そのものや他者化される加害者・非難される被害者という「逸脱（者）」にかんする情報のほとんどをメディアの報道に依存していると想定できる。

本書の構成

以上をふまえ、第一章では、見知らぬ加害者による少女・成人女性への性暴力事件を分析する。そこでは、加害者を他者化し、被害者を非難しないタイプⅣの語りのみが確認された。そのうえで被害者を非難するそれ以外のタイプが確認されなかったことを、性暴力のマスター・ナラティヴとの関係で議論する。

第二章では、複数の加害者による大学生・成人女性への性暴力事件を分析する。そこでは、タイプⅣの語りが大半を占めていたものの、第一章の語りとは異なり、タイプⅠからⅣのすべての語りがあらわれていた。このことを、事件が〈真の性暴力〉と認識されなかったことで、「落ち度」を読み込むなどして被害者を非難する語りが消去されずに存在していたと解釈し、議論を進める。

第三章では、第一章・第二章での分析結果をふまえ、ラベリング理論・ジェンダーの視点からさらに分析する。はじめに、第一節では、ラベリングされる側である被害者と加害者の語られ方を分析するために、〈性行為への主体性の発揮〉概念という本書独自の概念を導入する。〈性行為への主体性の発揮〉との関連において「真の被害者」および「真の加害者」がどのような存在として語られていたかを分析する。続く第二節では、ラベリングする側である「わたしたち」を、男性と女性とに分けながら議論する。ラベリング理論の視点に依拠しながら、被害者を非難することおよび加害者を他者化することで立ちあげられる「わたしたち」を批判的に考察する。

第四章では、とくに〈性行為への主体性の発揮〉の存在・不在にかんする評価が、被害者＝女性と加害者＝男性とで大きく異なっていることに着目し、それを「性の二重基準」の議論に接続する。女性による〈性行為への主体性の発揮〉が認められることを否定的に評価したり被害者非難に動員したりするとともに、男性による〈性行為への主体性の発揮〉が認められないことを否定的に評価したり他者化に動員したりする規範として「性の二重基準」をとらえなおす。その二重基準が男性と女性とのあいだの非対称なジェンダー秩序をどのように維持・再生産しているかを議論する。

終章では、本書で得られた知見をまとめたうえで、先行研究との比較をとおして本書の意義を確認する。続いて、本書が抱える課題と、それらを乗り越えるための研究の方向性を示唆する。最後に、性暴力がない社会の実現をめざした議論を行う。

注

（1）この調査は無作為抽出法による調査ではないが、一定の割合で性暴力を「意識したことがない」人がいることを示しているといえる（調査対象者の過半数が「意識したことがない」と回答したことは事実である）。

（2）「意識したことがない」（五七・二％）は、「自分や自分の家族には起こり得ないので意識したことがない」（一六・二％）と「自分や自分の家族に起こり得るかもしれないが、意識したことがない」（四一・〇％）の合計である（香川県 2015:4）。ただし、これは、「性暴力」が「性を手段とした暴力のことであり、『意に反する性的な言動』と定義されており、児童虐待（性的虐待）、性犯罪等を含むものです」（香川県 2015:3）と提示された後の値である。たんに「性犯罪」として提示されたときの数値は、「自分や自分の家族には起こり得ないので意識したことがない」が九・四％、「自分や自分の家族に起こり得るかもしれないが、意識したことがない」が三七・六％、すなわち「意識したことがない」の合計は四七・〇％であり、これは「性暴力」を「意識したことがない」の割合（五七・二％）よりも低い（香川県 2015:1）。これは、「性暴力が身近に存在しない」という考え、もしくは「存在してほしくない」という気持ちのあらわれといえるのではないか。

（3）筆者が香川県総務部知事公室広聴広報課に確認したところ、担当部署である香川県警察本部刑事部捜査第一課から、二〇一七年に保存期間が終了して資料が廃棄されたため、データが存在しない旨の返答があった（二〇二〇年六月九日付の筆者宛てのメール）。

（4）調査概要は次のとおり。全国二〇歳以上の一般個人のなかから層化二段無作為抽出法によって五、〇〇〇名（二〇〇五年度までは四、五〇〇名）の調査対象者を選定し、郵送留置訪問回収法（本人が希望する場合は郵送回収、二〇二〇年度はオンライン回答も可）によるアンケート調査を行った。有効回答率は、六二・六%から七五・七%のあいだで推移している。なお、二〇〇二年度の調査は「配偶者等からの暴力に関する実態調査」の名称で実施された。

（5）二〇一四年度の調査までは男性から女性への性暴力のみを対象としており、加害者との関係において面識のある者をすべて男性と特定できた。しかし、二〇一七年度からは被害者を女性に、加害者を男性に限定せずに調査が行われ、加害者との関係の項目では加害者の性別を問わず、加害者の性別の項目では加害者との関係を問わないため、面識のある者のジェンダーが不明になった。ただ、女性にたいして無理やりに性交等を行った加害者（複数回答）のうち、二〇一七年度は九三・六%（内閣府男女共同参画局 2018:71）、二〇二〇年度は九九・二%（内閣府男女共同参画局 2021:73）が「異性」であることから、面識のある加害者のほとんどが男性であると考えることができる。

（6）対象の変更にともない、質問文は、「子供の頃も含めて、これまでの経験についてお聞きします。あなたはこれまでに、相手の性別を問わず、無理やり（暴力や脅迫を用いられたものに限りません）に性交等（性交、肛門性交又《（ママ）》は口腔性交）をされたことがありますか」へと変更された（内閣府男女共同参画局 2018:68, 2021:70）。ただし、「性交等（性交、肛門性交又《（ママ）》は口腔性交）」の直後の「を」は二〇一七年度の調査では含まれない。

（7）二〇二〇年度の調査では、「無理やりに性交等」をされた経験があると回答した女性は六・九%である。また、相手との関係については、二〇一七年度の調査から一部の分類が変わっているものの、交際相手・元交際相手が三一・二%、配偶者が一七・六%、元配偶者が一二・〇%、職場・アルバイト先の関係者が八・〇%など（複数回答）、面識のある男性が大半を占めている現状は変わらない（内閣府男女共同参画局 2021:70–3）。

（8）調査概要は第四章注3を参照。

（9）具体的な被害内容（選択肢）は次のとおり。一．むりやりキスされた、二．身体（性器、胸、お尻など）を触られた、三．相手の性器を見せられた、四．性器に触るよう強制された、五．性器を口で刺激された、六．性器を口で刺激するよう強制された、七．性器挿入（膣性交、肛門性交）を強制された、八．その他、九．そのようなことはない（ＮＨＫ「日本人の性」プロジェクト 2002:235）。なんらかの被害にあった女性の割合は、一から八のいずれかを選択した回答者を女性全体の人数で割った値を筆者が再計算した数値である。なお、無回答が女性全体の一三％を占めている。「そのようなことはない」の選択肢があるにもかかわらずそれを選択しなかった女性のなかには、無記名のアンケート調査でさえ被害を明かせなかった女性がいることも考えられ、実際には被害経験率はさらに上振れる可能性もある。

(10) 男性から女性への性暴力が多いということは、けっしてそれ以外の性暴力（たとえば、男性から男性への性暴力など）が存在しないことを意味しない。後述のとおり本書は、男性を上位に位置づけ、女性を下位に位置づけるジェンダー秩序のもとで起こる男性から女性への性暴力をこそ問題化している。

(11)「悪女型」には女性加害者も含まれる。なお、小林は二つの分類に加え、「人物を物語化した演出」を示さない「客観報道型」をあげ、テレビ・ニュースを三つの類型に分けている（小林 2014:124-5）。ただ、「客観報道型」の報道は、被害者の「落ち度」や責任を議論しないため、先の二分法にたいして影響を与えないと考えられるから、ここではこの類型を除外して議論を進める。

(12) 二〇〇〇年一月、スウェーデンの首都であるストックホルムのリスネという地域にある駐車場で、一四歳の少女が八名の少年たちの集団からの性暴力被害にあったという事件を指す。移民であった加害者が住むリンケビューは、二七九号道路という物理的な境界によって犯行現場のリスネと区切られた、移民が集住する経済的に未発展な地域であり、貧困と暴力犯罪のイメージを形成するエスニシティ、人種、階級の象徴として機能していた（Nilsson 2019a:126-8）。

(13) 類似する概念にニルソンの「怪物化（monstering）」があげられる。「怪物化」は、加害者を「少数の逸脱した者として構築し、それゆえに『普通の男性』とは区別するプロセス」であると定義されている（Nilsson 2019b:1182）。しかし、本研究は、①加害者を「怪物」と結びつける言説を、加害者を「他者」として語る幅広い言説のひとつの類型であるととらえ、「他者」としての加害者を語ることを「怪物化」と呼称することによる意味の限定や混乱を避けるため、②「普通の男性」だけでなく、社会からも切り離された問題として性暴力を認識させる点を含意するため、本書独自の「他者化」を使用する。

(14)『朝日新聞』一九八九年四月三〇日、朝刊、四面。

(15) この研究は、メディアにおける性暴力加害者の語られ方ではなく、実名や写真をともなう報道のあり方に焦点化した研究であるため、加害者の語られ方をめぐる先行研究とはみなさなかった。

(16)『朝日新聞』一九八九年四月四日、朝刊、三一面。

(17) 管見の限り、タイプIに言及していたのはシャノン・オハラの研究のみである（O'Hara 2012）。アメリカとイギリスの新聞記事を分析したオハラは、同一の事件にかんする語りが被害者を非難し（B＋）、かつ加害者を他者化すること（O＋）を指摘しているが（O'Hara 2012: 256）、両者を組み合わせた分析というよりも、その事実を報告しているにすぎないから、ここには含めない。

(18) 被害者に焦点をあてた研究では、被害者が非難されると同時に非難されないことを明らかにしたもの（Moorti 2002）が存在すること、さらに加害者に焦点をあてた研究では、加害者が「他者」に位置づけられると同時に「正常なわたしたち」としても位置づけられることを明らかにしたもの（Nilsson 2019b）が存在することはすでに指摘した。しかし、加害者と被害者との組み合わせにおいて語りを分析した研究のなかには、タイプ間のゆらぎを検討するものは存在しない。

(19) 日本のメディアにおける性暴力にかんする量的な研究には、観音堂智子らによる性暴力を報じる新聞の分析（観音堂ほか 2003）や、大髙実奈による電車内痴漢を報じる新聞の分析がある（大髙 2021）。

(20) 調査概要は次のとおり。全国二〇歳以上の一般個人のなかから層化二段無作為抽出法によって三、〇〇〇名の調査対象者を選定し、調査員による個別面接聴取調査を行った。

(21)「あなたは、どのような方法で治安や犯罪に関する情報を入手していますか」という問にたいし、次の項目から複数回答で選択する形式の質問である。新聞、雑誌、テレビ・ラジオ、インターネット、携帯電話サイト※、警察広報、自治体や自治会の広報、家族や友人との会話など、その他、情報を入手していない、わからない（※は二〇〇六年調査のみ）。なお、同調査において情報入手源にかんする設問は二〇〇四年、二〇〇六年以外にはみられない。

(22) 調査概要は次のとおり。全国一五歳〜七九歳（二〇〇九年までは一五歳〜六九歳）の一般個人のなかから層化二段無作為抽出法によって七、〇〇〇名（二〇〇九年までは六、〇〇〇名）の調査対象者を選定し、留置法によるアンケート調査を行った。

(23) 具体的な項目は、テレビをＮＨＫと民放に分けた次の六つ。新聞、テレビ（ＮＨＫ）、テレビ（民放）、ラジオ、雑誌、インターネット。

(24)『読売新聞』、『朝日新聞』、『毎日新聞』、『日本経済新聞』、『産経新聞』の五紙である。

(25) 日本ＡＢＣ協会が発行する『新聞発行社レポート 半期』（一九九五年前期から二〇一五年後期まで）および後継の『ＡＢＣ ｒｅｐｏｒｔ 新聞 半期』（二〇一六年前期から二〇一七年後期まで）における、半期ごとの新聞発行社別の朝刊平均販売部数のデータにおいて、この三紙は常に販売部数において上位三位を占めていた。

(26) 先述のように、東京電力女性社員殺人事件は、メディアにおいて被害者が「女性が性体験を語ったり、売春に興味を持ったりすることに対する過剰反応」によってプライヴァシーを暴露されたり非難されたりするなど（狩谷 2013:74-8）、性暴力事件との類似性をもつが、大宅壮一文庫における検索で該当しなかった（性犯罪ではなく殺人事件として分類されていた）ため、分析対象としなかった。

(27)『読売新聞』の記事を「ヨミダス歴史館」で、『朝日新聞』を「聞蔵Ⅱ」で、『毎日新聞』を「毎索」で検索した。ただし、著作権上の都合で閲覧できない記事は除外した。

(28) 無関係な記事とは、たとえば「京都大」で検索したときに結果として出てくる「東京都大田区」を含んだ記事のことなどである。

第一章　〈真の性暴力〉とその語り――加害者の他者化と被害者非難の消去

本章では、見知らぬ加害者によって少女・成人女性にたいして行われた性暴力をめぐる報道を、語りをめぐる二元図に配置しながら分析する。その後、それまでの分析をふまえて全体をとおした考察を行い、被害者を非難する語りがみられなかったことを、事件が〈「真の」性暴力〉と認識されたことで性暴力をめぐるマスター・ナラティヴとして語られた影響によると結論づける。さらに、少女が被害者となった事件でジェンダーが消去されて語られたことを分析する。[1]

以下では、引用文中に加害者または被害者の実名が含まれる場合、［加害者］または［被害者］で置き換えた。ただし、「○○被告ら」、「□□ちゃん」のように実名部分だけを置き換えると不自然になる場合には、呼称も含めて全体を置き換えた。さらに、言説資料からの引用における傍点および〔　〕内は特記なき限り筆者によるものである。加えて、加害者や被害者の年齢や所属などは当時のものである。

1　沖縄アメリカ兵少女強姦事件

沖縄アメリカ兵少女強姦事件（以下、沖縄事件と略称）は、一九九五年九月四日の夜、在沖縄アメリカ海兵隊・海軍の兵士三名が、帰宅途中の小学六年生の少女（一二歳）を車で拉致し、暴行を加えたうえで性暴力を行った事件である。日米地位協定によって日本側が加害者らの身柄を確保できなかったものの、加害者らは送検・起訴された。一九九六年三月七日、那覇地裁は、性暴力を主導した二名に懲役七年、もう一名に懲役六年六月を言い渡した。このうち二名が控訴したが、一九九六年九月一二日、福岡高裁那覇支部は両名の控訴を棄却した。二名は上告し、いったんは上告を取り消したものの撤回し、上告は有効として争い続けたが、一九九七年五月二日までに最高裁は両名の上告を無効とした。これにより、加害者三名全員の有罪が確定した。

「殺しの訓練を受けた米軍人―買い物帰りの少女」の枠組み：タイプⅣ（O＋、Bー）

沖縄事件をめぐる語りはすべてタイプⅣに属していた。事件は「蛮行」(2)や、検察の言葉を引いて「鬼畜の犯行」(3)と形容され、それを行った加害者は「鬼畜」(4)として他者化された。加害者をあらわす言葉としては、他にウォルター・F・モンデール駐日大使による「スリー・アニマルズ」(5)や、その訳語である「けだもの」(6)がひんぱんに用いられ、加害者は非人間化して語られた。

加えて、犯行が計画的であったことも、事件の悪質さ、ひいては加害者の残忍さを示す資源として用いられていた。とくに、「計画的犯行で動機は酌量の余地が全《ママ》くなく[7]」のように判決文中の文言を用いる語りが多くみられたが、「車はレンタカー、少女の口を塞ぐための粘着テープまで用意し、事前に別の隊員に誘いをかけていた[8]」のように判決以前にも事件の悪質さを強調するために計画性が言及された。

また、もっとも多くみられたのが、加害者が米海兵隊・海軍の軍人であったことを事件の原因とみなす語りであった。「米兵は、ある意味で凶暴なものを内に秘めている。……本質的には敵を破壊し、人を殺す訓練を受けているんですから[9]」と述べられ、加害者の暴力性が軍隊での訓練と結びつけて語られた。さらに、「兵士たちは日常の訓練によって人間らしさを摩滅させている。容疑者ら個人の突出した犯行ではなく、組織的に危険をはらんでいる[10]」のように、加害者やその暴力性を生み出す軍隊そのものを性暴力の原因と位置づける語りもみられた。これをさらに推し進めると、「女性の人権意識の高まりの中でこの事件が起きたことは、米軍基地の存在なくして考えられない[11]」や、「米軍が〔自衛隊北富士演習場に〕来れば、沖縄で起きた小学女児暴行事件が繰り返される恐れがある[12]」など、米軍基地の撤去や県外移設の議論のなかに事件が回収されていった。ただ、性暴力の原因は軍隊一般ではなく、軍隊／軍事組織のなかでもとりわけ米軍であると考えられることもあった。「自衛隊は我慢するが、米軍は別。沖縄での米兵の少女暴行事件のようなことが起きないか、一番気になる[13]」との語りでは、加害者が日本の軍事組織の所属ではなく、アメリカの軍隊の所属であることが性暴力に結びつけられていた。

次に、加害者がアメリカ人であることがいかに語られたのかを検討する。今回の事件を「米軍の占領意識丸だしの犯罪[14]」と位置づける語りや、「広島、長崎原爆投下に対する米国の国民感情、それに今度の事件など、すべては思い上がった戦勝国の振る舞いに思えてなりません[15]」という語りなど、加害者がアメリカ人、とくに日本を占領し、植民地主義的な視線で日本を蔑視するアメリカ人であることが強調された。加害者を「他国の兵士[16]」や、「日本人は外国人の顔の見分けがつきにくいことも犯行に利用したとしている[17]」のように、たんに「外国人」であると位置づける語りは少数であったことからも、戦勝国―敗戦国という日本との歴史的な関係をふまえて、加害者がアメリカ人であることが強調されたといえる。また、加害者はアフリカ系アメリカ人であったが、人種を性暴力の原因と位置づける語りはみられず、むしろ加害者やその家族による「黒人であるために不当に扱われた[18]」という主張は大きく扱われず、この主張は「人種カード[19]」と揶揄されたり、「人種差別的な側面も日本側の捜査には一切ない[20]」として一蹴されたりした。

一方、被害者について、「被害者が低年齢であること[21]」が強調して語られた。また、強姦致傷事件としては比較的重い量刑の理由として判決文で述べられた、被害者に「落ち度は皆無だった[22]」という文言がたびたび引用されたほか、「量刑は被害者が抵抗のすべもない子供で、これ以上の被害ぶりはないと純粋に判断した結果で妥当だ[23]」という裁判所関係者の発言のように、被害者が抵抗できないほど幼く、それゆえに加害者がより重罰に処せられるべきであるとされていた。加えて、「何の落ち度もない小学生を突然、襲った米兵たち[24]」や、「場所は住宅街で、買い物の帰りだった。なんら落ち度のない被害者を襲った三人[25]」という加害者にかんする記述によって、被害者の無垢性はより強調された。これらは、被害者が買い物帰りに予想できないまま突然、襲撃されたことを語り、被害者が無垢であることをより際立たせている。

そして、少女が受けた傷についての語りは、「少女は、ヒドく殴られ、顔はハレ上がり、『生きているのが不思議』という状態で、放置されていたという[26]」のように被害の状況を克明に記し、「少女のこれからの長い一生、暴行によって受けた心の傷は決していやされることはあるまい[27]」のように、被害の大きさを強調したりしていた。さらに、「一言だけ言いたい。犯人を死ぬまで刑務所に入れて下さい[28]」という、公判で明らかになった被害者自身の言葉も用いられた。

加えて、「沖縄女性すべてに対する人権侵害だ[29]」のように、事件を沖縄の女性全般にたいする人権侵害と位置づける語りや、「事件は沖縄の問題だけでなく、全女性に向けられた暴力、人権侵害である[30]」、「沖縄の事件は、すべての女性に向けられた性差別[31]」のようにすべての女性にたいする暴力として事件をとらえる語りもあった。これらは、事件の被害者が逸脱者や非難の対象ではなく、保護されるべき女性に含まれていることを示唆している。後述する奈良女児殺人事件や広島女児殺人事件で被害者のジェンダーが消去されたのとは異なり、この事件では、事件が女性にたいする性暴力として位置づけられていた。

ただ、「落ち度」がないと認識された被害者にかんする語りには、夜間に一人で出歩いていたという非難されうる要素が含まれていた。しかし、「夜の街をノートを買ってスキップでもしながら家路を急ぐ少女[32]」、「買い物帰りの少女にいきなり襲いかかるという卑劣きわまりない犯行[33]」という語りによって、被害者が夜間に出歩いていたのはノートを入手するための買い物という必要に迫られた外出であったことが示唆されている。それが「落ち度」と認識されることはなく、被害者はけっして非難されなかった。この語りも初期においてみられるのみで、徐々に語られなくなっていき、消去されていった。

沖縄事件における「わたしたち」

事件にたいする怒り、さらに軽いと判断された加害者の懲役への怒りを表明する「わたしたち」の語りが多くみられたが、その怒りが多くの人のあいだに共有されていることを前提している語りが散見された。たとえば、「犯行に対する社会的な非難は当然[34]」、「複数の若者が女子小学生を拉致し、暴行する。そんな犯罪が身近で起きたら、だれもが憤り、犯人の厳正な処罰と、被害者の傷をいやすためにできるだけのことがなされるよう、声をあげるだろう[35]」のように、幼い児童が性暴力被害にあったことにたいして怒るのは当然であると考えられていた。さらに「もしも、『ウチの子供でなくってよかった』、などとしてしか考えられない人がいたとすれば、その人は〝正常〟の人間ではないし、決して日本人ではない[36]」という語りは、被害者に同情し怒りを表明することが「正常な『日本人』」の要件と考えられていたことを示している。

このように、加害者がアメリカ人であったことを受け、「この卑劣な事件に日本じゅうが怒った」[37]、「この怒りを、わたしたち日本人は、決して忘れないでおこうではないか」[38]といった、「わたしたち」=日本人というナショナルな主体を立ちあげる語りがみられた。「日本が受けた屈辱に対して、大田知事がたたかっているのだと思う」[39]や、「米兵の犯罪が起きるたびに、日本人は、日本が未だに『アメリカの植民地』であることを知らされるのである」[40]、「米兵は、アメリカにいればもっと重い刑になることぐらい知っているはずです。それなのに、なんで刑が重すぎるなんて控訴するのでしょう。理解に苦しみます。日本は甘く見られているのかという気がしてなりません」[41]という語りが示すように、その日本人とは、沖縄事件を国家全体が受けた屈辱と認識し、アメリカに占領され続け、差別され続ける国家の国民として語られた。

また、今回の事件を起こした加害者が所属する米軍基地の撤去や移転を主張する者は、沖縄の内であると外であるとにかかわらず、軍隊を「わたしたち」にとっての他者と位置づけていた。このように基地を問題視する語りは数多くみられ、「基地があるがゆえの犯罪が繰り返されないよう、基地撤去に取り組んでいきたい」[42]のように語る「わたしたち」と軍事組織およびそこに属する人間とのあいだには、揺るぎない境界線が引かれていた。

その「わたしたち」は、事件を自分の周囲にも起こる問題としては認識していないようであった。事件そのものが、「どこでも起こりうる少女への事件」として語られた奈良女児殺人事件や広島女児殺人事件とは異なり、「特殊」な場所でしか起こらない事件であると位置づけられていたからである。

「軍隊は構造的な暴力性をもっており、基地がある限り、佐世保でもどこでも犯罪は起こる[43]」のように事件の普遍性を述べる語りはみられたが、その普遍性も「基地がある限り」という留保のもとでしか想定されない。また、「沖縄という土地は門閥意識が強い所。……レイプされた女の子の話なんていうのは、なかなか余所の集落に伝わらない……集落が総出でかばい合って事件を消してしまう[44]」や、「私たちは巨大な米軍基地のほかに犯罪までも沖縄に背負わせました[45]」といった、沖縄の特殊性を強調したり、明確に沖縄以外に住む者を「わたしたち」と名指したりする語りもみられた。つまり、事件を軍隊や沖縄という「特殊」な環境においてのみ起こる出来事として語っていたといえる。このように、メディアは、今回の事件を軍隊や女性への差別の問題として扱う声や沖縄の人びとの声を大量に報道するものの、結局のところ今回の事件を「全国どこでも起きる事件」としては認識していなかった。それにともない、奈良女児殺人事件や広島女児殺人事件の語りでみられた「どこでも起こりうる事件におびえるわたしたち」は確認されなかった。

　さらに、ジェンダーについて検討すると、女性の「わたしたち」は、「女性としてショックを受け、ゾッとして立てなかった[46]」、「母親として、女性として、また日本民族として、どうしても事件を許すことができません[47]」のように、被害者と同じ女性というジェンダーに属することで、より大きな衝撃を受けたり、怒りを表明したりする者として語られていた。さらに、「沖縄の基地によって、とりわけ女性の人権侵害が続発している。軍隊と住民は共存できない[48]」や、「少女暴行事件に触れ、軍隊は女性べっ（ママ）視が当然で危険と説き、『女性の安全はどう守るのか。安全保障を考え直して』と訴えた[49]」

のように、軍隊を女性にたいする暴力をもたらす危険な存在として「わたしたち」と切り離して語る沖縄のフェミニストによる語りも確認された。

一方、男性ジェンダーに依拠して男性の「わたしたち」に言及する語りは確認されなかった。

まとめ

沖縄事件をめぐる語りはすべてタイプⅣに属していた。そこで、加害者は軍人であることやそれにともなう暴力性、さらに日本を占領していた／しているアメリカ人であることを強調されたり、「けだもの」と呼ばれて非人間化されたりすることで他者化されていた（O＋）。一方、被害者は抵抗さえできないほど幼かったこと、急に襲撃されたことが語られることで、非難されなかった（Bこ）。また、事件が女性にたいする（性）暴力と位置づけられたため、被害者のジェンダーが消去されることはなかった。一方、被害者が夜間に一人で出歩いていたという場合によっては非難されうる要素も語られていたが、それが「落ち度」であると認識されることはなく、そして初期以降はその要素が語られることもなくなり、被害者はけっして非難されなかった。

沖縄事件における「わたしたち」は、事件にたいする怒りを表明し、それをすべての「正常な人間」が共有すると疑いなく前提するとともに、自分たちはアメリカによって占領・差別される日本の国民というナショナルな存在であり、軍隊とは距離を置いてその撤廃を求める文民として語られていた。さらに、沖縄ではなく本土に住む者としても、「わたしたち」は語られていた。

また、女性の「わたしたち」は、被害者と同じ女性というジェンダーに属することで、より強い衝撃を受け、怒りを表明する者として語られた。その一方、男性の「わたしたち」は語られなかった。

2　奈良女児殺人事件

奈良女児殺人事件（以下、奈良事件と略称）は、二〇〇四年一一月一七日、奈良県で小学一年生（七歳）の女児が路上で連れ去られ、溺死した後に性暴力を加えられたのち、道路脇の側溝に遺棄された事件である。同年一二月三〇日、奈良県に住む新聞配達員の男性（三六歳）が容疑者として逮捕された。二〇〇六年九月二六日に奈良地裁で死刑を言い渡され、弁護士が即日控訴したものの、加害者が自ら控訴を取り下げた。その後、加害者は控訴の取り下げを無効として申し立てたが、奈良地裁・大阪高裁・最高裁はいずれも申し立てを無効とし、死刑が確定した。二〇一三年二月二一日、加害者の死刑が執行されたと発表された。

「哀れな境遇のロリコン殺人鬼―幼い無垢な女児」の枠組み：タイプⅣ（O＋、B－）

奈良事件をめぐるすべての語りがタイプⅣに属していた。加害者が逮捕されるまでは、被害者の生前の様子がさかんに報じられた。そこでは、将来の夢が「かんごふ」(ママ)[50]であったことや、「『人見知りしない、明るい子だった』。［被害者］を知る人たちは口をそろえた[51]」といった、被害者の好意的な側面を強調する語りがみられた。事件との関連では、「わずか七歳で命を奪われた[52]」のように被害者が非常に幼かったこと、「冷酷な手で、突然、命を奪われた女の子[53]」のように突然の事件であったことが語られた。さらに、「純真で抵抗することを知らない女児[54]」、「何ら落ち度がない[55]」のように、被害者に責められるべき点がいっさい存在しないことが語られた。そして、とくに雑誌記事では被害者の遺体が傷つけられていたことが具体的な描写をともなって記述されていた[56]。

また、被害者は女児であったにもかかわらず、ジェンダーを消去して語られた。後述するように、今回の事件がジェンダーを問わない「子どもたち」にたいする犯罪であると位置づけられることで、被害者が女児であることは強調して語られなかった。「抵抗力の全くない幼い女児[57]」のように、「女児」という語彙によって語られることはあるもののジェンダー化されることはなく、「女児」は抵抗できないほど幼かったことを意味するにとどまり、被害者はジェンダー中立的な幼さという要素を強調して語られた。

これらに加え、「夢、希望に満ちあふれた娘の人生を奪った犯人を許すことはできません。犯人には『極刑以上』の刑をあたえてやりたい気持ちです。犯人は捕まっても、娘は戻ってくることはなく、私達の無念さは込み上げてくるばかりです[58]」、「奈良西署まで走っていって、(〔加害者〕を)この手で殴りたい、けりたい、殺したいと思いました。今でも殴りたい、けり倒したい、殺したいです[59]」といった、被害者の両親の悲痛なコメントも多く引用された。

しかし、「落ち度」がなく純真無垢と語られた被害者の事件直前の行動には、「落ち度」と認識されうる行動が含まれていたことも、初期には語られていた。それは、「近くで不審者が出たことがあり、児童らは登下校の際、人通りが多い道を通るよう学校から指導されていた(60)」にもかかわらず、被害者が「女児が友人二人と一緒に下校した後、途中から一人で学校に引き返していた(61)」という、自らを危険にさらすような行動である。さらに、「女児は連れ去られる直前に自分から車に乗り込んだとの目撃情報があった(62)」のように、被害者は自ら加害者の車に乗ったと語られた。しかし、前者への言及は初期の報道以降はみられず、後者については、加害者の供述から「どうしたん。（うちまで）乗せて行ってあげようか」と加害者が「言葉巧みに助手席に乗せた(63)」と解釈されることで、被害者は非難されなかった。

一方、加害者はそのゆがんだ心理を強調された。傷つけられた被害者の残酷な画像を添付し、「娘はもらった」、「次は妹だ」といった内容のメールを被害者遺族に送ったことにたいして、「ゆがんだ自己顕示欲(64)」を読み取る語りが多くみられた。さらに、「無期懲役で（社会に）出ても、もうやらないとは思わない。早く死刑になり、この世とおさらばしたい(65)」、「新聞が一斉に取り上げ、大騒ぎになったのを見て満足した。（女児の）親にわびる気など全くない(66)」といった反省を示さない態度や、情状鑑定で「反社会性人格障害」と鑑定されたことがくり返し語られた。加害者のゆがんだ心理を象徴するエピソードとして、「自分より弱い奴には容赦のないキツイ物言い(67)」をするなどの弱い者いじめをしていたことや、「自分の弟が可愛がっていたウサギを、近所の人が見ている前で、高い塀の上から叩き落《ママ》して殺したことがあった(68)」のように、小動物（他に子犬(69)と野良猫(70)）を虐待していたことが語られた。

あわせて、加害者が「異常な性欲」をもっていたことも語られ、事件の動機は性欲であると解釈されていた。「自分の性的欲望を遂げたいという願望が抑えきれなくなった(71)」のように、事件を性的な衝動を抑えきれなくなった末の性暴力であったと解釈する語りや、今回の事件を「女児に対する自己の異常な性欲を満たすため(72)」とみなす判決文の文言が取り上げられた。

また、加害者の幼少のころの度重なる苦労が人格をゆがませ、それが女児への性暴力につながったと解釈する語りもみられた。その苦労とは、「子どものころから片方の目の視力が弱く、劣等感を抱いていた(73)」こと、それを原因とする「中学では学年全体で無視され、この世に存在していない感じがした(74)」といったいじめの経験、「父親は気の短い人で、酒が入るとすぐキレることがありました。けど、母親が健在の頃は、母親が宥めたりして父親の暴走を止めることができた。ところが、三男を産む時に難産で、母親が亡くなってしまった(75)」という父親の虐待とそれを止めてくれていた母との死別によるショックなどが複合的に加害者の人格をゆがませたと解釈されていた。このような語りは、性暴力の原因が障がいをもつ人への偏見や差別といった社会的要因にもあるという見方を示唆するが、そのような見方は「少年時代にどんな過酷な体験をしようが、今回の事件が免罪されるわけではもちろんない(76)」、「動機を母の死やいじめ、社会のせいにしているだけ(77)」として退けられ、事件はあくまで「異常な加害者」個人の問題として矮小化されていたといえる。

また、目の障がいなどがコンプレックスとなり、中学生時代に「暗い性格のうえ、視力が落ちており、運動も苦手。女の子にモテる要素に欠けていたから、自分でも〃女は苦手や〃といって、自分からは口もきけなかったほどです(78)」と、コンプレックスが女性と関係を築けないことと結びつけて語られていたことは、注目に値する。この語りにおいては、同年代の女性と関係が築けないことが女児への性的欲望につながった原因のひとつと解釈されていた。つまり、加害者が女児に性暴力を行ったのは、「大人の女から相手にされず性欲を持て余した(79)」からであると、これらの語りのなかでは解釈されていたのである。加害者が関係をもった女性について、「もちろん、ほとんどがデートクラブとかデリバリーヘルスで働く風俗嬢やけどな(80)」、「関係を持ったのは金で自由になる女性ばかりでした(81)」という記述がみられた。さらに、そのような女性との関係しか結べなかったことについて、以下の語りが確認された。

　気になるのは、彼の〔「プロの女性」や「ナンパした女子高校生」を相手にした〕性体験談には恋愛が絡まないことだ。異性と会話を重ね、語り合う中で愛情が芽生える、そんな話はない。ナンパであれ買春であれ、コトが終われば（ママ）、そのまま「さよなら」。これでは何百人の女性と肌を合わせようが、女性という存在を理解し、愛せる道理もないだろう。彼にとって女性とは、単なる性欲処理の道具に過ぎなかったのかもしれない(82)。

このように、加害者はコンプレックスゆえに、金銭を介さずに同年代の女性と「正常」な付き合いができず、女児への傾倒を深めたとされた。

　加害者が女児への性的欲望をもつ者であることもさかんに語られた。女児への欲望に「目覚める」きっかけとなったのは、高校生のときに見たロリコンもののアダルトアニメビデオであったとされた。「恥ずかしそうにしている小さな女の子の姿に、ものすごく快感を覚えるようになった」加害者にとって、「女児が性の対象として映るようになった[83]」と語られた。それが高じて、逮捕時には家から「少女の裸を撮ったビデオテープが約一〇〇本、雑誌や単行本約二〇冊など[84]」が発見されたことが語られた。さらに、「十代から繰り返してきた幼女へのわいせつ行為。成人後も二度、幼女に対する性犯罪事件を起こして、有罪判決を受けている[85]」という前科や、今回の事件は「女児に対しては強い立場でいられ、抑圧感を解消できたのでは[86]」のように、自らのコンプレックスによる抑圧感を、自分が強者になれる女児を相手に解消するためであったと考えられていた。

　このように同年代の女性ではなく、女児へと性的関心を向ける加害者は、反社会的人格障害とあわせて小児性愛者として病理化された。「〔鑑定書は〕米精神医学会の診断基準（ＤＳＭ－４）で犯罪などを繰り返す人格障害の分類の一つとされる、『反社会性人格障害』と診断[87]」したと語ったり、加害者を「性犯罪を起こすこうした性質を『矯正』することは可能なのだろうか[88]」と「矯正」の対象と位置づけたりする語りもみられた。よりあからさまに「児童《ママ》性愛者も、標準からの逸脱が甚だしく周囲を不安に陥れるという点で、異常の範疇に入る[89]」として加害者を小児性愛者として直接的に逸脱視する語りも確認された。

また、事件の悪質さを際立たせる要素として、「事件の前週に下見をし、『(事件当日の朝) 起きてから、いたずらをするために車で女の子を探した』と供述し、事件が計画的だったことを認めた[90]」のように、計画性も語られた。事件にたいする死刑判決を議論する語りでも計画性が取り上げられた。いわゆる「永山基準」にもとづけば、被害者が一人である事件にたいして死刑判決が出されることは少ない。今回の事件に死刑判決が出された理由としても、「被害者一人の殺人事件は死刑回避が続いたが、その枠から一歩踏み出したといえる。犯行の残虐さや計画性などからも『くむべき事情』はなく、当然の判決[91]」という刑事法の専門家によるコメントが引用され、犯行が計画的であったことが強調された。これも、事件の悪質さの指標としての計画性の語られ方のひとつであるといえる。

以上のように語られる加害者は、非人間化されることによっても徹底して他者化される。加害者はしばしば「犯人には人の心というものがないのでしょうか[92]」のような「人間性」に欠ける人物として語られるとともに、直接的には「悪魔[93]」、「怪物[94]」、「鬼畜[95]」と形容されて非人間化された。さらに、「罪もない子どもにどうしてそんな卑劣な行為ができるのか理解できません[96]」のように、理解不能な者として語られることでも加害者は他者化されていた。

奈良事件における「わたしたち」

奈良事件をめぐる「わたしたち」は、ジェンダーを問わず事件／加害者にたいして怒りや悲しみを表明したり、事件／加害者を許せないと表明したりする者として語られた。その怒りの根底にあるのは、「幼い子の将来を奪った犯人への憎しみがかき立てられた[97]」という語りにあらわれる被害者の幼さや、「こんな男が、罪もない少女の未来を閉ざしたかと思うと、怒りを通り越してやりきれなさが募る[98]」という語りが示す被害者の「落ち度」のなさである。

子どもたちは、「子どもは地域の宝[99]」、「『社会の宝』である子どもたち[100]」、との語りによって大人とは異なる特別な価値のある存在として位置づけられ、それを守る者として大人の「わたしたち」が語られた。この語りがもっとも多く、「どうすれば子どもを守れるのか[101]」との問いを投げかける語りや、「類似事件を防ぐには地域や家庭、学校など、大人の力が必要だ[102]」のように、学校・地域・行政・社会・国家の総力を挙げて、大人の力で子どもたちを守ることをくり返し要請する語りがみられた。

ただ、「わたしたち」が守るべきとする対象は、今回の事件で被害にあった「女児」ではなく、あくまで「子どもたち」というジェンダー中立な存在である。「特に女の子を持つ親は気が気でないのでは[103]」が示すような女児への特別な言及はこの一件のみで、むしろ「〔幼児を対象とする性暴力加害者の心理の〕根底には、幼児なら自分の好きにできるという支配欲があると考えられます。したがって、攻撃する相手は女児に限らず、男児のケースも珍しくないと思います[104]」が最たる例として示すように、「子どもたち」のジェンダーは問われない。つまり、成人男性から幼い女児へのジェンダー化された性暴力としての側面が消去されて語られたのである。これにより、男児をもつ親などにも恐怖が広がっていった。「〔自身も〕同じ年代の子どもを持っているから、人（ママ）ごとではない[105]」と述べ、自分にも同年代の子ども・孫（女児ではない）がいるため、その子どもが狙われるのではないかと恐れていることが語られた。

事件がくり返されることへの恐れから、事件の再発を防ぐための対策を求める声が語られた。アメリカで導入されているメーガン法などにふれながら、「〔諸外国の対策と比べて〕性犯罪対策があまりに遅れているのが、この国の現状なのだ。このまま放置すれば、間違いなく犠牲になる子どもは増える」(106)として子どもを対象とする性犯罪へのこれまで以上の対策が求められていた。こうした議論の高まりを受け、「前歴者の出所後の居住予定地などを法務省から警察庁に伝える制度」(107)が導入されたことや「性犯罪者処遇プログラム」(108)が導入されたことも語られた。すでに性暴力加害者になった者への対処だけでなく、「これ以上、性犯罪者を増やさないためにも、まず幼児ポルノ漫画を規制してほしい」(109)のように、加害者が児童ポルノビデオ・コミックを大量に所持し、それが性暴力の引き金となったと報じられたことを受け、児童ポルノへの対策もまた「わたしたち」は求めていた。

このように、子どもたちを守り、対策を求める「わたしたち」は、加害者を含む子どもを標的として犯罪を行う者を「他者」と認識していたことが語られた。第一に、大人を「悪い人」とそうでない者とに分け、自らを無条件に後者へ位置づけ、「世の中には、多くの人がいる。中には、少しだが悪い人もいる。良い人か悪い人かは、外見では分からない」(110)として両者を弁別しつつ、「犯人には罪悪感など微塵もないはず。そもそも我々の良識が通用するなら、こんな犯罪を起こしませんよ」(111)のように、「わたしたち」は加害者とは異なり、「良識」をもつ者として語られた。第二に、加害者を「知らない人」や「不審者」と位置づけ、子どもたちに「『知らない人には絶対に付いていかず、不審な出来事はすぐに知らせるように』と呼びかけた[112]」ことがくり返し語られた。ここには、子どもたちと顔見知りである「わたしたち」は事件を起こす者としては想定されていないことが端的に示されている。

このように加害者を「他者」と位置づけてもなお、前述したように子どもたちのジェンダーを女児に限定しないことに加え、同様の事件や子どもの被害が他の地域でも相次いで発生したと報じられたため、「わたしたち」は、事件を「日本のどこでも起きうる事件[113]」と位置づけ、自分の、あるいは周囲・地域の子ども（たち）がさらなる被害の対象となるのではないかと不安を募らせていた。

まとめ

奈良事件では、すべての語りが加害者を「異常な小児性愛者」として他者化し（O＋）、被害者をけっして非難しない（Bニ）タイプⅣに属していた。これは、被害者が幼いことと関連して、抵抗できなかったことや「落ち度」のなさがくり返し強調される一方、そのような被害者を殺害・性暴力の対象とした加害者の凶悪さが強調され、不幸な生い立ちとの関連において女児を性的に対象とする小児性愛者として他者化されるという対比によると考えられる。その対比構造においては、被害者が非難されうる要素は、語られなくなるか、加害者の巧妙な手口にとらわれたと解釈された。これにより、被害者への非難が回避されていた。また、事件が「子ども」を対象とする犯罪と位置づけられることで、被害者のジェンダーが消去されていた。

奈良事件における「わたしたち」をまとめると、ジェンダーを問わない「わたしたち」は、事件／

加害者に怒りを表明し、ジェンダーを消去された子どもたちを守る責任を負う大人として、そしてどこでも起きうる事件を恐れる存在として、さらに子どもたちを標的とする事件への対策を求める存在として語られていた。また、子どもたちを標的とする犯罪者を「不審者」、「悪い人」などと表現する一方、子どもたちと顔見知りである／であろうと努力する自分たちはけっして子どもたちに警戒されず、性暴力を行うことのない存在としても語られていた。そこには、顔見知りや家族は子どもにたいして性暴力を行わないという前提がみられる。

3　広島女児殺人事件

広島女児殺人事件（以下、広島事件と略称）は、二〇〇五年一一月二二日、広島県で小学一年生（七歳）の女児が加害者宅の前で加害者に声をかけられ、性暴力を加えられた後、首を絞められて殺害され、空き地に遺棄された事件である（性暴力・殺害が加害者宅内で行われたのか加害者宅の外で行われたのかは裁判で認定されなかった）。同月三〇日、広島県に住むペルー国籍の男性（三三歳）が容疑者として逮捕された。裁判員制度の導入を見据えて公判前整理手続きが適用され、広島地裁は二〇〇六年七月四日、無期懲役の判決を出した。加害者側・検察側双方が控訴し、二〇〇九年一月七日、広島高裁は審理不尽と判断した一審判決を破棄して地裁に差し戻す判決を出したが、加害者側の上告が受理され、二〇〇九年一〇月一六日、最高裁は二審判決を破棄して高裁に差し戻す判決を言い渡した。二〇一〇年八月二日の差し戻し控訴審判決では、一審の無期懲役が維持され、検察側が上告を断念したのち、二〇一〇年八月一一日、加害者側も上告を断念して無期懲役の判決が確定した。

「ペルーから侵入した殺人鬼―幼い無垢な女児」の枠組み：タイプⅣ（O＋、B－）

広島事件をめぐるすべての語りがタイプⅣに属していた。被害者について、初期のころには生前の様子がさかんに報じられた。そこでは、「［被害者］は、元気で明るく、かわいらしい子だった」[114]など、被害者の好意的な側面を強調する語りがみられた。事件との関連では、「将来への可能性がある子どもの命が奪われ」[115]のように被害者が非常に幼かったことや、「女児は抵抗する間もなく突然、襲われ、殺害された」[116]のように突然の事件であったこと、これとあわせて「抵抗するすべも力もない子供」[117]のように抵抗できなかったことが語られた。また、「何もしていないのに、なぜ事件に巻き込まれなくてはならなかったのか」[118]、「なんの落ち度もない子ども」[119]、さらには「七歳の純情無垢な児童」[120]のように、被害者に責められるべき「落ち度」がいっさい存在しないことや、無垢さも語られた。加えて、とくに雑誌記事では、被害者の遺体が傷つけられていたことが具体的な描写をともなって記述されていた[121]。

また、奈良事件と同様に、事件がジェンダーを問わない「子どもたち」を対象とする事件であると位置づけられたり、性暴力の存在を記述せずに事件が語られたりしたため、被害者のジェンダーが強調して語られず、消去されていた。これは、被害者の父親が「性被害の事実も出来る範囲で詳細に報道してほしい」[122]と述べ、女児が被害者となった、つまりジェンダー化された性暴力の存在を報じるように要請するほどであった。

これらに加え、「私は全身の力がなくなり、くずれたのを覚えてます。どうか奇跡が起きて生き返ってくれと願いましたが、無理でした」[123]、「私たち遺族は、［被害者］が亡くなった日のこと、そして納得のいかない判決があった日のことを忘れたことはありません。なぜ［被害者］が殺されなければならなかったのかという真実を求めて裁判の度に傍聴してきましたが、［加害者］の話す言葉からは真実を聞くことがかなわず、非常に残念で悔しい思いでいます」[124]のような、被害者の父親の悲痛なコメントも多く引用された。

しかし、奈良事件と同様に、「落ち度」がなく純真無垢と語られた被害者の事件直前の行動には、「落ち度」と認識されうる行動が含まれていたこともあわせて語られていた。それは、「『児童への車からの声かけなどの不審者情報が伝わっている』と学校周辺の不審者への注意を〔被害者が通っていた小学校は〕呼びかけていた」[125]にもかかわらず、被害者が「一人で通学路とは別の道を歩いていくのを近くの人が目撃している」[126]、「犬に会いに行くため、通学路からはずれた可能性がある」[127]といった行動である。つまり、不審者からの声かけなどへの警戒が要請されていたにもかかわらず、被害者は一人で帰宅し、かつ通学路から外れていたという、自らを危険にさらすような行動をとっていたと語られていたのである。しかし、この点への言及は初期の報道以降はみられず、被害者はけっして非難されなかった。

一方、加害者は供述の不可解さを強調されていた。「殺すつもりはなかった。悪魔が自分の中に入ってきて体を動かし、気がついたら死んでいた(128)」という供述がくり返し言及されたが、これはすべて「『悪魔が入った』と言うことで、責任を転嫁しているだけ(129)」のように責任逃れの言葉や反省を示さない態度のあらわれとして解釈された。または「(ペルー社会の背景になっている)カトリックでは『魔がさした』という意味に近いと思う(130)」のように、加害者がペルー＝外国の出身であることを示唆する語りに用いられた。

この供述からは、加害者を非人間化する語りが導かれた。「悪魔は［加害者］本人にほかならないのだ(131)」、「悪魔にとりつかれたのではなく、悪魔そのものです(132)」と、加害者を「悪魔」とみなす語りがみられた。また、ペルーでの性暴力の前科に言及して「彼は以前から子どもたちに『モンストロ（怪物）』と呼ばれていたのよ(133)」と、怪物になぞらえる語りもみられた。さらに、「抵抗できない女児の命を奪うなんて、とても人間のしわざとは思えない(134)」のように、被害者の無垢さと対比する形で、加害者は非人間化されるとともに、その他者性を強調されて語られていた。

また、加害者がペルー人＝外国人であることも語られた。この語りには二つのパターンがあり、第一のパターンは、加害者が外国人であることを強調する語りである。「南米系の彫りの深い顔だった。日本語がしゃべれないので話はできなかった」ことに触れつつ、「女児の命を奪う凶行に及んだ背景には、日本に溶け込めない孤独感や疎外感があったのか(135)」とみなす語りのように、言語の壁があり、周囲から孤立していたことを犯行の原因と位置づける語りがみられた。さらに排外主義的な傾向の強い語りでは、「いわば異国の〝犯罪者〟が日本で起こした〝再犯〟。なぜ、こんなヤツが入国できたのか？」[136]として入国管理の問題へとつながっていく（そこで立ちあげられる日本人の「わたしたち」については後述する）。また、加害者の本名をカタカナで表記することも、加害者が外国人であることを――意図の有無にかかわらず――強調することにつながると考えられる。さらに、「容疑者のフルネームについて、ペルーでの氏名表記に従い、今後は名・姓の順とします」[137]という記述も、氏名表記が日本とは異なるペルーという国から来たことを示唆している点で、加害者が外国人であることを強調する語りである。

第二のパターンは、加害者を外国人のなかでも特殊な存在であると位置づける語りである。「多くの外国人はまじめに働きながら暮らしている。こんな事件が起きて残念」[138]のように加害者を含まない他の外国人（労働者）を肯定的に表現する語りのほか、「仲間から『虚言癖』がある『気の弱い男』と疎んじられ、一人で過ごす姿が目立った」[139]のように加害者個人を否定的に表現する語りがみられた。

加害者を外国人であると語ったり示唆したりする語りにおいて、第一、第二のパターンのいずれも「外国人」を日本人と異なる異質な存在とみなす文脈が存在しているため、「外国人」である加害者を他者化しているといえる。

さらに、性暴力の動機は性欲であると解釈されていた。「自らの獣欲を満たすため」[140]に性暴力を行ったという解釈や、「七歳の純情無垢な児童に劣情を抱き、自己の欲望の赴くままにわいせつ行為に及んだ」[141]という判決文や検察官の言葉が引用されていた。「異常な女好き」[142]、「女性関係もいいかげんで、異常なまでに性欲が強かった[143]」のように、強すぎる「異常な性欲」をもつことが語られた。また、弁護側はわいせつの意図が存在しなかったことを立証するために「被告人は、本件当時、複数の成人女性と交際しており、特に性的な不満を覚えるような状況ではなかった[144]」と述べているが、ここにも性暴力の動機は性欲であるという通念が反映されている。さらに、「性犯罪は本能衝動からくる犯罪です。理性で抑えることができず、衝動で行ってしまうため、服役を終えて反省しても、再犯してしまう可能性が高い[145]」という専門家の語りは、性犯罪者の「異常な性欲」を抑えきれない本能であると位置づけていた。ただ、今回の事件は成人女性ではなく女児を対象とした性暴力であったにもかかわらず、加害者を小児性愛者であるとみなす語りは、「被告の中に深く根付く幼女に対する異常な性癖[146]」という検察官の言葉や、「犯行の態様も悪質である。いまだ年端もいかず、そもそも通常は性的欲望の対象とはなり得ない、いたいけな七歳の児童に対し、自己のゆがんだ性的欲望を遂げた[147]」という判決文の文言がみられる程度であり、少数にとどまっていた。加害者は、強すぎて制御できない「異常な性欲」をもち、それを抑えられないと解釈されることで他者化されていたといえる。

最後に、加害者の前科もくり返し語られていた。けっきょく差し戻し控訴審では「罪〔前科〕を犯したことが確実とはいえない。日本の前歴と同様に評価することは適切ではない[148]」として量刑判断に使用されなかった。しかし、報道では「ペルーで〔一九〕九二年に女児への暴行事件を起こした疑いでペルー当局に指名手配されているほか、女児への暴行未遂事件なども繰り返していたとされる[149]」のように、加害者がペルーで女児を対象とした複数の性暴力を行っていたことが言及され、加害者の

「異常さ」が際立たされていた。

広島事件における「わたしたち」

広島事件をめぐる「わたしたち」は、奈良事件のそれと同様に、事件／加害者にたいして怒りを表明したり、事件／加害者を許せないと表明したりする者として語られた。「あんなひどいことをした犯人が憎い[150]」、「大変悲惨な事件だ。こうした事件はあってはならず、決して許すことはできない[151]」といった語りが代表例である。その怒りの根底にあるのは、「抵抗できない小さな子を殺すなんて、あまりにひどい[152]」、「〔広島事件と同年に起きた栃木での女児殺人事件もあわせ〕はらわたが煮えくりかえります。か弱く幼い女の子ばかり狙う卑劣で理性のかけらもない異常な犯行の連鎖[153]」が示すように、被害者が幼く、抵抗不可能で無垢な「子ども」であったことである。

そこでは子どもは「子どもは地域の宝[154]」、「子どもは社会の宝[155]」のように、価値の高い存在として位置づけられ、それを守る存在として大人の「わたしたち」が語られた。「子を守るのは大人の責任である[156]」と「わたしたち」自らの使命を語りつつ、「どうやって守って行け（ママ）ばいいのか[157]」との問いを立て、「強固な地域一体の見守りを続け、充実させることが大きな防止策に違いない[158]」、「学校、保護者、地域、そして社会が一体になる必要があると思う[159]」のように、地域や社会全体で子どもを守ることが議論された。加えて、それを担う「わたしたち」のジェンダーは問われなかった。「小学校一年の女児にどんな行為がなされていたのかを知り、犯人に憎悪を覚えました。成人した女性として、一人の母親として、看護師としても屈辱的な思いでした[160]」という一件の例外を除き、「わたしたち」はジェンダーの区別なく子どもたちを守る存在として語られていた。

「わたしたち」と同様に、守られるべき子どもたちは、女児ではなくジェンダーを問わない「子どもたち」であった。「性的な被害に遭うのは男児の場合もある[161]」のように守られるべき子どもたちのジェンダーに言及した語りはこの一件のみで、他の語りは子どもたちのジェンダーに言及しなかった。子どもたちを守るという文脈において、それが広島事件への対策として議論されていたにもかかわらず、成人男性から女児へと行われた、ジェンダーにもとづく性暴力であるという側面が捨象されていたといえる。「わたしたち」に加え、子どもたちのジェンダーも消去されたことから、「子を持つ親として人ごと《ママ》とは思えない[162]」や、「事件は全国どこで起こってもおかしくない[163]」として、子どもをもつ親やその周囲の者が地域を問わず不安を抱え、子どもたちを狙った事件の再発への恐怖は際限なく広がっていったといえる。

　こうして、ここでもまた「わたしたち」は性犯罪への対策を求めることになった。「諸外国の取り組みに比べると、日本はこれまで子どもを狙う〔性的な動機が原因の〕事件を軽く扱いすぎてきたきらいがある[164]」のように、メーガン法などの他国の先進的な取り組みを紹介しながら、日本にも同様の対策が導入されることを求めていた。性犯罪への対策を求めてはいるが、その内実は子どもたちへの性犯罪への対策であり、その対策の対象は、「不審者[165]」や「変な人[166]」、「知らない人[167]」、「悪い人[168]」のように、「わたしたち」とは区別可能な「他者」と想定されていた。

一方、「わたしたち」はそのような者とは無根拠に異なる者として語られた。「子どもたちの安全のためには地域に顔見知りの大人をつくることが大事[169]」、「家族以外の人についていっては駄目[170]」といった語りからは、顔見知りの大人や家族として位置づけられる「わたしたち」は性暴力を行わないという前提が読み取れる。また、「危険な場所に子どもが一人でいたら、わが子でなくても『お母さんは？』とか、ここは危ないよと声をかけたほうがいい[171]」という語りも、自分は子どもに警戒されないという根拠のない前提を示唆している。

ただ、この前提が意味をなさないことは、次の語りが示している。

> 洗い湯にいた時のこと。子ども連れのお母さんが髪を洗い、そばに二歳くらいの女の子がおとなしく座っていた。子ども好きの私が「イナイイナイバー」をしたり話しかけると、女の子はにこにこ笑って喜んでくれた。しかし、そのお母さんは私に気づくと、キッと女の子を抱き寄せ、離れたところで遊んでいた男の子を大声で呼び、「お兄ちゃん。見ていなくちゃ駄目でしょ」とどなりつけた。
>
> 私は何か悪いことをしてしまったのかと驚いてしまった。誘拐婆ア《（ママ）》に見えたのかと、とても不愉快になって帰路についた。
>
> そんな折も折、広島で女児殺人事件が、数日後には栃木で同じような事件があった。何か寂しい、悲しい気持ちと、犯人に激しい怒りを覚えた。私だけでなく、日本中の人が同じ思いだろう。

可愛い笑顔の映像を見ると、たまらない気持ちになる。

あの銭湯でのことを思い出した。

不愉快に思った私が、間違っていたのではないか、それぐらい今のお母さんは気[172]をつかわなくてはならない時代になっているのだと。悲しいけれど、寂しいけれど、そうなのだ。

先月二二日の午後五時過ぎのこと、帰り道で私は下校する小学校児童四、五人の一団とたまたまいっしょになった。孫と同じ年頃だったので親しみを感じ、一人に「あんたは何年牛？」と尋ねた。答えはない。別の子に「あんたは一年生？」と問いかけたが、また返事がない。年長の子に質問をすると、小さくうなずいた。「何と愛想のない子どもらだろう」と思った。

自宅で夕食を食べながらテレビを見ていると、広島で小学一年生が殺害されたニュースが流れていた。

愛想のない小学生の話を聞いた妻は「きっと今頃その子どもたちは両親に『帰り道に変なおじさんに声を掛けられた』と話していることでしょう」と言った。

そうかも知れない。子どもたちは親から「知らん人から声を掛けられて返事したらいかんよ」と言い聞かされているから、あのような対応になったのだろう。

老人の単純な親切心が、やっかいな誤解を与えかねない。難儀な時代になったものだ。でも、反省しようにも何をどう反省すればいいのだろうか。さっぱり要領を得ない。[173]

これらの語りは、自らを無根拠に警戒されない存在として位置づけていたにもかかわらず、子どもや保護者に不審者であると間違われたことにたいする戸惑いや怒りを表明している。自分は警戒されずに子どもや保護者などから信頼される存在であるという想定が根拠のないものであったことが示されていたといえる。

ここまでは、奈良事件における「わたしたち」の語りとほとんど変わらないが、加害者がペルー人＝外国人であったことと関連して「わたしたち」を示唆する語りがみられた。「少女を狙った暴力的性犯罪の常習者と見られる男が、偽名でやすやすと日本に入国し、残忍な殺人事件を起こした。なぜ、チェックできなかったのか。……海外から常習的犯罪者がやって来るのを漫然と放置するわけには行《ママ》かない[174]」、「新型の殺人ウイルスが侵入してきたのです。こんな〔悪魔が体に入ってきて身体を動かしたと〕弁明をする殺人鬼が、つぎつぎと日本へやってきたら、防ぎようがありません[175]」といった語りである。ここでは、加害者を外国人として他者化する一方、日本の外部から侵入してくる外国人への対処を求めたり、外国人による犯罪の犠牲になったりする「日本人」というナショナルな「わたしたち」が立ちあげられていた。

また、男性の「わたしたち」を語る以下の語りもみられた。

> 幼児《ママ》性愛の実態に詳しいロリコン漫画家の倉田いち朗氏がこう語る。……

「……小一の魅力は、ズバリ、『天然の小悪魔』ですね。幼稚園を卒業してお姉さんの自覚を持つ頃でしょう？　親や周りの扱いも変わり、大きく背伸びをする時期です。それでいて発想や言動は幼児のままで、パンツが見えても恥ずかしがらない。そこにグッときちゃうんです」……「ボクらは、幼女の体や仕草と同じように彼女たちの思考回路も含めて好きなんです。できるなら、幼女とふつうに恋愛をしたいと思っているんです」（倉田氏）

フッーの男から見れば、こうした性向だけでも十分、異常に見える。(176)

ここでは、わざわざ「ロリコン漫画家」の発言を引用し、広島事件を報じるのに必要とはいえない「ロリコン」本人の語りをあえて入れ込むことで、「フッーの男」である男性の「わたしたち」の正当性を強化しているといえる。

一方、女性の「わたしたち」をめぐる語りは確認されなかった。

ま と め

広島事件では、すべての語りが加害者を「異常な性欲」をもつ「悪魔」や外国人として他者化し（O＋）、被害者をけっして非難しない（B－）タイプⅣに属していた。奈良事件と類似した構造を有し、被害者が幼いことによる抵抗不可能性や落ち度のなさが強調され、ジェンダーが消去される一方、その幼い被害者を殺害し性暴力の対象とした加害者の凶悪さが強調される対比構造がみられた。また、被害者の「落ち度」とみなされうる要素は、次第に語られなくなり、消去されることで被害者は非難されなかった。奈良事件との違いは、加害者が外国人であることが語られた点であり、外国人が日本人とは異質の存在として扱われる文脈において、加害者を他者化する資源として用いられた。

続いて、ジェンダーを問わない「わたしたち」も奈良事件と同様に、事件／加害者に怒りを表明し、子どもたちを守る存在として、そしてどこでも起きうる事件を恐れ、事件への対策を求める者として語られた。また、子どもを標的とする犯罪者を「不審者」、「悪い人」と表現する一方、それとは異なり、子どもたちと顔見知りである／であろうと努力する自らを無根拠に子どもたちから警戒されず、性暴力を行わない存在として語っていた。そこには、顔見知りや家族は子どもにたいして性暴力を行わないという前提がみられる。また、女児が被害者であったにもかかわらず、「わたしたち」が守るべき子どもたちのジェンダーは消去されて語られた。

さらに、加害者が外国人であったことから、外国人による犯罪によって被害を受ける日本人というナショナルな「わたしたち」が語られたことが、奈良事件と比較した広島事件の特徴である。ここまでは、ジェンダーを問わない「わたしたち」をめぐる語りである。

また、男性の「わたしたち」は女児を性愛の対象とすることを忌避し、同年代の女性との関係を求める存在であることが語られたが、女性の「わたしたち」は語られなかった。

4　特急サンダーバード号強姦事件

特急サンダーバード号強姦事件（以下、サンダーバード事件と略称）は、二〇〇六年八月三日、西日本旅客鉄道（JR西日本）の福井駅から京都駅のあいだを走行中の特急サンダーバード号の車内で、解体工の男性（三五歳）が乗客の女性（二一歳）に性暴力を行った事件である。事件当時の車内には約四〇人の乗客がいたものの、加害者に脅されて制止や通報を行う者はいなかった。加害者は別の二件の性暴力で逮捕されていたが、このサンダーバード事件により、強姦罪で再逮捕された。二〇〇八年一月一七日に大津地裁で懲役一八年を言い渡されて控訴したが、大阪高裁は二〇〇八年五月二九日、控訴を棄却した。

「『殺す』と脅した強姦魔―誰にも助けてもらえなかった被害者」の枠組み：タイプⅣ（O＋、B－）

サンダーバード事件をめぐるすべての語りがタイプⅣに属していた。そこでは、加害者が被害者を脅迫していたことが強調され、「オレは刑務所から出てきたばかりのヤクザや。大声を出すな、殺すぞ。警察にいったら、どこまでもストーカーするぞ！」[177]と脅していたことがくり返し語られた。また、加害者は「こうした〝鬼畜の所業〟は今に始まったことではない。実は、［加害者］はレイプ事件の常習者だった」[178]のように前科を語られたり、「狂犬のような男」[179]、「こんな男に、人間の心は宿っているのだろうか」[180]のように非人間化して語られたりして他者化された。

そして、犯行の動機は性欲であるとみなす語りがみられた。「この手の性犯罪者は何度も犯罪を繰り返しますから、再犯を防ぐために、性欲をコントロールする高男性ホルモンの投与を義務づける必要があります」[181]として、加害者は制御不能な性欲をもつ者として語られた。これだけでなく、

> 性犯罪は単純な性欲から発生するものではないといわれています。起こす人は、得てして、妻帯者や風俗店に通える人です（［加害者］にも、一八歳の妊娠中の妻がいるという）。（ママ）合意のうえや金銭を媒介した性欲の解消には満足せず、女性に対する支配欲や女性を屈伏させること、泣いて許しをこわれることに快感を覚える人が、犯す傾向にあります[182]

のように、女性にたいするゆがんだ支配欲をともなう性欲をもつ者とみなす語りもみられた。加害者は、女性にたいする「異常な性欲」をもつ存在として他者化されていたといえる。

さらに、加害者を社会から隔離することを望む語りがみられた。「性犯罪者に対する治療は、まだ始まったばかりだし、できるだけ長時間、社会から隔離するしかないでしょう」[183]、「こんな鬼畜のような男に同情の余地はない。懲役一八年どころか一生、塀の中に閉じ込めていてほしいくらいだ」[184]という語りは、加害者を「わたしたち」が営む社会から隔離されるべき存在であると位置づけ、他者化する語りである。

一方、被害者は、脅されて抵抗できないことが語られた。「もちろん、A子さん〔被害者〕もただ従順であった訳ではない。しかし、〔加害者〕から『逃げたら殺すぞ』『一生、ストーカーをするぞ』とすごまれ、恐怖で声も上げられず、身を固くするしかなかったのだという(185)」、「女性は、他の客に助けを求めると暴力を受けると考え、泣くだけで抵抗できなかった(186)」、「女性から『やめてください』などと懇願されたものの、……語気鋭く申し向けて反抗を抑圧し(187)」という語りが示すように、被害者は加害者の行為を拒否していたにもかかわらず、加害者からの脅迫によって抵抗不可能な状況に追い込まれていたことが強調されて語られていた。

その他、「乗客の女性（当時二一）が突然、隣に座った男にからまれ(188)」のように、性暴力が加害者による突然の行為であったことや、「〔同じ加害者による被害を受けた人も含めて〕被害女性たちには深刻なトラウマが一生残るだろう(189)」、「『この顔を一生忘れることはありません』と涙ながらに〔加害者〕の顔を指差した(190)」のように被害者が受けた傷の大きさも語られた。その傷の大きさは、「公共交通機関の中で強姦された被害者の精神的打撃、恐怖感は甚大だ(191)」という語りが示すように、公共交通機関という公共の場で被害にあったことにも由来すると解釈されていた。

タイプⅣの語りでは、加害者は卑劣な脅しによって性暴力を行い、支配欲と結びついた「異常な性欲」をもつ鬼畜として他者化される一方（O＋）、被害者は加害者の行為を拒否していたにもかかわらず脅迫によって抵抗が不可能な状態に追い込まれるとともに、大きな傷を受けたことを語られ、非難されなかった（Bー）。

サンダーバード事件における「わたしたち」

サンダーバード事件における「わたしたち」は、事件にたいして怒りを表明する者として語られた。「男の蛮行に強い憤りを覚える」[192]だけでなく、「この〝強姦魔〟には極刑こそふさわしい」[193]のように加害者の処罰を求める語りもみられた。

この怒りの延長上にあるのが、通報しなかった乗客を批判する「わたしたち」の語りである。「自分がよければ他人はどうだっていいという人、そういった第三者こそが問題だと思いますね」[194]、「男がトイレで女性に乱暴したのは三〇分にわたった。この間、いくらでも通報できるはずだし、集団で制止できるはずだった。強かん《ママ》されている女性を黙って見捨てるとは、どういう心境だろうか」[195]のように、たとえ加害者に脅されたとしても、行動しない傍観者にならず、なんらかの方法で通報したり制止したりする者として「わたしたち」を想定する語りが大半を占めていた。また、「私たちはいつ『その乗客』にならないとも限らない。犯罪を防ぐのはほかならぬ自分自身だということを一人一人が肝に銘じたい」[196]、「私も含め読者は、あの場所にいたらどうしただろうかと、乗客を自分に置き換えて記事を読んでいたと思う」[197]といった語りは、今回の事件を身近に感じる「わたしたち」を想定していたといえる。

それにたいし、自らが電車内で恐怖を感じた経験をもとに、「正直に言えば、私はバッシングを受けた四〇人に同情してしまった。『そんな簡単なことではない』と」[198]と述べる語りや、この事件が報道された時、「通報しなかった乗客も犯罪者だ」と非難した人がいました。ですが、想像しているのと、実際にその場に遭遇するのとでは大きな違いがあります。私は痴漢の被害にあったことがあります。その時、怖くて声すら出せませんでした。「もし自分が痴漢にあったら、絶対に大声を出そう」と思っていたにもかかわらず、勇気が出ませんでした。

ましで、物騒な世の中です。「自分が巻き込まれたらどうしよう」と考えて尻込みしたり、傍観者になったりする人を安易には責められない気もします。(199)

のように、自分が受けた痴漢被害の経験から、実際の事件の現場に居合わせたら、恐怖によって声を出すことさえできない状況に陥るはずであるから、同乗していた乗客を単純に非難できないと語る投書もみられた。ただ、これらの語りは少数であった。ここから考えられるのは、傍観者を批判したり、現場に居合わせたとしたら制止・通報できると想定したりするのは、今回の事件と自らの恐怖を感じた経験とを結びつけて語らないことによるのではないか、ということである。

これまでの語りは、ジェンダーに依拠した語りではないため、ジェンダーを問わない「わたしたち」に言及した語りであるといえる。次に、女性の「わたしたち」についての語りをみる。以下の語りは、その代表例である。

大学生の娘が帰省の折、特急列車を利用している立場として決して人《ママ》ごとではありません。

……

指定席を購入する際、性別を入力して希望があれば、できうる限り、同性同士席を隣り合うようにするのは無理なことでしょうか。若い娘をもつ身として、ＪＲさん、検討よろしくお願いいたします。[200]

ここから女性の「わたしたち」をめぐる前提について二つの点が指摘できる。[201]第一に、女性が性暴力被害にあう可能性のある存在として語られている点である。この点は、今回の事件を身近に感じていることと関連づけられているといえる。女性が性暴力被害にあうことが想定されているとしても、それが身近に感じられなければ被害を恐れる必要はないと考えられるからである。これは、「公共交通機関に対する市民の信頼が大きく傷つけられた[202]」、「公共交通機関の安全、安心の確保は極めて重要な課題[203]」であると述べる語りが示唆するように、今回の事件が、女性を含む多くの人びとが利用し、本来は安全・安心であるべきとされる公共交通機関、つまり公的領域で起きたことによると考えられる。

第二に、女性が性暴力を行わない存在として語られている点である。さらに、異性愛規範の影響を考慮すると、逆に男性が性暴力の加害者として想定されているということでもある。それゆえに、先に引用した語りにおいて、投稿者の女性はとなりに――男性ではなく――女性が座ることを望んでいると考えられる。

一方、男性ジェンダーに依拠して男性の「わたしたち」に言及する語りはみられなかった。

ま と め

サンダーバード事件をめぐる語りでは、加害者が他者化され（O＋）、被害者は非難されない（B－）タイプⅣの語りがすべてを占めていた。本来は安全であるべき公共交通機関において、被害者が突然、見知らぬ男性から脅迫をともなって襲われ、抵抗不可能な状態に陥ったと語られ、それゆえに、被害者に「落ち度」はいっさい読み込まれず、被害者は非難されなかった。

「わたしたち」はジェンダーを問わず事件／加害者にたいして怒りを表明する者として語られた。同時に、現場に居合わせたにもかかわらず事件を制止・通報しなかった乗客を批判する「わたしたち」の語りもみられた。また、ジェンダーについて検討すると、女性の「わたしたち」は、性暴力を身近に感じ、被害を受けうる存在として語られるとともに、性暴力を行わない存在として語られていた。その一方、男性の「わたしたち」に言及する語りはみられなかった。

5　マスター・ナラティヴの規定力と被害者非難の消去

本章では、見知らぬ加害者による少女・成人女性への性暴力事件をめぐる語りを四つのタイプに分類しながら分析してきた。そこでは、加害者を他者化し（O＋）、被害者を非難しない（B－）タイプⅣの語りのみがあらわれていたことが確認された。

本節は、第一章で扱われた事件が、マーサ・R・バートが定義する〈「真の」性暴力（"real" rape）〉に限りなく一致することを示したうえで、それゆえに被害者を非難する語りがみられなかったことを分析する。性暴力神話（rape myth）研究の第一人者であるマーサ・R・バートは、一般に疑いなく正当であると考えられている〈「真の」性暴力〉[204][205]を、以下のように定義する。

多くの人にとって、典型的な「真の」性暴力とは、見知らぬ者（stranger）による、なんらかの攻撃（weapon）が用いられた性暴力である。それは、夜間に屋外で（暗い路地で）行われる、ひどい暴力と被害者による抵抗をともなう、それゆえに深刻な怪我やもがいた痕跡をともなう、という暴行（assault）である（Burt 1991:27）。

バートによるこの定義に依拠すれば、〈真の性暴力〉は、①見知らぬ加害者によって行われたこと、②夜間に行われたこと、③屋外で行われたこと、④暴行をともなっていたこと、⑤被害者の抵抗が存在したこと、の五つ[206]をその成立の条件としているといえる。以下では、第一章における事件を、この五つの観点から考察していく。

まず、第一章で扱われた事件は、すべて①見知らぬ加害者による性暴力であった。この点は、詳細な検討を経ずともバートによる第一の条件を満たしていると解釈できる。

次に、②性暴力が行われた時間帯について、バートによる定義ではたんに「夜間」とされている。たしかに「夜」は性行為や犯罪と結びつけられてイメージされているようである。「夜」のイメージについて『明鏡国語辞典 第二版』（北原保雄編、二〇一〇年、岩波書店）は「暗くて物が見えない」、「放逸と遊蕩のとき」、「犯罪と悪徳の世界」をあげている。ただし、逆に「昼間に起きたから〈真の性暴力〉ではない」という主張には無理があるように思われる。おそらくそのような〈真の性暴力〉の否定に用いられる理屈は、「昼間に起きた、つまり視界が明瞭であり、被害者が身構えて抵抗することが可能であったにもかかわらず、そうしなかったのであるから、その性暴力は被害者に同情すべき〈真の性暴力〉ではない」という理屈であろう。

このように考えると、第二の条件である性暴力が起きた時間帯の条件は、太陽が沈んで周囲が暗くなるといった〈時間帯〉を指しているというより、光量が減少して／皆無になって視界が不良になることによって、被害者が身構える時間の余裕もなく、突然、襲われるといった〈状況〉を反映したものであると考えられる。このように考えれば、沖縄事件のように夜間に行われた性暴力だけでなく、事件の突然性が語られた奈良事件や広島事件、サンダーバード事件も、第二の条件を満たしているといえる。

続いて、③性暴力の現場にかんして、沖縄事件は路上、サンダーバード事件は電車内で発生したと語られていた。奈良事件では犯行現場が加害者宅であると語られたものの、被害者は路上で、加害者に誘拐されたと語られていた。広島事件では犯行現場が屋外と屋内のどちらであるかが裁判で決定されなかったと語られたが、いずれにせよ、被害者が加害者に声をかけられたのは屋外であったと語られた。奈良事件・広島事件ともに、屋外で加害者と接触した後には被害者に行動の自由はなかったと考えられ、そのまま性暴力被害にあったと語られたため、第三の条件を満たしていると解釈してよい。

さらに、④加害者による暴行にかんしては、サンダーバード事件を除いて、加害者の暴行およびその凄惨さが語られていた。一方、サンダーバード事件においては、暴行の存在は語られなかったものの、「殺すぞ」といった加害者による脅迫が語られた。バートが暴行を〈真の性暴力〉の条件にあげたのは、加害者に従わざるをえないと感じさせる脅威を被害者に与える、加害者によるなんらかの行為を含めるためと考えられる。そうであるならば、加害者による脅迫を、暴行と同様に、被害者に脅威を与える要素として扱ってよい。たとえば、日本の刑法一七七条による「暴行又（ママ）は脅迫を用い」た性交等を行うことという強制性交等罪の規定[207]や、その構成要件である暴行・脅迫要件を「暴行又（ママ）は脅迫は相手方の抗拒を著しく困難ならしめる程度のものであることを以て足りる」とする最高裁判例[208]にもとづけば、脅迫は暴行と並列して用いられ、暴行と同様に被害者に脅威を与える行為であると一般にみなされているからである[209][210]。すると、サンダーバード事件では加害者による脅迫が強調して語られていたことから、この事件の語りもバートによる第四の条件を満たしているといえる。

最後に、すべての事件において、⑤被害者は抵抗できない状態であると解釈された。少女が被害者となった事件（沖縄事件、奈良事件、広島事件）では、被害者が幼いゆえに成人男性に抵抗する力や術をもたなかったことが語られた。成人女性が被害者となった事件（サンダーバード事件）では、加害者の脅迫や周囲の無関心によって声を出すことさえ不可能であったことが語られていた。ただ、バートが「健康な女性は、自分が望めば……レイピストに抵抗できるという考え」、すなわち性暴力神話によって、「もし女性が性暴力を受けたのであれば、その女性はじゅうぶんに抵抗しなかったのであろうし、それを望んでいたか、それに同意していた」と解釈されることを問題化し、否定していることを考慮すれば（Burt 1991:31）、バートは抵抗が存在しないことを被害者の同意を示すと認識する性暴力神話を批判しているといえる。そうであれば、性暴力神話の影響を受けている〈真の性暴力〉においては、被害者の同意の不存在を抵抗の存在と読み替えてよい。第一章における事件では、被害者の同意が存在することは完全に否定される――そもそも同意の有無にかんする語りすら存在しない――のであるから、被害者の抵抗が語られなかったとしても、事件は第五の条件をみたしていると解釈してよい。

語りの規定力

以上の検討により、第一章で扱った事件は、すべてバートの定義による〈真の性暴力〉に〈ほとんど〉一致すると解釈されて語られていたと結論できる。以下では、第一章で語られた性暴力が〈真の性暴力〉に一致すると解釈されたことがもつ意味について考察する。

この〈真の性暴力〉をめぐる語りはほとんど定型化されており、それ以外の形式の語りが不可視化されている。定型化され、ある話題をめぐる語りのなかでもとりわけ支配的な語りを、桜井厚にならってマスター・ナラティヴと呼ぶことにする。桜井は、「全体社会の支配的言説（支配的文化）」を「マスター・ナラティヴ」（または「ドミナント・ストーリー」）と名づけ、これを「社会的規範やイデオロギーを具現する語り」に位置づけて理論化している（桜井 2002:36）。こうしたマスター・ナラティヴは、それ以外の語りの形式を消去する効果をもっている。ここでは、その効果を「語りの規定力」と名づけよう。

たとえば、戦時性暴力にかんする研究は、「慰安婦」についての語りが「連行時に処女であり、完全にだまされもしくは暴力でもって拉致され、逃亡や自殺を図ったが阻止された」という、「被害者の『任意性』を極力否定し」た「モデル被害者」の像を象徴とする語りに収斂し、それ以外の語りが抑圧されていることを明らかにしている（上野［1996］2012:123, 2018b:7–8; 蘭 2018:304–5）。つまり、「モデル被害者」を象徴とする語りが「慰安婦」をめぐる語りのマスター・ナラティヴとなっており、その語りの規定力が、「モデル被害者」像から外れる被害者の語りを不可視化していると考えられる。

「慰安婦」をめぐる語りと同様に[211]、本章で扱った性暴力にかんする語りは、それぞれにヴァリエーションはあるものの、おおむね「少女／女性が、一般人とは異なる見知らぬ男から、身構える時間もなく突然、襲われてしまい、必死の抵抗の末、もしくは抵抗すらできないほどの脅威にさらされて被害にあう」といった内容に収斂していた。こうした定型化された語り以外の語り――後述の被害者が非難されるような語り――が存在しないことから、〈真の性暴力〉をめぐる語りは、他の語りの形式を消去する大きな語りの規定力をもつ、性暴力のマスター・ナラティヴであるといってよい。

本章における語りにおいて、被害者が非難されうる要素が存在したとしても、けっして被害者が非難されなかったことは、〈真の性暴力〉の語りがもつ語りの規定力が被害者への非難を消去した結果であると解釈できる。沖縄事件においては、夜間に一人で出歩いていたこと、奈良事件と広島事件においては、事件に先立って不審者情報が共有され、登下校にさいして警戒が要請されていたにもかかわらず、被害者が単独で帰路についていたことや、加害者に自らついていったことが、初期においては言及されていた。しかし、これらの要素は、次第に言及されなくなるか、加害者の巧妙な手口によって騙されたと解釈されることによって被害者の「落ち度」とは認識されず、被害者は非難されなかった。このように、〈真の性暴力〉の語りにそぐわない被害者の「落ち度」は、マスター・ナラティヴがもつ語りの規定力によって消去されるのである。

さらに、この「落ち度」の消去には、被害者が幼い子どもであったことが影響していると考えられる。すでに、幼い被害者は、弱く傷つきやすいと考えられているために非難されない傾向にあることが指摘されていることを述べた（Meyers 1997:66; Marhia 2008:39; DiBennardo 2018:13-4）。実際、本書においても、少女を被害者とする事件に「わたしたち」が怒りを表明する根源に、「抵抗できないほど幼い」、「純真無垢で『落ち度』がない」という要素があることを見いだした。

加えて、被害者が幼い子どもであったことから、被害者の行為には「落ち度」だけでなく、被害者非難につながる性的な意図や積極性も読み込まれなかったと考えられる。夜間に出歩いていたことや加害者の車に自ら乗り込んだことにたいして、性的な意図や性行為にたいする積極性を読み込む語りはいっさい確認されなかった。これらは、すでに確認したように、幼い子どもが性的に無垢な存在であると考えられているため（Marhia 2008:39）、少女が被害者である〈真の性暴力〉の語りにそぐわない語りを消去するマスター・ナラティヴの規定力の影響によって消去されたと考えることができる。

このようにマスター・ナラティヴがもつ語りの規定力は、語りから被害者非難を消去する以上の意味をもつ。被害者の「落ち度」や性的積極性を消去することは、他の「落ち度」や積極性が認められる被害者の存在を前提としており、それらの有無によって被害者を二分する視線を温存しているといえる（四方 2014:193）。けっきょく「落ち度」や積極性を読み込むことで被害者を非難する考えを維持・再生産する意味において、性暴力をめぐるマスター・ナラティヴは問題含みである[212]。

6　少女が殺人かつ性暴力の被害者となった事件にみられる特徴：ジェンダーの消去

先行研究にみられない語りの特徴として、奈良事件、広島事件をめぐる性暴力の語りが「子どもたち」を対象とする事件として語られることで被害者（将来の被害者も含め）のジェンダーが消去されたことがあげられる。「見知らぬ加害者による、公共の場における性暴力事件」という同様の枠組みの事件でも、サンダーバード事件に被害者のジェンダーの消去がみられない点で、ジェンダーの消去は少女を対象とする性暴力の語りに特有といえる。さらに、「少女が性暴力被害にあう」という同様の枠組みの事件でも、沖縄事件に被害者のジェンダーを消去する語りがみられない点で、ジェンダーの消去は殺人事件に特有であると考えられる[213]。このジェンダーの消去によって、「子どもたち」の周囲の大人が抱える不安が無際限に増幅されていったと考えられる。

　このジェンダーの消去には、当該事件をより大きな「問題」として構築させる力学が存在する。奈良事件と広島事件は、ジェンダーが消去されることで、沖縄事件やサンダーバード事件よりも「わたしたち」を恐れさせ、それゆえに大きな「問題」として語られていた。記事件数の表（二一ページの表0－1）からもわかるが、この二つの事件の報道量は群を抜いて多い。

　このようにジェンダーを消去することで「問題」をより大きく取り上げる事態は、性暴力以外の言説空間でも発生している。たとえば、濱口桂一郎は非正規労働問題をめぐる議論におけるジェンダー・バイアスを論じるなかで、「石油ショック時（一九七〇年代）に主婦（＝女性）パートに起こったことが、リーマンショック時（二〇〇八年以降）に若い男性派遣労働者に起こると、マスコミも政治家も『派遣切り』と称して大騒ぎをした」ことを指摘する（傍点は筆者。濱口 2016:11）。さらに「最低賃金はパート用」という発想が転換され、最低賃金の引き上げが「労働問題の周辺から主流に躍り出た」のも、「若い男性の非正規労働者が大規模に可視化され、……派遣労働者が社会問題となっ」たことによって生じたのであり、そこに「非正規労働問題を問題化／非問題化する強固なジェンダー・バイアスの存在を感じざるを得ない（ママ）」と述べる（傍点は筆者。濱口 2016:11-2）。つまり、男性と比べて女性を不利な立場に置く不平等な雇用・労働環境が長らく維持され続けてきたことは議論されてこなかったにもかかわらず、ひとたび同様の事態が男性にも波及すると、とたんに「非正規労働問題」や「最低賃金問題」として――男性労働の問題ではなく――ジェンダーを消去して語られ、「問題化」されて議論されたのである。

　これと同様の事態が性暴力をめぐる語りにも生じていた。すなわち、奈良事件・広島事件は、「成人男性による幼い少女への性暴力」であったにもかかわらず、被害者（将来のそれも含め）を、ジェンダーを消去された「子どもたち」として語ることで、大きく「問題化」されたといえる。

　また、奈良事件と広島事件が被害者のジェンダーを消去して語られたことには、事件がともに被害者が殺害される殺人事件で（も）あった点が影響していると考えられる。男児／男性が性暴力被害にあうことが想定されにくい現状にあって（たとえば、宮地 2006, 2008b; 岩崎 2009; 大竹ほか 2018 など）、男児にとっては、性暴力の被害者になるよりも殺害事件の被害者になることのほうが蓋然性の高い出来事と認識されていると考えることもできる。それゆえに、殺人事件としての側面も有する奈良事件・広島事件が、男児をも対象とする殺人事件としての側面を強調して議論されることで、被害者のジェンダーが消去されたと推測できる。ただ、筆者は、殺害事件の被害者となることを男児やその周囲の者が恐れること、またはそのことを語ることそれ自体を批判しているのではない。そうではなく、ジェンダーの側面を捨象しきってしまうことで、男性から女性への性暴力の問題、そこに作用するジェンダー規範を後景に退かせる言説の配置をこそ批判しているのである。成人男性から少女への性暴力事件でもあり、かつ、殺人事件でもあるという奈良事件・広島事件の複雑さを認識し、議論するにあたって、ジェンダーの側面を捨象してはならないと筆者は考える。

本項では少女を被害者とする事件をめぐる語りの特徴を論じてきたが、少女ではなく成人女性が被害者となった事件においても、被害者が非難されることはなかった（サンダーバード事件）。ここには、被害者の幼さ以外の要素が影響を与えていると考えられ、またその要素は少女を被害者とする事件にも妥当すると考えられる。すでに確認したように、成人女性を「真の被害者」として語るためには少女への性暴力の語りにおける作業よりも多くの「言説的作業（discursive work）」が必要とされることが指摘されている（Marhia 2008:39）。この点については、第三章で詳述する。

注

（1）言説資料からの引用は代表的な例を一つあげるにとどめる。なお、新聞の地域版について特記なき限り東京本社版である。また、新聞データベースに面数が記載されていない記事について、国立国会図書館に所蔵されているマイクロフィルム版によって面数を補足した。
（2）『朝日新聞』一九九五年九月一五日、朝刊、西部版、二九面。
（3）『毎日新聞』一九九六年一月二九日、夕刊、西部版、一面。
（4）『週刊文春』一九九五年一〇月五日、二〇頁。
（5）『毎日新聞』一九九五年九月二二日、朝刊、二面。
（6）『毎日新聞』一九九五年一〇月六日、夕刊、一面。
（7）『朝日新聞』一九九六年三月七日、夕刊、一面。
（8）『週刊現代』一九九五年一〇月一四日、五〇頁。
（9）『朝日新聞』一九九六年三月二五日、夕刊、一八面。

(10)『朝日新聞』一九九五年九月一九日、夕刊、西部版、七面。
(11)『朝日新聞』一九九五年九月二一日、朝刊、五面。
(12)『毎日新聞』一九九六年四月二三日、夕刊、八面。
(13)『朝日新聞』一九九六年八月八日、朝刊、宮城版、二五面。
(14)『朝日新聞』一九九五年九月一八日、夕刊、二面。
(15)『朝日新聞』一九九五年一〇月一三日、夕刊、名古屋版、二面。
(16)『朝日新聞』一九九五年一〇月九日、朝刊、五面。
(17)『読売新聞』一九九六年一月三〇日、朝刊、一面。
(18)『読売新聞』一九九五年一一月八日、夕刊、一五面。
(19)『朝日新聞』一九九五年一一月一五日、朝刊、四面。
(20)『毎日新聞』一九九五年一一月八日、夕刊、大阪版、八面。
(21)『朝日新聞』一九九六年三月七日、夕刊、西部版、一面。
(22)『朝日新聞』一九九六年三月七日、夕刊、一面。
(23)『朝日新聞』一九九六年三月七日、夕刊、一九面。
(24)『読売新聞』一九九六年三月八日、朝刊、一九面。
(25)『週刊文春』一九九五年一〇月五日、二一頁。
(26)『FOCUS』一九九五年一〇月四日、六二頁。
(27)『読売新聞』一九九五年一〇月一九日、朝刊、一九面。
(28)『毎日新聞』一九九五年一一月八日、朝刊、二五面。
(29)『朝日新聞』一九九五年九月一八日、夕刊、二面。
(30)『読売新聞』一九九五年一一月一一日、朝刊、西部版、三〇面。
(31)『朝日新聞』一九九五年一一月二三日、朝刊、西部版、二八面。
(32)『朝日新聞』一九九五年一〇月二九日、朝刊、五面。

(33)『週刊女性』一九九五年一一月二八日、四九頁。
(34)『朝日新聞』一九九六年三月七日、夕刊、西部版、一面。
(35)『朝日新聞』一九九五年九月二〇日、朝刊、五面。
(36)『財界』一九九五年一〇月二四日、一五六頁。
(37)『ＦＲＡＳＨ』一九九五年一〇月二四日、一六頁。
(38)『朝日新聞』一九九五年一〇月九日、朝刊、五面。
(39)『朝日新聞』一九九六年四月一四日、朝刊、三一面。
(40)『週刊現代』一九九五年一〇月一四日、五一頁。
(41)『読売新聞』一九九六年三月一五日、朝刊、一五面。
(42)『毎日新聞』一九九六年三月八日、朝刊、西部版、二六面。
(43)『朝日新聞』一九九六年七月一九日、朝刊、西部版、三一面。
(44)『ＦＯＣＵＳ』一九九五年一〇月四日、六五頁。
(45)『毎日新聞』一九九五年九月二七日、朝刊、五面。
(46)『読売新聞』一九九五年一一月八日、朝刊、三五面。
(47)『朝日新聞』一九九五年一〇月一日、朝刊、三四面。
(48)『朝日新聞』一九九五年九月一九日、夕刊、一四面。
(49)『朝日新聞』一九九七年三月四日、朝刊、埼玉版、二六面。
(50)『読売新聞』二〇〇四年一一月一八日、夕刊、一九面。
(51)『朝日新聞』二〇〇四年一一月一八日、夕刊、大阪版、一五面。
(52)『読売新聞』二〇〇四年一二月一〇日、朝刊、京都版、三二面。
(53)『朝日新聞』二〇〇四年一一月一九日、朝刊、大阪版、三一面。
(54)『朝日新聞』二〇〇六年六月五日、夕刊、一四面。
(55)『朝日新聞』二〇〇六年九月二六日、夕刊、三面。

(56)　たとえば、「歯を抜かれ、体の一部に切り傷があったことも分かった」といった語りである（『毎日新聞』二〇〇四年一一月一九日、朝刊、一面）。雑誌記事ではさらに詳細に被害の様子が語られていたが、衝撃的な内容であるため、引用しない。
(57)　『読売新聞』二〇〇六年九月二〇日、朝刊、大阪版、二七面。
(58)　『毎日新聞』二〇〇四年一二月三一日、朝刊、二二面。
(59)　『毎日新聞』二〇〇六年五月二六日、朝刊、大阪版、二九面。
(60)　『朝日新聞』二〇〇四年一一月一八日、夕刊、一九面。
(61)　『毎日新聞』二〇〇四年一一月二七日、朝刊、大阪版、一面。
(62)　『読売新聞』二〇〇四年一一月二四日、夕刊、大阪版、一面。
(63)　『アサヒ芸能』二〇〇五年五月一二日、二二三頁。
(64)　『読売新聞』二〇〇四年一二月一五日、夕刊、大阪版、一四面。
(65)　『毎日新聞』二〇〇五年四月一九日、朝刊、二九面。
(66)　『毎日新聞』二〇〇六年二月一五日、朝刊、大阪版、三一面。
(67)　『週刊文春』二〇〇五年一月一三日、一四九頁。
(68)　『週刊新潮』二〇〇五年一月一三日、一三八頁。
(69)　『女性自身』二〇〇五年一月二五日、五二頁。
(70)　『ＦＲＩＤＡＹ』二〇〇五年一月二一日、一一頁。
(71)　『アサヒ芸能』二〇〇五年四月二八日、五二頁。
(72)　『読売新聞』二〇〇六年九月二六日、夕刊、大阪版、一面。
(73)　『朝日新聞』二〇〇五年二月八日、夕刊、一四面。
(74)　『毎日新聞』二〇〇五年五月九日、夕刊、大阪版、一面。
(75)　『週刊新潮』二〇〇五年一月一三日、一三八頁。
(76)　『週刊現代』二〇〇五年一月二二日、三九頁。

(77)『読売新聞』二〇〇五年四月一六日、朝刊、大阪版、三五面。
(78)『女性セブン』二〇〇五年一月二〇日、三四頁。
(79)『SPA!』二〇〇五年一月一八日、三二頁。
(80)『週刊現代』二〇〇五年一月二九日、五二頁。
(81)『アサヒ芸能』二〇〇五年四月二八日、五三頁。
(82)『現代』二〇〇五年一二月、一〇一頁。
(83)『Yomiuri Weekly』二〇〇五年五月一五日、八六―七頁。
(84)『AERA』二〇〇五年一月一七日、二五頁。
(85)『週刊文春』二〇〇五年一月一三日、一四八頁。
(86)『朝日新聞』二〇〇五年二月一〇日、朝刊、大阪版、三九面。
(87)『毎日新聞』二〇〇六年二月一五日、朝刊、大阪版、三一面。
(88)『サンデー毎日』二〇〇五年一月二三日、一三六頁。
(89)『文藝春秋』二〇〇五年三月、三〇九頁。
(90)『読売新聞』二〇〇五年五月二三日、夕刊、大阪版、一五面。
(91)『読売新聞』二〇〇六年九月二六日、夕刊、二〇面。
(92)『読売新聞』二〇〇四年一二月八日、朝刊、大阪版、一三面。
(93)『週刊文春』二〇〇四年一二月二日、三二頁。
(94)『Yomiuri Weekly』二〇〇四年一二月一二日、二一頁。
(95)『週刊新潮』二〇〇四年一二月一六日、一四九頁。
(96)『毎日新聞』二〇〇四年一二月一〇日、朝刊、一七面。
(97)『読売新聞』二〇〇四年一二月七日、朝刊、京都版、三四面。
(98)『週刊現代』二〇〇五年一月二二日、三六頁。
(99)『毎日新聞』二〇〇四年一二月一八日、朝刊、大阪版、二六面。

(100)『毎日新聞』二〇〇六年六月二三日、朝刊、大阪版、二八面。
(101)『朝日新聞』二〇〇四年一一月一九日、朝刊、大阪版、三一面。
(102)『朝日新聞』二〇〇四年一一月二三日、朝刊、山口版、二二面。
(103)『読売新聞』二〇〇四年一一月二二日、朝刊、奈良版、三二面。
(104)『週刊大衆』二〇〇四年一二月一三日、二一一頁。
(105)『毎日新聞』二〇〇四年一一月二〇日、朝刊、中部版、二五面。
(106)『サンデー毎日』二〇〇五年一月二三日、一三五頁。
(107)『朝日新聞』二〇〇五年六月一日、夕刊、一四面。
(108)『朝日新聞』二〇〇六年九月二三日、朝刊、奈良全県版、三二面。
(109)『読売新聞』二〇〇五年三月一七日、朝刊、一三面。
(110)『読売新聞』二〇〇四年一一月二八日、朝刊、名古屋市内版、三一面。
(111)『週刊大衆』二〇〇四年一二月一三日、二一〇頁。
(112)『読売新聞』二〇〇四年一一月二〇日、朝刊、奈良版、三一面。
(113)『読売新聞』二〇〇四年一一月二二日、朝刊、奈良版、三二面。
(114)『毎日新聞』二〇〇五年一一月二三日、朝刊、大阪版、三一面。
(115)『読売新聞』二〇〇五年一二月二二日、夕刊、大阪版、一四面。
(116)『読売新聞』二〇〇五年一一月二九日、夕刊、一九面。
(117)『読売新聞』二〇〇五年一二月一日、朝刊、一一面。
(118)『朝日新聞』二〇〇五年一一月二九日、朝刊、広島版、三二面。
(119)『読売新聞』二〇〇五年一二月一日、朝刊、大阪版、一八面。
(120)『朝日新聞』二〇〇六年七月五日、朝刊、大阪版、二九面。
(121)たとえば、「その〔性暴力の〕間、〔被害者〕は失禁し、涙を流していた。そして下半身には指で傷つけられたような跡が残されていたという、おぞましい犯行」といった描写がみられた（『女性セブン』二〇〇六年七月二〇日、五〇頁)。さらに詳細な記述もあったが、衝撃的な内容のため引用を控える。
(122)『朝日新聞』二〇〇六年六月二四日、朝刊、三九面。
(123)『毎日新聞』二〇〇五年一一月二五日、夕刊、大阪版、一面。
(124)『朝日新聞』二〇〇八年五月二一日、朝刊、広島版、三〇面。
(125)『毎日新聞』二〇〇五年一一月二三日、朝刊、大阪版、三一面。
(126)『毎日新聞』二〇〇五年一一月二三日、朝刊、大阪版、一面。
(127)『読売新聞』二〇〇五年一一月二六日、朝刊、広島版、三一面。
(128)『朝日新聞』二〇〇五年一二月二日、朝刊、一面。
(129)『朝日新聞』二〇〇五年一二月六日、朝刊、大阪版、三九面。
(130)『読売新聞』二〇〇五年一二月二日、朝刊、大阪版、三九面。
(131)『FLASH』二〇〇五年一二月二〇日、一六頁。
(132)『週刊現代』二〇〇六年一月一四日、一一九頁。
(133)『読売新聞』二〇〇五年一二月一〇日、朝刊、大阪版、三九面。
(134)『週刊プレイボーイ』二〇〇五年一二月二七日、四〇頁。
(135)『読売新聞』二〇〇五年一一月三〇日、夕刊、大阪版、一五面。
(136)『SPA!』二〇〇五年一二月一三日、五頁。
(137)『朝日新聞』二〇〇五年一二月二日、夕刊、大阪版、一面。
(138)『朝日新聞』二〇〇五年一二月一日、朝刊、三重版、三一面。
(139)『朝日新聞』二〇〇五年一二月六日、朝刊、大阪版、三九面。
(140)『サンデー毎日』二〇〇六年七月二三日、一四頁。
(141)『朝日新聞』二〇〇六年七月五日、朝刊、大阪版、二九面。
(142)『FRIDAY』二〇〇五年一二月一六日、九一頁。
(143)『週刊現代』二〇〇五年一二月一七日、四一頁。

(144)『毎日新聞』二〇〇六年五月一六日、朝刊、大阪版、二七面。
(145)『女性セブン』二〇〇五年一二月二二日、三七頁。
(146)『毎日新聞』二〇〇六年六月一〇日、朝刊、大阪版、二五面。
(147)『朝日新聞』二〇〇六年七月五日、朝刊、大阪版、二九面。
(148)『読売新聞』二〇一〇年七月二九日、朝刊、大阪版、一面。
(149)『朝日新聞』二〇〇五年一二月五日、朝刊、大阪版、三九面。
(150)『毎日新聞』二〇〇五年一一月二四日、夕刊、大阪版、一面。
(151)『毎日新聞』二〇〇五年一一月三〇日、夕刊、一面。
(152)『読売新聞』二〇〇五年一一月二三日、朝刊、広島版、三一面。
(153)『読売新聞』二〇〇五年一二月二二日、朝刊、大阪版、二八面。
(154)『毎日新聞』二〇〇五年一一月二六日、夕刊、大阪版、一一面。
(155)『毎日新聞』二〇〇五年一二月一一日、朝刊、大阪版、三〇面。
(156)『朝日新聞』二〇〇五年一一月二九日、朝刊、一四面。
(157)『毎日新聞』二〇〇五年一一月二四日、朝刊、大阪版、三面。
(158)『読売新聞』二〇〇五年一一月二五日、朝刊、大阪版、一四面。
(159)『読売新聞』二〇〇五年一二月六日、朝刊、大阪版、二八面。
(160)『朝日新聞』二〇〇六年七月一三日、朝刊、一二面。
(161)『読売新聞』二〇〇五年一二月八日、朝刊、二九面。
(162)『読売新聞』二〇〇五年一一月二七日、朝刊、大阪版、三五面。
(163)『朝日新聞』二〇〇五年一二月六日、朝刊、富山全県版、三一面。
(164)『朝日新聞』二〇〇五年一二月三日、朝刊、三面。
(165)『朝日新聞』二〇〇五年一一月二五日、朝刊、大阪版、三五面。
(166)『読売新聞』二〇〇五年一一月二八日、朝刊、滋賀版、三五面。

(167)『朝日新聞』二〇〇五年一二月八日、朝刊、大阪市内版、三二面。
(168)『読売新聞』二〇〇五年一二月八日、朝刊、二九面。
(169)『朝日新聞』二〇〇五年一二月六日、朝刊、千葉全県版、三〇面。
(170)『朝日新聞』二〇〇六年一一月三〇日、朝刊、三五面。
(171)『朝日新聞』二〇〇五年一二月二〇日、朝刊、静岡全県版、三〇面。
(172)『毎日新聞』二〇〇五年一二月一六日、朝刊、一三面。
(173)『朝日新聞』二〇〇五年一二月二二日、朝刊、大阪版、二六面。
(174)『読売新聞』二〇〇五年一二月二二日、朝刊、三面。
(175)『週刊現代』二〇〇六年一月一四日、一一九頁。
(176)『週刊プレイボーイ』二〇〇五年一二月二七日、四〇 - 一頁。
(177)『週刊大衆』二〇〇七年七月二三日、一九七頁。
(178)『週刊ポスト』二〇〇七年五月一八日、三七頁。
(179)『週刊新潮』二〇〇七年五月一〇日、一八九頁。
(180)『ＦＲＩＤＡＹ』二〇〇七年五月二五日、九〇頁。
(181)『週刊新潮』二〇〇七年五月一〇日、一八九頁。
(182)『週刊女性』二〇〇七年五月二二日、一七九頁。
(183)『週刊大衆』二〇〇七年七月二三日、一九七頁。
(184)『週刊大衆（臨増）』二〇〇八年三月二九日、一一五頁。
(185)『週刊ポスト』二〇〇七年五月一八日、三六頁。
(186)『読売新聞』二〇〇七年六月二九日、夕刊、二一面。
(187)『週刊現代』二〇〇七年七月二一日、一八一頁。
(188)『週刊ポスト』二〇〇八年二月二九日、六七頁。
(189)『週刊ポスト』二〇〇七年五月一八日、三八頁。

(190)『FRIDAY』二〇〇七年五月二五日、九〇頁。
(191)『読売新聞』二〇〇八年一月一七日、夕刊、大阪版、一四面。
(192)『毎日新聞』二〇〇七年四月二四日、朝刊、五面。
(193)『週刊現代』二〇〇七年七月二一日、一八三頁。
(194)『週刊女性』二〇〇七年五月二二日、一七九頁。
(195)『DAYS　JAPAN』二〇〇七年六月、六頁。
(196)『毎日新聞』二〇〇七年四月二四日、朝刊、五面。
(197)『毎日新聞』二〇〇七年六月四日、朝刊、二三面。
(198)『毎日新聞』二〇〇七年七月五日、夕刊、西部版、九面。
(199)『読売新聞』二〇〇七年五月二三日、朝刊、一四面。
(200)『毎日新聞』二〇〇七年五月一六日、朝刊、六面。
(201)これらの二点は、女性専用車両をめぐる議論と相似形をなしているといえる。その議論が、異性愛規範のもとで、①女性を痴漢行為の被害を受けうる者と想定しつつ、②異性である男性を加害者と想定するのにたいして、同性である女性をけっして痴漢行為を行わない者と想定しているからである。女性専用車両をめぐる議論における異性愛規範や外見の性にもとづく男女二元論、シスジェンダー中心主義を建設的に――男性差別論や女性専用車両不要論ではなく――批判した仕事として、村田陽平（［2002］2009）などがあげられる。

ただし、女性専用車両における異性愛規範や男女二元論といった問題を指摘するからといって、筆者が女性専用車両を不要であると考えているわけではないことを附言する。多くの女性が痴漢行為の被害にあい、そのうえに被害にあったことを性暴力神話にもとづいて非難され、その被害を不可視化される日本の現状において、筆者は女性専用車両の必要性について認識している。男性差別論・女性専用車両不要論を批判した筆者の女性専用車両への態度として、前之園（2019）を参照されたい。
(202)『朝日新聞』二〇〇七年一二月一日、朝刊、大阪版、三四面。

（203）『読売新聞』二〇〇八年一月一八日、朝刊、滋賀版、三一面。
（204）以下、煩雑さを避けるため、Burt（1991）からの引用を除き、たんに〈真の性暴力〉と表記する。
（205）本書における「真の被害者／加害者」は「各事件のタイプⅣで語られる被害者／加害者」であり、〈真の性暴力〉における被害者／加害者とは異なる。ただし、第一章における事件のように、性暴力が〈真の性暴力〉であると解釈されれば、「真の被害者／加害者」と「〈真の性暴力〉における被害者／加害者」と一致することもある。
（206）怪我ともがいた痕跡は、それぞれ暴行と抵抗の結果（存在が認められれば暴行／抵抗があったことを示せる手がかり）であると考えられるから、〈真の性暴力〉の要素として必須ではなく、暴行と抵抗（の等価物）が認められれば不要である。そのため、怪我やもがいた痕跡は考察の対象から除外した。
（207）二〇一七年の刑法改正以前も同文。
（208）最三小判昭二四・五・一〇。裁判所ホームページから閲覧可能。
（https://www.courts.go.jp/app/files/hanrei_jp/338/055338_hanrei.pdf）
（209）刑法の強姦罪（当時）の暴行・脅迫要件について、刑法改正にかんする法制審議会において小西聖子は「暴行・脅迫要件で引っ掛かって、事件として認知されなかったり、不起訴の山」となっている現状を指摘していた（法制審議会刑事法（性犯罪関係）部会 2015:22）。同様に、性犯罪の罰則に関する検討会では、「個々の裁判例等におけるこれらの要件に関する認定が厳しく、本来処罰されるべき事案が無罪等となっているのではないか」という懸念から暴行・脅迫要件の撤廃を求める委員の意見が表明されていた（性犯罪の罰則に関する検討会 2015:18-9）。しかし、けっきょく二〇一七年の刑法改正では暴行・脅迫要件は維持され続けた。性暴力と法をめぐって長年にわたって活動してきた角田由紀子は、「被害当事者や被害者を支援してきた女性たちがもっとも重要視している論点」であるにもかかわらず残存していることを批判している（角田 2017:123. 他にSpring 2018:6）。
（210）強制性交等罪の暴行・脅迫要件が厳しいことについて、島岡まなは以下のように述べる。

その背景には、あくまで異常な少数の男性による例外的な強制性交等と、不可罰となる合《（ママ）》意に基づく性交等とを区別する必要性が男性の視点から強調され、合意《（ママ）》に基づく通常の性交等でもある程度の暴行は許容されるから犯罪となる暴行は相当程度強いものに限定されるべきだという男性支配主義思想があるように思われる（島岡 2017:389, 2012:21）。

「異常な性暴力」およびそれを行う「異常な加害者」と、「正常な性行為」およびそれを達成する「正常な男性のわたしたち」とを厳格に区別しようとしていることは、まさに裁判官などの法曹や法学者が他者化を行っていることを意味している。

（211）戦時における性暴力と平時における性暴力との連続性について、リズ・ケリー（Kelly 2010）を参照。

（212）本書では、すでに語られて聞き取られることで流通している性暴力にかんする語りを分析対象にしており、性暴力をめぐるマスター・ナラティヴがもつ語りの規定力は、同一事件における定型的な語り以外の語りを消去してしまうと分析している。しかし、性暴力をめぐる語りのマスター・ナラティヴがもつ問題はこれだけにとどまらない。マスター・ナラティヴにそぐわない性暴力の語り——〈真の性暴力〉から外れる語り——は、語りの規定力によって抑圧され、語られたり聞き取られたりすることもなく、そもそも消去されてしまうことも多い（田中麻子 2016:48）。語りを聞き取られないということは、その性暴力は不可視化され「はじめから存在しないもの」とされることを意味する。

（213）ただし、軍隊が関与していたこと、沖縄が「『わたしたち』が暮らす本土とは異なる場所」であると考えられていたことという沖縄事件の特殊性の影響も考えられる。

第二章　被害者非難はどのように生まれるのか
――〈真の性暴力〉五条件と語りのゆらぎ

本章では、複数の加害者によって大学生・成人女性にたいして行われた性暴力をめぐる報道を、語りをめぐる二元図に配置しながら分析する。その後、それまでの分析をふまえて全体をとおした考察を行う。まず、登場した四つのタイプをまとめたうえで、第一章とは対照的に、本章で扱った事件が〈真の性暴力〉と認識されなかったために被害者を非難する語りがあらわれたことを分析する。次に、膣へのペニスの挿入が存在するとされた性暴力が、そうでない性暴力よりも性暴力の被害をめぐる序列において上位に位置づけられることを明らかにする。

1　帝京大学ラグビー部集団強姦事件

帝京大学ラグビー部集団強姦事件（以下、帝京事件と略称）は、一九九七年一一月一三日、帝京大学のラグビー部員などの男子学生が、都内のカラオケ店で女性会社員にたいして集団で性暴力を行った事件である。数日後、被害者が被害届を出したことで事件が発覚し、他大学の学生を含めて合計八名が逮捕された。最終的に加害者と被害者とのあいだに示談が成立し、被害届が取り下げられたため、東京地検は一九九八年二月九日、八名全員を処分保留のまま釈放した。

また、加害者のうち二名が、強姦の犯人と断定的に報道されたことによって名誉が毀損されたとしてテレビ局や出版社を相手に複数の裁判を起こし、二〇〇二年二月二八日にフジテレビジョンを相手取った最後の判決が出され、社会的評価が低下したことの認定を含む加害者の主張の一部が認められた。

「屈強な大人数のラグビー部員―たった一人の会社員」の枠組み：タイプⅣ（O＋、B－）

帝京事件をめぐる語りの大半がタイプⅣに属し、新聞の語りはすべてこれに含まれていた。「大男ぞろいのラガーメンが集団で、一人の女性を卑劣に襲ったのだ(1)」という記述に代表されるように、加害者が複数である一方、被害者が一人であるという枠組みが強調された。

加害者は、複数であることに加えて、体育会系の部員、とくにラグビー部員であることを強調されて語られた。学内で優遇されるラグビー部員であることによる「『何をやっても許される』といった甘えが生じていたのではないか(2)」と言及されるゆがんだ特権意識や、「レギュラー落ち」による「『一流』になりきれなかったことに対する鬱屈(3)」を性暴力の原因とみなす解釈、「勝利至上主義で高校から大学へ入るため、視野が狭く、一般の学生よりも社会性が欠如する傾向にある(4)」のように社会性や常識に欠ける存在であることが語られた。さらに、「レギュラーでなくても結構モテるんですよ。つい女性を軽く見て、こういう行動に出たのでは[5]」という語りは、特権意識から生じる女性蔑視の意識に言及している。加害者はこのように、体育会系の部活やラグビーというスポーツの影響による要素によって、ゆがんだ意識や考えをもつ「一般の学生」とは異なる存在として他者化されていた。また、「女が自分の体に触れてきたんだから合意《ママ》。レイプではない」という加害者の言い分は「うそぶく奴さえいる[6]」と一蹴され、反省を示さない態度のあらわれと解釈される。

性暴力におよんだ動機は、「若いから性欲だって溜まる[7]」のように、性欲として語られた。その性欲を抑えるための「理性」は、「酒の勢いが若者たちから理性を奪い取っていく[8]」と語られたことが示すように、アルコールの影響によって失われたと解釈されていた。このように性欲にもとづいて性暴力におよんだと語られた加害者は、「野獣のような無軌道さ[9]」、「野獣ども[10]」、「鬼畜[11]」のように動物になぞらえて非人間化されることで、他者化されることもあった。

これにたいし、被害者は、事件の最中についての語りでは、複数の屈強な加害者にたいして「『やめて、助けて』と泣き叫び、朝方にはもう声も出ないまでになっていたのでは……《ママ》。精も根も尽きてぼろ雑巾のようになっていたのではなかったか――[12]」のように悲痛な体験が強調された。そして事件後には「A子さん〔被害者〕はショックで会社を休み、自室に閉じこもる日が続いた[13]」、「A子さん〔被害者〕は、事件から二か月以上たったいまでもショックから立ち直れず、会社も休んだままだという[14]」といった語りのように、事件が被害者に与えた影響の大きさが語られた。加えて、被害者が加害者の一人と交際していたことも、「よりによって信じていた彼氏に裏切られ、辱められた怒りと悲しみは言葉では表せないほど大きかったに違いない(15)」のように、被害の大きさの象徴として言及された。

さらに、被害者の抵抗についても語られた。「A子さん〔被害者〕は抵抗むなしくたちまち無防備な状態にされて……《ママ》(16)」のように、加害者に抵抗した末に被害にあったことが語られた。一方、「スポーツで鍛えた屈強な男たちが、抵抗できない一人の女性に集団で襲いかかるなど、考えるだけでも身の毛がよだつ(17)」という語りは、被害者が抵抗不可能であったことを語っていた。被害者は、抵抗不可能と解釈されればそのまま加害者のなすがままにされる存在として、抵抗可能と解釈されれば、必死に抵抗したにもかかわらず被害にあった存在として語られていたといえる。

タイプⅣの語りでは、加害者は屈強でありながら集団で襲いかかるほど分別がなく、特別扱いされてゆがんだエリート意識をもつ体育会系部員であり、「同意があった」と強弁して反省を示さない「異常な者」として他者化された（O＋）。一方、被害者は一人で、抵抗もむなしく、あるいは抵抗不可能な状態で襲われた者としてその被害を強調して語られ、非難されなかった（B－）。

「性欲旺盛な体育会系部員―自ら危険を冒す女」の枠組み：タイプⅠ（O＋、B＋）

タイプⅠでは、被害者の「落ち度」が読み込まれていた。「まさか、〝純真なOLを野獣と化した男たちが集団暴行《レイプ》〟――なんて、単純に思っている人はいないだろう(18)」という語りは、本件の被害者が「純真なOL」、すなわち「真の被害者」ではないことを示している。さらに、同じ記事は、女子大生一〇〇人へのアンケートの結果から、被害者が自分から加害者の呼び出しに応じて現場に赴いたことにたいして、「深夜に合コンに行けば、ヤリコンになるなんてわかってるハズ。オッカッし《（ママ）》いよ」、「ヤラれるの目に見えてるじゃん。向こうは何人だと思うの。それに運動部。私なら行かない」と述べ、被害者を非難していた。さらに、「今回のような状況ならレイプされても仕方ない」との問いにたいして、五八人が「ＹＥＳ」と回答したと述べていた。他の記事においても、被害者は、「性欲処理の場」として利用される体育会系部員の合コンでは性行為がつきものであることを理解せず、「事情がわからずに参加するほう[19]」という「六大学のラグビー部のＯＢ」のコメントによって非難された。

加えて、「一部報道によると、呼ばれた被害者のＹ子さん（ＯＬ・一九歳）はこの先輩（加害者）の交際相手となっているが、先輩は『ヤリマンの一人』と言っていたという[20]」という語りは、「交際相手」と「ヤリマン」とを二分し、後者に分類される今回の事件の被害者は「純真なＯＬ」という「真の被害者」には該当しないと認識されていることを示唆している。それ以上の言及はみられないが、すくなくとも女性が性的に放埓であると認識されることは、性暴力被害にあったときに「真の被害者」としての資格を剝奪され、積極性を読み込まれて非難されることを意味していると解釈できる。

加害者については、女子大生へのアンケートから「ヤラれるの目に見えてるじゃん。向こうは何人だと思うの。それに運動部[21]」との回答を抜粋し、性暴力を行いうる体育会系部員として加害者を語るとともに、加害者が複数であることも他者化に動員していた。直接的に、「一般人には理解できない歪んだ妄想を持つ変質者[22]」として他者化する語りもみられた。また、「マイクのコードで体を縛って、ライターでひどいことをしたり、それで失神しちゃうと、水をかけてたたき起こしたそうです[23]」という暴行の様子が語られ、このような行為におよぶ加害者が他者化されていた。ここでは、「捜査の結果、警察はたんなる強姦罪でなく、強姦致傷を適用[24]」のように、あくまで当該性行為を性暴力と認識し、それを行った加害者は他者化されていた。

タイプⅠでは、加害者は異常な体育会系部員として他者化され（O＋）、被害者は「異常な加害者」のもとに自ら赴いたことによって「落ち度」や積極性を読み込まれることで、さらに、性的に放埓な者として語られることによって「真の被害者」としての資格を剝奪され、積極性を読み込まれることで非難されていた（B＋）。

「誘惑された普通の男―自分から誘った女」の枠組みと性暴力の否定：タイプⅡ（O－、B＋）

タイプⅡに属する語りは、すべて加害者の言い分を利用しながら事件について語っていた。そこでは、被害者は「簡単に男性と性行為を楽しむ女性」を意味する「〝ヤリマン〟だ[25]」と言及され、性的に奔放な女性として語られていた。

さらに、加害者の視点から被害者の「誘うような仕草が見えた[26]」と述べることで、被害者が自ら性行為を望み、楽しんでいたことが強調された。加害者の一人は日記に「今回の事件を通して、女の子はとてもわからない人種である事と、恐《ママ》いという事がわかった。その時はそんな風にみえなくても、あとで『ごうかん《ママ》された』とか言いだされても、僕達としては、その時そんな風には見えなかった[27]」と記しており、加害者の言い分では、自ら誘った女性が後になってから翻意して性暴力を告発したと認識され、被害者は性暴力を「捏造」したとして非難されていた。

性暴力そのものについても、「暴力とか、脅迫とかいうようなものが介在する余地も雰囲気も全くなかった[28]」、「相手〔被害者〕が『いいよ。』と言った[29]」、「イヤがっていなかった」、「イヤだったら、〔口腔性交のさいに〕舌を使いますか？[30]」との言い分を利用することで、加害者の視点から当該性行為が性暴力であることが否定されていた。これらの語りからは、女性は性行為を望んでいなければ、拒否の意思を示す言動をとる、つまり抵抗するはずであり、抵抗しなかった被害者に「落ち度」を読み込みつつ、そうでなければ性行為に同意しており、その性行為は同意のうえの「正常な性行為」であるという前提が読み取れる。そのうえ、被害者が性行為を望むような発言をしたのであれば、なおさらその「同意」の存在が強固になり、いっそう性暴力は否定される。

一方、加害者による「テレビ、ラジオ、新聞、週刊誌等々の不当な報道により『強姦』の犯人扱いをされてしまい[31]」という記述や、「事《ママ》強姦となっては話がちがう。僕は強姦していない[32]」という語りからは、性暴力加害者とみなされることへの忌避がみられた。また、「『すごい事になってるゾ！』なんて酒を呑んでいる時にいわれて、いかない男が日本中に何人いるか、そして、それをみて（せんぱい《ママ》がやっている）興奮しない男が何人いるのか聞いてみたい[33]」、「オレもオトコだし、やっぱ《ママ》……[34]」という言い分は、男性は女性との性行為を望むという加害者の価値観や、自分は性暴力ではなく女性との同意のうえの性行為を行った「正常な男性」であると自らを提示する加害者の意図を反映していると解釈できる。

タイプⅡの特徴は、すべての情報が加害者の視点から語られ、被害者の言い分が不可視化されることである。そこでは、加害者は体育会系部員ではなく「性行為を望む普通の男性」として一般性を強調されて語られた（O－）。それにたいして、被害者は性的に放埒な者であり、性行為を自ら望んで楽しんでいたにもかかわらず、性暴力を「捏造」する者として非難されていた（B＋）。

帝京事件における「わたしたち」

まず、タイプⅣの語りでは、被害者との関連では、「一人の女性という弱い立場の者を相手に、事件を起こした側が集団というところが、特に許せない」[35]など、被害者に同情して性暴力に怒りを表明する者として、ジェンダーを問わない「わたしたち」は語られた。さらに、今回の性暴力事件を若者に特有の現象として扱う語りもみられた。たとえば、「帝京大ラグビー部のレイプ事件は世間を驚かせたが、学生たちはあまり驚かない。……『こんなの日常茶飯事ですよ』。シレッと語るのがブキミだ」[36]、「〝ヤリコン〟（「はじめからセックスを目的とした合コン」の俗称）が日常化している学生」[37]のように、今回の事件を、性に乱れ、「ヤリコン」に興じる理解不能な若者による事件と位置づけることで、若者とは異なり、性に放埒でない「わたしたち」が語られることもあった。

ジェンダーについて検討すると、まず男性の「わたしたち」について、先に確認したように加害者を一般の人間（学生）とは異なる体育会系部員として語ることで、その加害者とは異なり、社会性や知性を備えて卑劣な性暴力を行わない者として男性の「わたしたち」が語られた。同時に、「男ならセックスしたいのは当然。……男ならそんなこと〔レイプ〕はしないで、しっかり女のコを口説くしかない[38]」のように、男性が女性との性行為を望むのは当然という前提により、性暴力ではないと認識される「正常な性行為」を行う者としても男性の「わたしたち」は語られていた。

また、女性の「わたしたち」は、「『集団でレイプするなんてヒドイ。女性として絶対に許せません！』……同じ大学で机を並べる女子学生たちは、事件の第一報に声を震わせながら憤っていた[39]」のように、同じジェンダーに属するという共通点をもって怒りを表明する者として語られた。

続いて、タイプⅠの語りでは、タイプⅣと同様に体育会部員とは異なる男性の「わたしたち」が語られる一方、被害者との関連において、「ヤラれるの目に見えてるじゃん。……私なら行かない[40]」という語りに代表されるように、女性の「わたしたち」は、危険を冒して現場へ向かった被害者とは異なり、性暴力を回避するだけの判断力を有する者として語られた。

最後に、タイプⅡの語りでは、性暴力を否定することによって、加害者が「正常な性行為」を行った「正常な男性」と自らを提示していた。ここから、直接は語られないものの、男性の「わたしたち」は性暴力を行わず、「正常な性行為」を行う者と規定されているといえる。このタイプにおいては、女性の「わたしたち」に言及する語りはみられなかった。

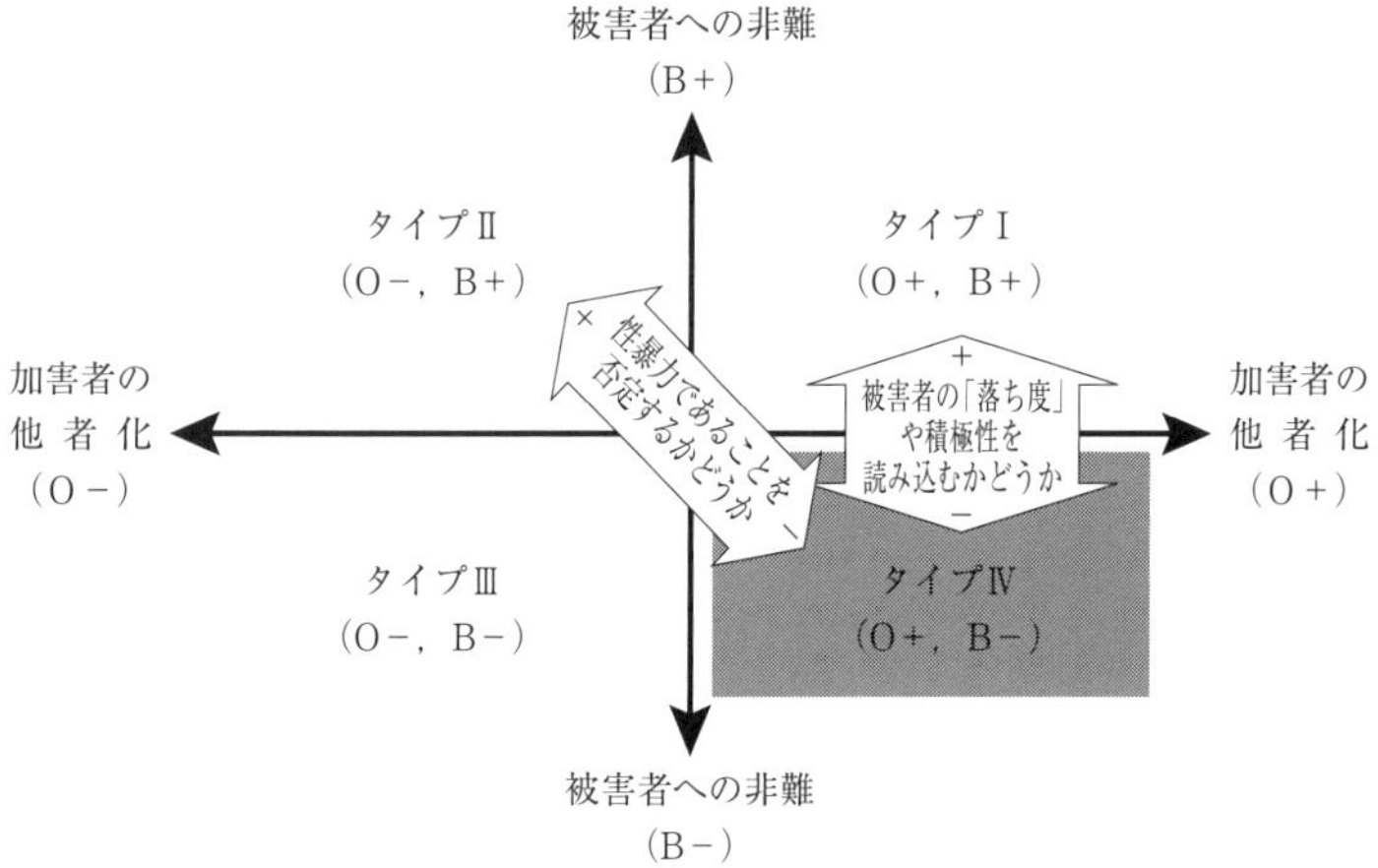

図 2-1　帝京事件にみられるタイプ間のゆらぎ

まとめ

帝京事件では、加害者を他者化して（O＋）、被害者を非難しない（B－）タイプⅣの語りが大半を占めていた。しかし、それ以外のタイプの語りもみられ、タイプ間のゆらぎが確認された。加害者が「異常な体育会系部員」であることを強調されて他者化されつつ（O＋）、被害者が性的に放埒であると語られ、自ら現場に赴いたことで非難されると（B＋）、語りはタイプⅠに配置される。そこには、被害者の「落ち度」や積極性の読み込みが影響を与えていた。タイプⅣと比較すると、「真の被害者」は、性的に貞淑であり、性行為にたいして積極的な態度をとらず、加害者のなすがままに被害にあった者であるといえる。

さらに、加害者が正常な男性としての側面を強調されて他者化されず（O－）、被害者が性暴力を「捏造」したとして非難されると（B＋）、語りはタイプⅡに配置される。そこには、性暴力の否定が影響を与えていた。タイプⅣと比較すると、「真の加害者」は、「わたしたち」とは異なる体育会系部員という特殊な存在であり、第三者が正当性を認める性暴力を行った者として語られたといえる。一方、「真の被害者」は、性的に貞淑であり、当該性行為を楽しまずに拒否した者として語られたといえる。

続いて、帝京事件における「わたしたち」をまとめると、ジェンダーを問わない「わたしたち」は、被害者に同情して事件への怒りを表明する者として語られた。男性の「わたしたち」は、加害者とは異なり、社会性や常識を備えて卑劣な性暴力を行わない者、さらに、性暴力ではない「正常な性行為」を望み、行う者と語られた。一方、女性の「わたしたち」は、危険を冒して現場に向かった被害者とは異なり、性暴力を回避するだけの判断力を有する者として語られた。

2　スーパーフリー事件

スーパーフリー事件（以下、スーフリ事件と略称）は、二〇〇一年ごろから、早稲田大学を中心とするメンバーで構成される「スーパーフリー」と呼ばれるイベントサークルによって連続して行われた性暴力事件である。当初、多くの被害者が泣き寝入りしていたが、二〇〇三年五月一八日に居酒屋が入居する雑居ビルの階段で複数のスーパーフリーのメンバーによる性暴力被害を受けた女子学生が警察に届け出たことで発覚した。裁判で争われたのは、この事件を含む三件である。早稲田大学の学生を中心として計一四名が逮捕され、主犯とされた加害者は、一審で懲役一四年という強姦罪（当時）

としては比較的重い判決を受けたが、これを不服として控訴・上告し、二〇〇五年一一月一日に上告が棄却された。

「高度数の酒で酔わせる鬼畜たち─遊び慣れない女子学生」の枠組み：タイプⅣ（O＋、B－）

スーフリ事件をめぐる語りの大半がタイプⅣに属している。「泥酔状態になった女の子がトイレに立った瞬間、付き添いのフリをして、一人が同行するんです。……そのうち、一人、また一人とトイレへ集まってきて、順番にマワして〔輪姦して〕いくんです(41)」という記述に代表されるように、帝京事件と同様に、加害者が複数である一方、被害者が一人であるという枠組みが強調される。

加害者にかんして、あらかじめ用意したアルコール度数の高い酒を無理やり飲ませることで被害者を泥酔させ、動けなくなったところを次々に襲いかかるとともに、見張りを立てるなどして発覚を防ぐという、計画性が詳細に語られた。次の語りが代表的である。

女子大生らに参加を呼びかける「声かけ役」、女性を酔わせる「飲ませ役」、女性を一緒に来た友人と引き離す「分断役」など、細かく役割が分かれていた。

二次会などでは、狙いをつけた女性のグラスに強いウオツカを混入することもよくあり、女性が酔うと「介抱」と称し、外に連れ出して暴行していたという(42)。

この計画性が性暴力の最中にも発揮されたことが語られた。加害者が「彼女〔被害者〕が一瞬でも笑顔をみせれば、仮に後に事件になっても《合意》《ママ》だといい逃れるための証拠写真として残[43]すために、「しきりに〝笑え、笑え〟と連呼。無理矢理笑わせて写真を撮[44]」るという、性暴力を否定するための材料を作る手口が紹介された。ここでは、たとえ加害者の巧みな策略によって被害者の笑顔が写真に残されていたとしても、それは「同意」を示すとは解釈されないことが読み取れる。

加害者の「異常さ」を象徴するこのような犯行は「野獣の所業[45]」と形容され、それを行った加害者は「野獣集団[46]」や「鬼畜学生[47]」、「悪魔のような男[48]」と呼ばれて非人間化されて他者化された。一方、加害者らは「合意《ママ》のうえだった[49]」と強弁して容疑を否認していた。この犯行の否認は、「容疑について一様に『合意《ママ》の上だった』と主張、否認を続けているという。罪悪感や反省の念は一切、漏れ伝わってこない[50]」のように、反省のなさと結びつけて語られた。

さらに、加害者はゆがんだ意識や考えをもっていたことが語られた。「あいつらはセックスする事を〝撃つ〟って言うんだけど、頭の中は何人撃ったかだけ。昔で言う千人斬りとか、そういう発想[51]」、「まわし〔集団暴行〕に参加しないスタッフは、スタッフじゃない。連帯感が生まれない[52]」、極めつけに「女は撃つための公共物[53]」という加害者の発言が取り上げられた。これらの発言は「常軌を逸した語録[54]」と表現され、「正常なわたしたち」には理解不能な考えとして解釈されていた。また、「有名大学への信頼感を悪用し[55]」、「自分のような知的優越者には、特権的な粗暴さが許されている[56]」のように、加害者が早稲田大学や慶應義塾大学、東京大学といった有名大学の学生であったことによるゆがんだエリート意識も語られた。

加えて、性暴力の原因を加害者の性欲と結びつけつつ、ゆがんだ意識に言及する語りもみられた。「オトコの性衝動を抑えられなかった(57)」という記述や、「強固な性欲による集団の強姦行為は、野獣の所業だ(58)」という検察官の発言が引用されたほか、「都のセイヨク(59)」という表現が確認された。このように強い性欲にもとづいて女性に性暴力を行ったとされる加害者の姿勢は、「女性の人間性を無視し、快楽を得るための道具のように扱う態度は、人間としてあるまじき下劣かつ醜悪なもの(60)」と評した裁判官によって断罪されたことが語られた。

これらのゆがんだ意識は、加害者が「若者」であることに起因すると考えられたことが以下の語りから読み取れる。この事件を含む若者による性暴力事件の背景に「若者世代の性に対するモラルの低下、安易な性交渉の氾濫、犯罪に対する認識の欠如(61)」があるという語りのほか、「若者が簡単に手にとれるポルノ」に含まれる「『女性はいやだと言いながら、実は望んでいる』『最後は喜ぶ(62)』といった誤ったメッセージ」を「ストレートに受容する男性が増えている」という杉田聡による解釈がみられた。まるで、自分たち「大人」（の男性）はそうでないかのような語り口である。

そして、加害者が大学に入るまで女性との交際や性行為を経験せずに童貞であったこと、さらに女性から「モテ」なかったことも語られた。加害者の一人は「高校時代には遊びを知らずにモテなかった。……ナンパも自分ではできないから後輩にやらせるようなタイプだった(63)」と語られ、別の加害者は「仲間との輪姦で童貞を捨てた(64)」と語られたように、女性との恋愛・性的行為の経験の乏しさと今回の事件とが結びつけられ、これらが他者化の資源として用いられていた。「〝モテない男〟の〔加害者〕が、容易に女性を調達できる場として築き上げたのがスーフリだったのである」[65]のように、女性にモテなかったことを今回の一連の事件の原因と位置づける語りもみられた。これらとは逆に、「A〔別の加害者〕も集団でのセックスには参加していたのだが、ルックスもノリもよかったため、あまり無理する必要がなかった」[66]という語りが確認された。ここでは、容姿や人との付き合い方（＝「ノリ」）が女性に好まれるものであった、つまり「モテ」ていたことによって女性への性的なアクセスを確保できると考えられていた加害者は、女性との性行為がいつでも可能であり、それゆえに性行為を強制して性暴力を行う必要がなかったとの解釈が導かれている。これらは、加害者の女性との交際や性行為の経験の乏しさが性暴力の原因であるという解釈を示す語りであるといえる。

一方、被害者については、被害時に酔っていたことが語られた。ただ、アルコールの摂取にかんしては、「女性が『もう飲めません』と拒んでも、『ルールだから』と飲ませ続け」[67]、「何度も一気飲みをさせられて、いつのまにかツブれてた」[68]のように、女性が自ら進んで酒を飲んだのではなく、あくまで加害者から飲まされたと語られた。これは、後述するように、被害者が望んで飲酒したと認識するタイプＩにおける語りとは対照的である。

さらに、被害者は抵抗の可否と結びつけて語られた。「泥酔し、抵抗できる状態ではなかった」[69]という捜査状況の報道や、「抵抗しようとしたんですが、身体が思うように動かなくて……」《ママ》[70]という被害者の証言がみられ、高度数のアルコールの影響によって抵抗できなかったことが強調される。これにたいし、「女子大生は泥酔している最中にも暴行から逃れようと、必死に抵抗している様子が見られる」(71)、「レイプされる間、意識朦朧となりながらも『何すんのよ、ヤダ！　こんなの、おかしいよ！』と抵抗を試みたものの、男たちは『本当は気持ちいいんでしょ？』といいながら、輪姦を続けたのだ」(72)のように、アルコールの影響下でも必死に抵抗しようとしたことも語られた。いずれにせよ、タイプⅣの語りでは、被害者はまったく抵抗できない状態であったか、抵抗可能であれば必死に抵抗したことが語られた。

被害者の恐怖や傷の大きさについても強調されていた。「あまりの恐ろしさに体が硬直して、〝やめて〟と叫ぶことさえできませんでした。まして逃げることなんて、とてもできなかった」(73)といった性暴力の最中の恐怖、そして「〔性暴力から〕二ヵ月が経過して、おそれていた最悪の事態が起こってしまった。妊娠したのである」(74)、「〔悪夢を忘れるため、娘〔被害者〕は〕食べては吐くことを現在も繰り返している」(75)などの、直接の性暴力被害から時間が経った後にも続く被害の大きさがくり返し語られた。

また、被害者の「落ち度」のなさや純真さに言及する語りもみられた。「狙いを定めた女性に集中的に酒を飲ませており、被害者に落ち度はない」(76)という判決文や、「罪も無い多くの女性をレイプという凶行で不幸のどん底に突き落としてきた悪魔のような男」(77)にみられるように、加害者の「異常さ」と対比する形で被害者の「落ち度」のなさを強調する語りが確認された。さらに、「ターゲットにしていたのは、大学一、二年生。『何も東京の怖さを知らない地方出身者がベスト』〔元スタッフ〕

だった[78]」、「大学に入学したばかりで『今日初めてお酒を飲むんです』というタイプの子たちが狙い撃ちにされ[79]」といった語りに加え、「〔サークルの勧誘のさいに〕少しでも興味を示すと、ホストも逃げ出す勢いで半ば強引に連絡先を聞き出され、参加の方向できめ（ママ）つけられてしまった[80]」という語りにより、東京という都会と対比された地方出身者や、入学直後で大学の事情を知らない者としての被害者が無理やりイベントに参加させられたと解釈され、それによって被害者の「無垢さ」が強調されていた。

　ただし、被害者を非難しない語りのなかでも、「落ち度」を疑う視点に言及する語りもみられた。タイプⅣのなかでも、ひとつの記事は、被害者について述べるなかで、当初は「それにしても、それほど無防備に泥酔してしまう女子大生というのは一体何なのだろう」と被害者の「落ち度」を示唆するが、すぐに続けて「が、ここにも周到に仕組まれた戦術があったのだ[81]」として加害者が巧妙な手口でアルコール度数の高い酒を被害者に飲ませる仕方を説明していた。被害者を非難することはないものの、「落ち度」を詮索し、それによって被害者を二分する視点は温存されているといえる。

　以上のように、タイプⅣの語りでは、加害者は類いまれな計画性や反省のなさ、ゆがんだ意識、性的経験のなさによって異常性を強調されて他者化された（O＋）、その一方、被害者は、現場に連れて行かれた、酒を無理やり飲まされたと語られて無垢さや「落ち度」のなさを強調されるとともに、抵抗できない／必死に抵抗したと語られることで非難されなかった（B－）。

「計画的に犯行におよぶゆがんだ男―自ら危険を招いた女・被害を捏造する女」の枠組み：タイプⅠ（O＋、B＋）

タイプⅠの語りでは、加害者について、タイプⅣと同様に「相手の気持ちや自分の将来のことなんてみじんも考えない……加害者は人間のクズだと思う」(82)という評価や、「酒を飲ませる罰ゲームなどを利用して、計画的に女性を抵抗不能にさせていた」(83)という計画性、さらに「私たちの周りに集まる女はヤリマンが多いので、まわされても喜んでる」といった「世間の常識とかけ離れたこの〝感覚〟」(84)というゆがんだ心理が語られた。このように、加害者は、被害者への共感のなさや計画性、ゆがんだ意識によって他者化されていた。

一方、被害者は用心せずに自ら危険を冒したことを非難されていた。「クラブなど危険とされている場所で正体をなくすほど酒を飲むことは、世間的にはよく思われないこともまた現実だろう。クラブとか行ったことのない新入生がハイになるのも分かるけど、最低限の警戒は絶対必要だと思う」(85)、「女性の側も、先にどんな危険があるのかを自覚する必要がある」(86)といった、被害者は危険を回避する必要があったのにそれを怠った結果として性暴力被害にあったと認識して被害者を非難する、女性による発言と明言された語りがみられた。また、さらに語気が強いのが、「一方で、被害にあった女性側に非はなかったのだろうか。……彼女たちの脇の甘さを指摘する声も多い。それも当の女性側からのものが多いのだ」という前置きに続けての以下の発言である。

　こういったサークルは、セックスが目的で集まっていることぐらい、みんな知っている。上京したばかりの地方出身の入学生が狙われたとかいうけど、ホントに田舎出身で内気な子は声をかけられても行かない。強烈なお酒を飲まされたというが、何も押さえつけられて口に流し込まれたわけでもない。結局は周りにチヤホヤされたいだけ。寂しいのかどうか知らないけど、のこのこ出掛けていくのがバカなのよ[87]

これらの語りのなかでは、被害者は、スーパーフリーのイベントに強引に参加させられたのではなく、危険性を理解せず、周囲の気を引くために自分からイベントに参加したと解釈されている。加えて、アルコールにかんしても被害者は加害者から無理やり酒を飲まされたのではなく、自ら望んで酒を飲んだと解釈されている。すなわち、被害者の「落ち度」や積極性が読み込まれて非難されているといえる。これらの被害者非難は、すべて女性による（とされる）発言によってなされていた。

　つまり、タイプⅠの語りでは、加害者はタイプⅣと同様に計画性などをもって他者化されていたが（O＋）、一方で、被害者は自ら進んでイベントに参加し、そこで酒を飲んでいたとして非難されていた（B＋）。そこでは、被害者に「落ち度」や積極性が読み込まれていたといえる。

スーフリ事件における「わたしたち」

　タイプⅣの語りでは、事件や加害者を許さない「わたしたち」が語られていた。「こうした〝鬼畜集団〟には、厳罰を期待したい[88]」や「この厳罰を支持する。……『法の毅然たる存在感』が、女性の権利を重視する社会の定着に寄与することを願わずにはいられない[89]」といった語りが示すように、加害者にたいして厳格な制裁が加えられることを期待する存在として「わたしたち」が語られた。同様に、今回の事件を容認する発言にたいする批判がみられた。衆議院議員の太田誠一が「集団レイプをする人は、まだ元気があるからいい。正常に近いんじゃないか」と発言したことにたいして、「集団での強姦を『元気の発露』とみるとは、論評にも値しない発言だ[90]」と批判したり、この発言後の衆院選で太田が落選したことを「強姦は憎むべき犯罪だという意識が全く欠如していては立法府からはじき出されて当然である[91]」と評価したりすることで、性暴力を許さない「わたしたち」がより明確に語られていた。

　さらに、事件について「『本当だったのか』という感じで、驚きはないですね」と述べた早稲田大学の学生ついて「集団レイプ事件が『よくあること』として語られる――そこに怖さがある[92]」と評価したり、「まさに常軌を逸した異常さだけが支配する〝若者租界《ママ》〟」に加害者を閉じ込め、記者自身は「いいしれぬ悪寒に襲われた[93]」と表明したりすることで、「わたしたち」は、理解不能な若者である加害者とは異なる者として自らを語っていた。加えて、「傷つき、壊れる若者を救うのは大人の責任と義務だ[94]」、「若い者を教え導くのはなかなか難しいものですなあ[95]」など、若者を指導する立場として「わたしたち」に言及する語りが確認された。

　ここまではジェンダーを問わない「わたしたち」をめぐる語りであったが、以下のように男性の

「わたしたち」[96]について述べる語りもみられた。

女子大生やら女子高校生に浴びるように酒を飲ませ、記憶が飛ぶ状態の中で、ＳＥＸを強要するという手口である。……

学生時代に酔った勢いで、女性と性行為に及ぶというのは、常々歴史として繰り返されている状況であるが、今の大学生は、犯罪性のある性行為に及ぶような、リスクを伴うＳＥＸを好んで行っているようだ。しかしながら、これは一般的視点から分析すると非常に悪質である。[97]

ここでは、男性が女性に記憶が残らないほど酒を飲ませた状態で性行為を行うことは「異常」とされ、「一般的視点」から忌避されている。逆に、アルコールの影響が著しくない限りにおいて、女性との性行為は、男性の「わたしたち」によってある程度ひんぱんに行われる「正常な性行為」であることが語られている。女性との「正常な性行為」を行えることが男性の「わたしたち」にとって重要な意味をもつことは、加害者を他者化する語りのなかで、大学生になっても女性との恋愛・性的経験がないことを強調されていたことからも示唆されていた。

また、「『レイプは卑劣な犯罪だ』と教える教育の徹底」を求める男性は、「レイプの被害者はほとんどが女性だ。[98]頭では犯罪と分かっていても『自分には関係ない』と感じてしまう男性の方が多いのではと思う」と述べていた。ただし、ここでは、性暴力が「卑劣な犯罪」であることを認識し、被害者に同情しても、男性としての自分が性暴力を起こす可能性を考慮していない。男性の「わたしたち」は、性暴力を起こす可能性すら検討しない存在として語られていたといえる。

次に、女性の「わたしたち」について考察する。スーフリ事件が早稲田大学を中心とする大学生による性暴力事件であったことと早稲田大学の志望者が減少したこととを結びつけつつ、「特に受験生の女子高生と、その母親」は早稲田大学に「悪印象」をもつと語られた[99]。加えて、太田の発言を「世の女性たちは忘れていまい」と述べられている[100]。さらに「受験を必死に頑張った真面目な女子学生は世間知らずだからだまされやすい。だから彼ら〔加害者〕は、地方出身者とか、勉強ばかりしていた大学デビューの学生を狙っていたようです」という加害者の手口を示す発言を、「愛する娘を苦労して大学に入れた親には、なんとも恐ろしいこの証言」とする記事もみられた[101]。ここでは、女性の「わたしたち」は性暴力の被害を受ける可能性がある存在として語られていると解釈できる。

タイプIでも同様に、数は少ないものの「女性は輪姦されて喜んだという〔加害者〕の〝言い分〟は決して許されるものではない」のように[102]、加害者を許さない者としてジェンダーを問わない「わたしたち」は語られていた。加えて、若者や学生を理解不能な者として位置づけ、それとは異なる「わたしたち」が語られることもあった。「時間をもて余す学生は、男も女もこんなくだらないことしかやることがないのか」のように今回の事件や合コンを「くだらないこと」と認識する価値判断を示し[103]、それを行わない者として「わたしたち」を提示する語りがその典型例である。

女性の「わたしたち」は、先に引用したように「クラブとか行ったことのない新入生がハイになるのも分かるけど、最低限の警戒は絶対必要だと思う[104]」や「女性の側も、先にどんな危険があるのかを自覚する必要がある[105]」という女性自身の被害者を非難する発言によって、性暴力被害にあわないだけの分別がある者として語られていた。

一方、タイプⅠにおいて男性の「わたしたち」に言及する語りはみられなかった。

まとめ

スーフリ事件をめぐる語りの大半は、タイプⅣに属していた。そこで加害者は、他に類をみない計画性やゆがんだ意識、女性との交際・性的経験がないことを強調され、理解不能な「若者」であると語られて他者化されていた（O＋）。一方、被害者は遊び慣れていないために純真であると解釈されるとともに、強引に酒を飲まされ、抵抗さえ不可能な状態で、または必死の抵抗の末に性暴力にあい、その後も被害に悩まされる状況が語られ、非難されなかった（B－）。ここでは、「異常さ」を備える若者としての加害者は「わたしたち」とは異なる「真の加害者」と解釈されるとともに、被害者は加害者の策略によって被害にあった「落ち度」や積極性がみられない「真の被害者」であると解釈されたといえる。

また、加害者が同様に他者化されつつ（O＋）、被害者が非難される（B＋）タイプⅠに属する語りもみられ、タイプ間のゆらぎが確認された。加害者は同様に「異常な者」として語られていた。被害者は、危険性を理解せず、自ら進んでイベントに参加し、酒を飲んだと解釈されることで「落ち度」

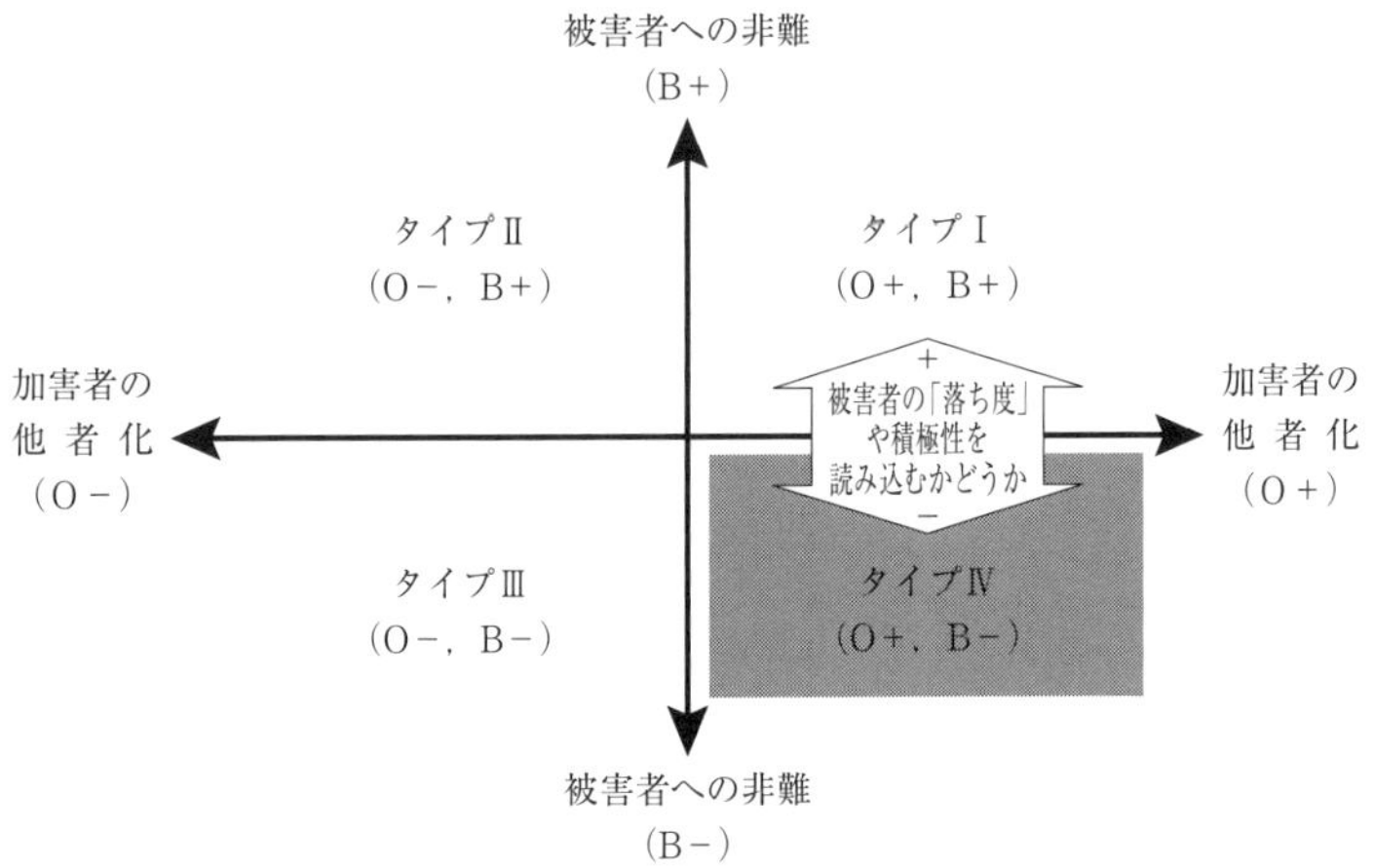

図 2-2　スーフリ事件にみられるタイプ間のゆらぎ

や積極性が読み込まれて非難されたといえる。

タイプⅣとタイプⅠを比較すると、スーフリ事件における「真の被害者」とは、遊び慣れておらず、それゆえに性的に純真であり、加害者の巧妙な策略のなすがままに被害を受けた者として、さらにその被害をあからさまに公言しない者として語られたといえる。一方、「真の加害者」は、タイプⅣとⅠにおいて語られたとおり、「異常な存在」としての加害者である。スーフリ事件の加害者をめぐる語りの特徴は、事件を起こすまで女性との交際・性的経験がなかったことが強調して語られたことである。

ジェンダーを問わない「わたしたち」は、今回の性暴力をけっして許さず、それを擁護する発言をした者への怒りや反発を表明する者として、さらに性に乱れた若者を指導する者として語られた。

ジェンダーによる差異を検討すると、男性の「わたしたち」は、女性との性行為を望み、それを行う者として語られたが、過度なアルコールの影響下で女性の意思に反した性暴力を行わない者として語られた。

女性の「わたしたち」は、男性以上に事件への反発や怒りを表明する者として語られた。そして、タイプⅣでは性暴力被害にあう可能性のある者として語られる一方、タイプⅠでは被害にあわないだけの分別のある者として語られていた。

3　京都大学アメフト部集団強姦事件

京都大学アメフト部集団強姦事件（以下、京大事件と略称）は、二〇〇五年一二月二二日、京都大学アメリカンフットボール部「ギャングスターズ」に所属する男子学生三名が、加害者のひとりの自宅で、女子学生二名にたいして性暴力を行った事件である。三名全員が逮捕・起訴され、一名に懲役五年六月の実刑判決が、二名に執行猶予つきの有罪判決が言い渡された。その後、実刑判決を受けた学生が控訴した。二審は減刑し、懲役四年六月の実刑判決を言い渡した。それを不服として上告したが、二〇〇七年一一月一二日、最高裁は上告を棄却したため、二審判決が確定した。

「ゆがんだ意識のエリート体育会系学生―酔わされた被害者」の枠組み：タイプⅣ（O＋、B－）

京大事件をめぐる語りの大半がタイプⅣに属していた。「女子大生二人に焼酎などを一気飲みさせて泥酔状態にし、集団で強姦した(106)」のように、酒を飲ませる集団の加害者と意識を失わされた被害者の枠組みが強調された。

加害者が酒を飲ませる行為について、「車座になった参加者の真ん中で焼酎のビンを回し、止まったビンの口が指した人物が一気呑みをするという低劣なものだ(107)」という行為の無謀さが語られた。悪質さを際立たせるために、「四年間、アメフトで体を鍛えた三人〔の加害者〕は酒にも強かったはずだ。……二人の女子大生が先に酔い潰れることなどは、十二分に予測はできる(108)」と表現し、加害者が自らの安全な状況を確保しつつ、被害者を泥酔させるという卑劣さが強調された。

加えて、加害者が京都大学のアメフト部に所属していたことによるゆがんだエリート意識をもっていたことが語られた。難易度の高い入学試験に合格するとともに、資金や経験で勝る私立大学にも劣らないアメフトの実力をもった京大アメフト部の部員を「文武両道(109)」と表現する一方、そのような周囲の評価から加害者が意識をゆがめていったという推測が語られた。「周囲からちやほやされる存在だっただろうし、思い上がりがあったのだろう(110)」や、「運動部が大学内で特殊な領域をつくり、特権を与えられた部員に社会常識が身につかない(111)」といった特権意識をもっていたこと、その結果として「女なんて〝穴〟としか思ってないヤツもいる(112)」のように女性を性の対象としかみなさない考えをもっていたことが語られ、それによって加害者は他者化されていた。

さらに、動機が性欲であったことも語られた。「性的欲望を満たすため、女性の人格や人権を無視した卑劣極まりない悪質な犯行(113)」のように、たんに動機を性欲と認識する語りがみられたほか、性欲を抑えがたい本能と位置づける語りも確認された。事件にアルコールが関連していたことを受けて、「酒量が増えるにつれ、理性を司る大脳皮質から中心の大脳辺縁系に麻痺が進み、本能が剝き出しになっていく」、「この状態〔酩酊状態〕になると性欲が高まり、男性なら勃起しやすくなります。しかも、性欲などの本能が剝き出しになるのです(114)」という語りが示すように、過度の飲酒によって加害者は理性によって性欲を抑えることができなくなり、そのことによって性暴力を行ったとされている。そして、

体育会系の学生は、気持ちを勇壮にさせる男性ホルモンの分泌が活発です。特にサッカーやラグビーなど〔加害者はアメフト部員であったが、これらのスポーツと同様にアメフトも〕、勝ち負けを決めるスポーツは闘争本能とともに性欲も高まります。その性欲をスポーツで発散させてるんですね。今回の事件の三人も引退した四年生ですからね。性欲の置き換えができなくなり暴発したのかもしれません(115)

のように、スポーツと性欲を結びつけ、闘争本能と性欲を同列に扱う語りもみられた。これらの語りは、性暴力の原因としての性欲を「本能」として認識しつつ、性欲を発散されなければならないものと語っていた。ただ、性欲を本能と認識してもなお、性欲の暴発としての性暴力が「仕方ない」と考えられたり、免罪されたりすることはけっしてなかった。

このような加害者は、非人間化されることによっても他者化された。「野獣」[116]や「猛獣」[117]、「獣」[118]といった、欲望を制御できないことを示唆する獣になぞらえて語られた。また、「人間として失格だ」[119]のように、人間としてあるまじき行為を行った者としても語られた。

一方、被害者は泥酔させられ、意識がなかったことを強調されて語られた。「記憶がもうろうとするほどの泥酔状態だった」[120]のような意識がなかったことに言及する語りがみられた。意識を失ったことにより、「泥酔したA子さんとB子さん〔被害者〕には、抵抗する術などなかった」[121]のように抵抗が不可能であったこと、さらに「一人では立ち上がることができず、意識もほとんどなく、合意《ママ》などできる状態ではなかった」[122]のように性行為への同意が存在しなかったことが語られた。

また、被害者に「落ち度」や積極性がなかったことも語られた。「性犯罪の場合、『被害者にも落ち度がある』とみられがちだが、他の犯罪と同様、加害者に非があることを社会全体が認識すべき」[123]と、被害者の「落ち度」を否定する語りがみられた。同様に、「だいたい、猛獣の家に自ら行っちゃう女のコ多すぎ」、「そんな股をパッカパカ開く女は別にして、なにも知らないでヤラれちゃう今回の被害者のような女のコたちがかわいそうでならない!」[124]という語りも、「無垢」であると認識された京大事件の被害者の「落ち度」や積極性を否定していた。ただし、性的に旺盛な男性のもとへと自ら赴く女性と、事情を知らない女性とを二分し、前者への非難を示唆している。ここには、非難につながる言動の有無にもとづいて女性を二分する態度が存在することが読み取れる。

また、被害者の一人と加害者の一人が知りあい、とくに恋愛関係にあったことも語られた。恋愛関係について、たんに「被害に遭った女子大生の一人は、アメフト部のマネジャーをしていた時期があり、［加害者］と交際していたこともあった」[125]と関係性を述べるだけの語りの他に、「自分の恋人までをも嬲りものにしていた『巨体三人組』」[126]のように性暴力の悪質さを強調する要素としても語られた。

タイプⅣの語りでは、加害者は有名大学の学生や体育会系部員であることに由来するゆがんだ意識や性欲を抑えられなかったことをもって他者化され（O＋）、被害者は酒を無理やり飲まされたことや、それにともなう意識の喪失によって抵抗も同意の意思表明もできなかったと語られ、非難されなかった（B－）。

「許されない行為を行った加害者―自ら被害を招いた被害者」の枠組み：タイプⅠ（O＋、B＋）

タイプⅠに属する語りでは、タイプⅣと同様に、加害者は「女性を泥酔させて、犯す」という「卑劣で許されざる行為」[127]を行った者として他者化される。卑劣さを際立たせるために、「〝焼酎ルーレット〟で女子大生二人を泥酔させ集団で暴行した」[128]や、「すっかり泥酔して前後不覚に陥った女子大生に、身長一八〇センチ、体重一〇〇キログラム、アメフトで鍛え上げた屈強な男三人が襲いかかった」[129]のように、強引に飲酒させるという悪質さや、アメフトで鍛えた加害者の身体と被害者との体格差が強調されていた。

一方、被害者は、「落ち度」や積極性を読み込まれることで非難されていた。二審の大阪高裁は「女性の側から性交を求める発言や性的接触があった」こと、「被告の欲求をことのほか刺激し、犯行を誘発する一因になった[130]」ことを認定し、一審よりも一年短い判決を言い渡したと語られた。この語りを、記事本文は「酔った上とはいえ〝抱いて〟と言ったり股間に触れたりしたのなら、男性側が〝合意《（ママ）》を得た〟と誤解しうる状況だった可能性がある[131]」と評価していた。これらの語りのなかでは、被害者が自ら性行為を望んでいたと解釈されたため、性暴力被害にあっても仕方がないと考えられて非難されていた。

　加えて、性暴力がはじまる以前の、被害者が加害者のもとへと向かったことにも、被害者の「落ち度」や積極性が読み込まれていた。

　京大生といえば、京都だけでなく関西では、一目も二目もおかれる存在。とくにアメフトの選手は人気が高く、女子大生の間では「恋人になりたい」とか、「セックス相手になりたい」といった〝セックス親衛隊（グルーピー）〟まがいの女の子もいる。今回の被害者がグルーピーかどうかは分からないが、一対一ではないとはいえ、男の部屋に出向いて鍋パーティーに参加するなんて、成り行きではセックスの相手をしてもいいと思っていたのではないか、と勘ぐられても仕方ない[132]

ここでは、評価や人気が高い京大生かつアメフト部員である加害者の「恋人」や「セックス相手」になりたいという下心をもった被害者が、性行為が行われる可能性があるにもかかわらず自ら加害者のもとに赴いたことにたいして、性行為への積極性や男性の自宅に行ったという「落ち度」を読み込まれることで非難されていた。(133)

タイプⅠの語りでは、加害者は性暴力という許されざる行為を行った者として他者化されていたが(O＋)、被害者は自ら性行為を求めていると解釈されたり、自分の意思で加害者の自宅に向かったと解釈されたりすることで、「落ち度」や積極性を読み込まれて非難されていた(B＋)。

京大事件における「わたしたち」

京大事件をめぐる語りのなかで「わたしたち」に言及する語りはほとんどみられなかったが、「わたしたち」を語るすべての語りがタイプⅣに属し、加害者について言及していた。「被害者の心を慮る人間味が、まったく感じられず、ゾッとしますね(134)」と、加害者の理解不能な態度に恐れをなす存在として「わたしたち」が提示された。さらに、「こんな三人〔加害者〕には性的欲求がなくなるまで社会に出てきてほしくはないのだが……(ママ)(135)」という語りは、「わたしたち」が営む社会とは無関係な存在と加害者を位置づけつつ、性暴力加害者を社会から隔離することを求める者として「わたしたち」を提示していた。これらはジェンダーを問わない「わたしたち」の語りである。

男性の「わたしたち」について述べた語りも見られた。性暴力を起こした加害者を「男として最低だな、ホントに」と断じ、「ベロベロに酔わせて強姦した……ところで、そんなもん、空しいだけだろ」と性暴力を批判しつつ、「もしも彼らが、それを〝一生の恥〟と感じて悔いることができるよう

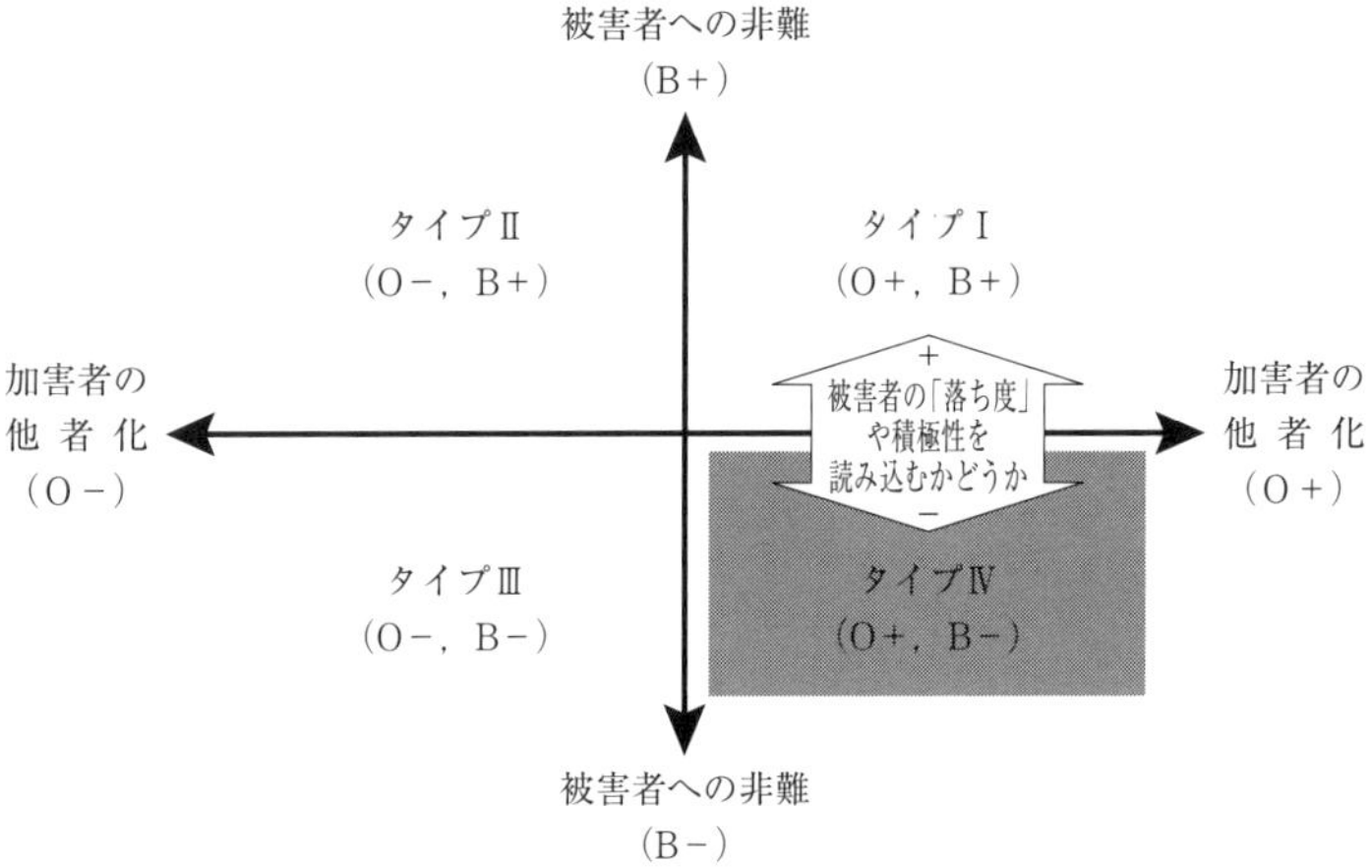

図 2-3　京大事件にみられるタイプ間のゆらぎ

なら、彼らも男として少しは成長できると思うけどな[136]」と述べ、「正常な男性」は性暴力を起こさない者として語られた。その「正常な男性」とは、「男にとって女ってものは、口説き落とすときが一番面白いんだよ。セックスなんてものはあくまで最終目標であって、そこにいくまでの過程こそが何よりも大事なんだ」と考える存在であり、「自分がホレた女を口説いて、自分にホレさせてこそ[137]」、一人前になれる存在として語られた。つまり、男性の「わたしたち」は、性行為を最終的な目標としながら女性との交際を積極的に望むが、けっして性暴力を行わない者として語られていたといえる。

一方、女性の「わたしたち」に言及する語りは確認されなかった。

まとめ

京大事件をめぐる語りにおいて、ほとんどの語りがタイプⅣに属していた。つまり、ゆがんだエリート意識をもつ「異常な加害者」を他者化し（O＋）、加害者に酒を飲まされて意識を失い、抵抗も同意の意思表示もできなかった被害者を非難しない（B－）語りが大半を占めていた。タイプⅣでは、被害者は加害者のなすがままにされたと語られていた。タイプⅣ以外の語りもみられ、タイプ間のゆらぎが確認された。タイプⅠでは、加害者は「異常さ」を強調されて他者化される（O＋）一方、被害者は「落ち度」や積極性を読み込まれることで非難されていた（B＋）。被害者が自ら性行為を求めた、また性行為を行う可能性があるにもかかわらず加害者のもとに向かったと解釈されることで、被害者は「落ち度」や積極性を読み込まれた。このように比較すると、「真の被害者」は、加害者を誘ったり性行為を望んだりせず、性行為が行われる可能性をまったく知らない無垢な者として語られたといえる。

また、「わたしたち」に言及する語りにおいて、ジェンダーを問わない「わたしたち」は理解不能な加害者の隔離を求める者として語られた。男性の「わたしたち」は、女性との恋愛や「正常な性行為」を望むが、けっして性暴力を行わない者として語られた一方、女性の「わたしたち」にかんする語りはみられなかった。

4　東大事件・慶大事件・千葉大事件

二〇一六年には三件の大学生による集団性暴力が相次いで報道された。これらの事件は、たがいに関連づけられながら報じられていたため、本節では三つの事件をめぐる報道をまとめて分析する。[138] これらの事件を総称するさいは、二〇一六年事件群と呼称し、以下に、各事件の概要を述べる。

東京大学集団強制わいせつ事件（以下、東大事件と略称）は、二〇一六年五月一〇日、東京大学のサークル「誕生日研究会」の男子学生五名が、加害者のひとりの家で、女子学生に性暴力を行った事件である。膣へのペニスの挿入行為が存在しなかったとされたため、強制わいせつ罪とされた。逮捕された五名のうち、二名が強制わいせつ罪で、一名が強制わいせつ罪と暴行罪で起訴され（二名は不起訴処分）、三名全員に有罪判決が言い渡された。その後、東京大学が加害者らを退学・停学処分としたと報道された（二〇一六年一二月一三日付）。

慶應義塾大学集団強姦事件（以下、慶大事件と略称）は、二〇一六年九月二日、慶應義塾大学のサークル「広告学研究会」の男子学生六名が、神奈川県三浦郡の葉山にあるサークルの合宿場で、女子学生に性暴力を行った事件である。六名の加害者は逮捕されたが、二〇一七年一一月二六日、横浜地検は理由を明らかにせず、全員を不起訴処分とした。

千葉大学医学部集団強姦事件（以下、千葉大事件と略称）は、二〇一六年九月二一日、千葉大学医学部の男子学生三名と研修医二名が、居酒屋のトイレで女子学生に性暴力を行い、続いて加害者の自宅でも性暴力を行った事件である。学生三名と研修医一名が起訴され（研修医一名は不起訴）、四名全員に有罪判決が言い渡された。その後、千葉大学が加害者のうち一名を放学処分としたと報道された（二〇一七年六月一九日付）。なお、学生二名が控訴したが、その後の経過は報道されていない。

「ゆがんだ意識のエリート学生―酔わされた被害者」の枠組み：タイプⅣ（O＋、B－）

二〇一六年事件群をめぐる語りの大半がタイプⅣに属し、新聞の語りはすべてこれに含まれる。「五人がかりで取り残された女子大生に対して、わいせつな行為を繰り返したんです」[139]、「一人の女性が複数の男から陵辱されていた」[140]といった形で、該当する事件（東大事件・慶大事件）では、加害者が複数であった一方で、被害者が一人であったという枠組みが用いられた。

加害者は、複数であることに加えて、大学受験のさいの偏差値が高いことや出身家の社会的地位が高いことから生じるエリートゆえの驕りが強調されて語られた。「大学に入って他大学の女性と会うことが多くなった。彼女らは『自分より頭が悪い』[141]と考えるようになり、相手の気持ちが考えられなくなった」[142]、「女性の人格を無視するような態度が顕著」[143]など、加害者は「それ〔大学のブランド〕に惹かれて寄ってくる女性なら〝何をやってもかまわない〟という意識」[144]をもち、それゆえに女性を人格をもった人間ではなく性の対象として扱ったと解釈された。この解釈は、「ブランド化された有名大学の自分なら〝相手も性的接触を望んでいる〟というようなエリート意識があるゆえの認知の歪みが背景にあったのではないかと思います」という「性依存症の治療に詳しい」有識者のコメント[145]によってさらに信憑性を増していた。同時に、「認知の歪み」という性依存症の語彙で説明されることにより、加害者は病理化された。

さらに、加害者は女性との恋愛・性的経験に乏しいことが語られた。「中学、高校時代は……クラスの隅のほうで、いつも特定の数人で固まっているような、地味でヘタレな感じ」[146]、「レイプで童貞喪失していた！」[147]のように、女性との交際や性的接触に消極的であること、事件を起こすまで性的経験がなかったことが語られた。さらに「〝恋愛に関しては自信がない〟という本音を時折もらして」おり、自信の欠如からか、「デートレイプ（友人など親しい関係間での性暴力）に繋がりかねない」という「『恋愛工学』にハマっていた」[148]という語りは、直接的ではないものの、加害者の恋愛への自信のなさを性暴力と結びつけていたといえる。以下の語りも同様に、女性との交際への消極的な態度を事件の原因のひとつと位置づけていた。

男女関係でもおつきあいしてくのが面倒くさいとか、もし断られたらどうしようって思うから告白しない。そういう草食男子が何人も集まると、女子を襲ってしまったりするのかなって気もします。だってほんまに自信あったら、つきあえばいいんやから。そういうことができないと思うと、全体的に男子学生は弱ってますよね。生殖能力も含めて、全部[149]

また、性暴力の動機は性欲であるとみなす語りと、それを否定する語りとがみられた。従来と同様に、「女性の混乱や酩酊に乗じて、欲望の捌け口とするのだ」[150]、「性欲が止められなくなった」[151]という加害者の供述を無批判に受け入れる語りのように、性欲を動機と認識する語りがみられた。一方、東大事件について「性的な充足を目的としたものではなく、ただ辱めるだけのものだ」[152]という高橋ユキによる解釈も語られた。これは、奈良事件でみられたような、自らの抑圧感を解消するために自分より弱い少女を相手に性暴力におよんだという解釈よりも一歩ふみこんで、原因としての性欲を明確に否定している。ここに、本書が分析した奈良事件に関する二〇〇四年〜二〇一三年の記事と二〇一六年の記事との差異を見出すことができる。男性による性暴力の原因を性欲とみなす解釈を否定し、被害者に屈辱を与えたり被害者を支配したりすることを目的として性暴力が行われると解釈する議論は、すでにフェミニズム／ジェンダー研究には蓄積されていたが、ここまでみてきたように、マス・メディアにおける性暴力をめぐる語りには登場しなかった。

また、三つの事件はすべてアルコールと関係していたが、被害者は非難されず、加害者によって強制的に酒を飲まされたと語られた。「罰ゲームとして大量の酒を飲まされた(153)」、「アルコール度数が非常に高い酒『テキーラ』を強制飲酒させられた(154)」、「〔加害者〕がAさん〔被害者〕に白ワインの一気飲みを強要し始めた(155)」のように、加害者が酒を飲ませ、被害者が飲まされると語られることで、被害者が飲酒を望んでいないことが強調された。

さらに、酒席から性暴力現場（居酒屋の人目につかない箇所、加害者の自宅）へと移動するさいにも、「かなり酔っていた彼女〔被害者〕は当然、帰ろうとした。だが〔加害者〕が『お前、どこに行くんだよ』と引き止めてきた(156)」、「男子学生三人は、居酒屋のトイレに女性を連れ込んでわいせつな行為に及んだうえ、泥酔した女性を自宅に連れ込み、強引に行為に及んだ(157)」との表現が示すように、あくまで被害者は加害者によって連れて行かれたのであり、被害者に現場へ赴く意思がなかったことが語られた。

当然、性行為にかんしても、被害者がそれを望んでいないことが語られた。「女子大生は無理やり洋服や下着を剝ぎ取られ[158]」、「〔加害者が〕無理やり性行為に及ぶ[159]」、「彼ら〔加害者〕は、混乱して抵抗しようとする私〔被害者〕に対して無理やり性行為をするだけではなく、口に性器を突っ込んできたり……《ママ》[160]」、「女性の体を無理やり触るなどした[161]」のように「無理やり」であったこと、すなわち性行為が被害者の意思に反していたことが強調された。これに類する語りとして被害者の抵抗が語られた。抵抗が可能であったと解釈された場合には「A子さん〔被害者〕は抵抗するも、……全裸にされてしまった[162]」、「抵抗しましたが、力ずくで……《ママ》一人に手を押さえつけられて、二人に暴行されました[163]」のように毅然と抵抗したことが、抵抗が不可能であったと解釈された場合には「酒に酔って抵抗できない女性[164]」のように抵抗できなかったことが語られた。「酩酊したAさん〔被害者〕が無抵抗だからといって〝合意《ママ》〟の証拠にはならない[165]」という語りは、アルコールの影響によって被害者が抵抗不可能であることが被害者の同意を否定する機能をもつことを示しているといえる。

加えて、被害者が受けた傷の大きさも語られた。「彼女に与えた恐怖と屈辱は計り知れず、情状酌量の余地はない[166]」、「〔性暴力時に〕撮られた動画や写真は学生の間で拡散され、京子さん〔被害者の仮名〕はさらなる苦しみを負ったのだった[167]」、「裁判ではAさん〔被害者〕の『私を強姦した三人の男を許すことはできません』という悲痛なコメントも紹介されました[168]」のように、被害者が受けた被害を強調する語りがみられた。

傷の大きさの強調に関連して、東大事件では「局部にドライヤーで熱風を浴びせかけた[169]」のように性器への被害は存在すると認識されたが、膣へのペニスの挿入が存在しないとされたため、強姦罪ではなく強制わいせつ罪での逮捕・起訴となった。このことについて、

女子大生は服を脱がされて体を触られたものの、辛くも現場から逃げ出し、強姦被害を免れた。そう読めるのだが、だからといって〔膣へのペニスの挿入が存在した〕「早大スーフリ事件」より悪質性が低いというわけでは決してない。

逮捕された東大生ら五人のうち、主犯格の男が被害女性に対して行ったのは、〝裸にして体を触る〟といった程度の生易しいものではない。実は、彼は被害女性に殴る蹴るの暴行を加えた上、カップラーメンの汁を彼女の頭にかけたり、とやりたい放題だったのです(170)

と述べる語りがみられた。ここで語られているのは、「裸にして体を触る」という行為を「生易しい」と認識し、東大事件の被害者の傷の大きさを強調するためにはそれだけでは不十分という態度である。また、被害者と加害者とのあいだに面識があったことも語られた。「A子さん〔被害者〕は、顔見知りの広研の男子学生数人から海の家の後片付けを依頼され(171)」、「なぜ彼ら〔加害者〕は知人だったはずの女子学生を集団でレイプしたのだろうか(172)」のように、知りあいであったことに加え、「[加害者]は今回の被害女性と性的関係があった(173)」と性行為を行ったことのある関係であったことも語られた。

タイプⅣの語りでは、大勢の加害者による一人の被害者への性暴力という枠組みが強調されるなか、

加害者は有名大学の学生ゆえの過大なエリート意識によるゆがんだ女性観や、女性との恋愛・性的経験に乏しいことを強調されて他者化された一方（O＋）、被害者は性行為までの流れにおいても性行為中においても性行為を望んでいなかったと語られるとともに、受けた傷の大きさを強調され、非難されなかった（B－）。

「ゆがんだ意識のエリート学生―自らついていった被害者」の枠組み：タイプⅠ（O＋、B＋）

タイプⅠに属する語りでは、タイプⅣと同様に、加害者は「酔いつぶれた女性を押さえつけ(174)」のように、被害者に酒を飲ませて意識を失わせるという悪質さや、「女性をおもちゃにするのが目的だった(175)」、「女性を学歴で差別していた(176)」という意識、有識者による「性犯罪加害者は想像力や社会性、コミュニケーション能力に障害がある者が多く、女性観に歪みができやすい。さらに挫折経験の少ないエリートには『何をしても許される』『将来を約束されている』という特権意識も加わり、他者の心情を把握しにくくなる(177)」といったコメントによって他者化された。以下の記述にあらわれるように、「恋人」がいないことと性暴力とを結びつけ、女性との交際や性的経験に消極的な加害者を含む若者が他者化されていた。

最近、学生を対象にした調査で「恋人がいる」と答えたのは、わずか三〇パーセントだった。街には若いカップルが溢れているように思われているが、実態は違うのだ。……

スマートフォンやゲームの跳梁が、若者に他人との交際を阻み、一人で趣味に没頭する傾向を強めた。そんな環境で育ってきた彼らが、大学受験という強いストレスから解放されたとき、どんな行動に出るのか。

「恋人がいない」約七〇パーセントの彼らは好きな女性と恋をし、その延長で性を愉しみ、結婚に至るというプロセスを知らない。いや知ろう、実行しよう、とも思っていないのだ(178)。

一方、被害者は、自ら加害者のもとへ向かったと解釈されることで非難されていた。

被害女性はなぜ二次会について
いったのか。実は裁判のなかで、被害女性は加害男性の一人と交際していたが、性的な関係を二回持ったあとは、飲み会はしても二人で会うことはなかったことがわかっている。事件当日の一次会でも「こいつはオレのセフレだから何をしてもいいよ」と、他のメンバーに紹介されていた。

だが、それでも彼女〔被害者〕は飲み会について
きた。そこには「無名大学の学生でも東大生と交際できる」という期待感があったという見方もでき、そんな心情を東大生は利用していた。

……

女子学生も自分で身を守る必要がある。下心を見せて安易に合コンやパーティに参加し、エリート意識に取りつかれた男子学生に食い物にされてからでは遅いのだ(179)。

タイプⅣの語りが、被害者は加害者に連れて行かれたと解釈していたのにたいして、先に引用した語りは、「二次会についていった」と表現することで、被害者が自らの意思で性暴力の現場となった加害者の自宅についていき、それゆえに被害にあったと解釈している。同様に、「東大生と交際できると近寄った女子学生も無防備すぎるが、彼ら〔加害者〕は最初から彼女ら〔被害者〕を弄ぶつもりだったのだ」(180)という語りも同様に、現場へ赴いた被害者を非難している。

ここで重要なのは、被害者の行動の源泉が、偏差値で劣る被害者が、自分より賢くステータスがあり、交際したときに自らの価値を高めてくれるエリート男子学生との出会いを望むという「下心」に求められている点である。さらに、そのように「下心」にもとづいて加害者＝エリート学生の自宅に赴いた被害者は「落ち度」や積極性を読み込まれ、そうならないためには自衛が必要と考えられている。

タイプⅠの語りでは、加害者は過大なエリート意識やそこから生じる女性へのゆがんだ意識、そして女性との恋愛・性的経験の乏しさによって他者化されていたが（O＋）、被害者は自らの意思で加害者の自宅に向かったと解釈されることで「落ち度」や積極性を読み込まれて非難されていた（B＋）。

「社会が生み出した加害者―酔わされた被害者」の枠組み：タイプⅢ（Ｏ一、Ｂ二）

わずかではあるが、以前はみられなかったタイプⅢ、すなわち、加害者を他者化せず（Ｏ二）、かつ被害者を非難しない（Ｂ二）語りが新聞記事において二件のみ確認された。

一件目は、東京大学でメディア研究に従事する林香里が執筆した記事である[181]。この記事は、加害者について、事件に共通する原因を「若い男子学生が抱く歪んだ女性観と浅はかな行動」に求めつつ、「こうした問題を特殊なものと放置すべきではない」と認識して「事件は特殊な個別事例として忘れ去られてしまう」ことを危惧する。続けて「大学側に問題に取り組む強い姿勢が見えないのが非常に気になる。その一因は大学組織が、極めて男性優位の社会だからだろう」と大学全体の男性支配的な構造に切り込み、さらにアメリカの動向が「各大学の対策や取り組みを社会に可視化する動きにつながった」と評価するように、加害者個人（だけ）ではなく、大学の構造やより広く男性優位の社会へと問題をひらいて解釈している。

一方、被害者については、ドイツ・アメリカの取り組みを紹介し、これらを「性暴力を被害者側に寄り添って考えている」点で評価している。

二件目は、性暴力にかんするさまざまな活動を紹介する記事である[182]。性教育に詳しい岩室紳也による「社会全体の問題として考える必要がある」、「自分と他者の思いの違いに向き合えるようになる性教育が必要です」というコメントや、性暴力根絶をめざす組織「しあわせなみだ」の中野宏美による「その〔「被害に遭わないためには、どうしたらいいのだろうか」という」問い自体を『社会全体が加害をしないためにどうしたらいいか』に変える必要がある」との発言を紹介していた。さらに、「性暴力神話」のひとつとしてあげられる「加害者は異常な人が多い?」との考えには「レイプは多くの場合、身近な知り合い《(ママ)》が加害者」と応答し、「レイプは、まれな事件?」との考えには「無理やり性交された経験がある女性は一五人に一人」と応答していた。

一方、被害者についてでは、二〇一六年事件群の被害者を直接的に扱うわけではないが、「家について来るって、そういうことでしょ」と言われ、「性行為は嫌だったが断りきれず、『断れない私が悪いんだ』と自責の念で苦しんできた」という被害女性の声を紹介する。この経験を「同意」が存在しなかった性暴力であると提示し、被害者を非難するのではなく、同意が尊重される社会をめざす活動を紹介している。

これら二件の記事は、性暴力の問題を、「異常な加害者」個人の問題ではなく、社会全体で取り組むべき問題であることを強調する語りであるといえ、その意味で、加害者を他者化せず（Oニ）、被害者を非難しない（Bニ）語りである。少数であるとはいえ、このような視点の記事が登場したことは、本研究がここまで対象としてきた二〇〇六年までの事件（言説資料としては二〇一三年まで）との差異であるといえる。

東大事件・慶大事件・千葉大事件における「わたしたち」

二〇一六年事件群をめぐる語りにおいて、「わたしたち」に言及する語りは多くみられなかった。

タイプⅣの語りでは、「こんなことは、あっちゃならない。許されない行為、強く憤りを感じている」[183]という千葉県知事のコメントがみられたほか、「医師を目指す学生が女性の尊厳を踏みにじったことに衝撃を受けた」という千葉大学の男子学生の声が紹介された[184]。これらは男性の発言ではあるが、男性／女性というジェンダーに依拠した発言ではないため、ジェンダーを問わない「わたしたち」にかんする語りであると位置づけられる。

女性の「わたしたち」について、「これでは今後、女子高生の保護者たちから、慶応《ママ》には娘を預けられないと思われても仕方がないと思います」[185]との発言がみられた。ここから、女性（の学生）は潜在的に性暴力の被害者になりうるとの前提が存在することが読み取れる。男性にかんして同様の語り――「性暴力の加害者になる可能性があるので、慶応には息子を預けられない」――がみられなかったことからも、男性の「わたしたち」が性暴力加害者になりうることはまったく想定されていないといえる。

続いて、タイプⅠにおいては、先述した「恋人がいない」学生を問題視する記事[186]が、「親やマスコミを含む大人たちが、若者に、ＳＮＳ……などに頼らない異性とのつき合い方を教えなければならない」と述べ、若者とは異なり、「異性とのつき合い方」において長じる男性で大人の「わたしたち」を提示した。この「異性とのつき合い方」には、男性による性暴力をともなわない「普通」の性的接触の仕方が含まれていると想定できる。というのも、同記事は「約二〇～三〇年前は恋愛を謳歌する若者を主人公にしたテレビドラマが圧倒的に多かった」のにたいして「ここ一〇年来、ストーカーや異常性愛を描くものが増えた。恋愛の持つ魅力を否定するような事件報道やドラマが続出している」ことを問題視し、あわせて、「『恋人がいない』約七〇パーセントの彼らは好きな女性と恋をし、その延長で性を愉しみ、結婚に至るというプロセスを知らない」ことを問題視しているからである。そこでは、すべての男性にとって「異性」、すなわち女性との恋愛は望ましいものであると想定されている。つまり、男性で大人の「わたしたち」は、女性との「ストーカーや異常性愛」ではない「普通」の性的接触を望む者として語られているといえる。

また、女性の「わたしたち」について「東大女子三年生」による以下の発言がみられた。

逮捕された人たちは許せないし、被害女性を非難するわけではないのですが、やっぱり私たち女子学生は、隙を与えない、甘く見られないということが大切なんだと思いました。

ちょっと話がずれるかもしれませんが、女性の社会的地位は高まっていて、輝ける社会作りが進められようとしていますが、なかなか思うようにはいっていません。

男性の意識改革が叫ばれていますが、一方で女性自身が女性の社会的地位向上を邪魔しているということもあると思うんです。

東大という肩書欲しさに東大男子を求めてサークルに入ってくる女性や、養ってもらおうと安定を求める女性。こういう女性がいる以上はやっぱり男性は女性をなめてかかるんじゃないでしょうか(187)

この語りを単純に女性の「わたしたち」一般に言及した語りであると評価することはできない。この発言が東大に通う女子学生による東大事件にたいする発言であり、事情が複雑になるからである。ここで東大女子は、「東大という肩書欲しさに東大男子を求めてサークルに入ってくる女性や、養ってもらおうと安定を求める女性」と、「私たち女子学生」――東大に合格する／通い続ける資源をもつ自分を含む――とのあいだに境界線を引き、前者が後者の「社会的地位向上を邪魔し」、また男性が「女性をなめてかかる」原因であると位置づけている。その状況を改善するために、「隙を与えない、甘く見られない」ことを提唱し、「隙を与え、甘く見られ」た東大事件の被害者を非難している。[188] この東大女子は、女性を「自分を適切に防衛し、非難の対象とならない者」と「自分を危険にさらし、非難の対象となるべき者」とに分け、自らを前者に位置づけつつ、後者とは異なる者として自己提示しているといえる。

女性の「わたしたち」についてこの発言から考察できることは、女性被害者を非難の有無にもとづいて二分する語りが、女性自身の発言によって再生産されていることである。ここには、女性が被害者を非難するという、帝京事件やスーフリ事件をめぐるタイプⅠの語りにおいて確認された語りと同様の構図が存在している。

なお、タイプⅢにおける「わたしたち」は明確には語られないものの、ジェンダーを問わずに性暴力を許さない者として想定されていると考えられる。

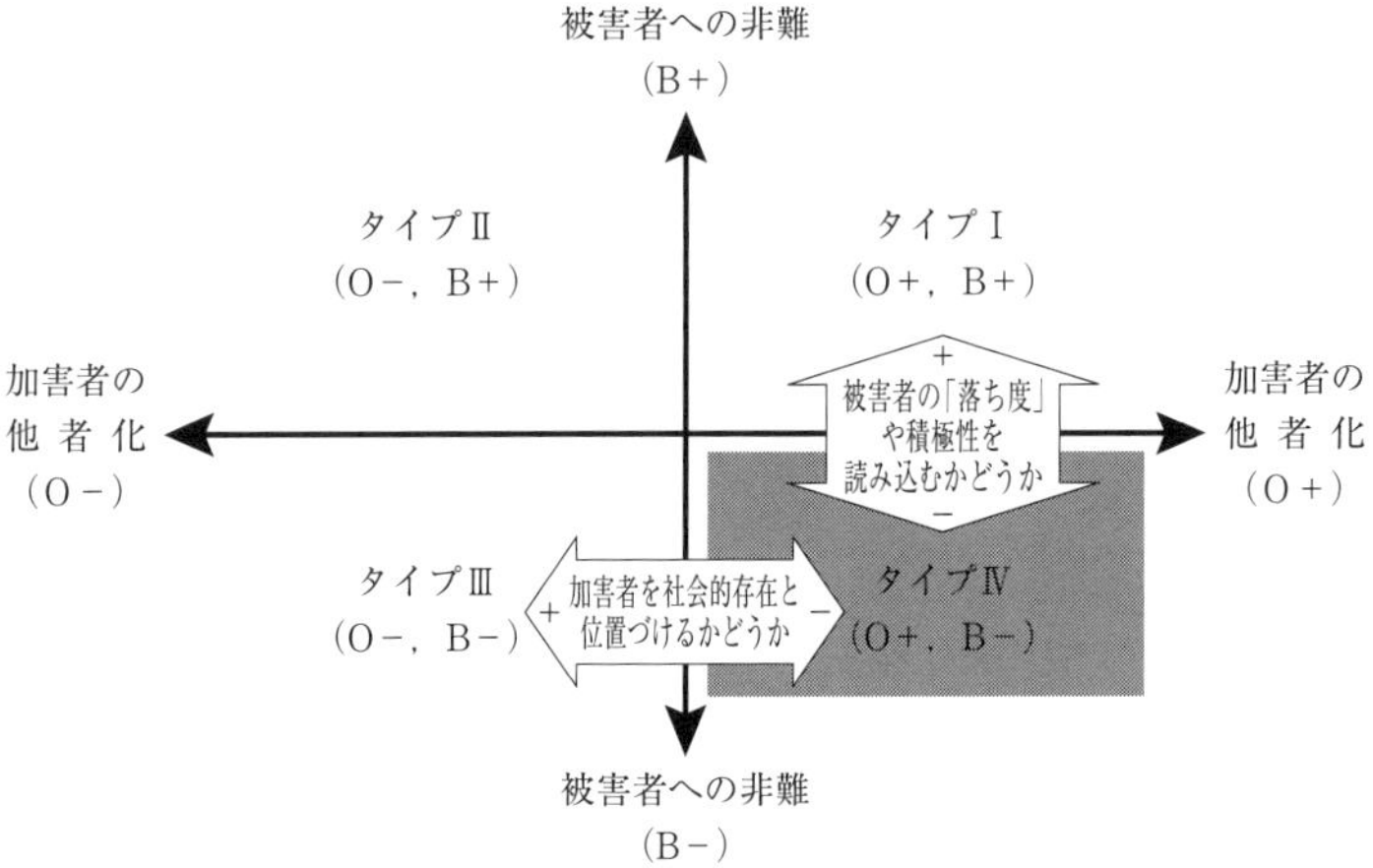

図 2-4　2016 年事件群にみられるタイプ間のゆらぎ

まとめ

二〇一六年事件群をめぐる語りにおいて、ほとんどの語りがタイプⅣに属していた。すなわち、有名大学の学生ゆえのゆがんだエリート意識をもち、恋愛・性的経験に乏しい「異常な加害者」を他者化し（O＋）、加害者に酒を飲まされて現場に連れて行かれ、無理やり性行為をさせられた被害者を非難しない（B－）語りが大半を占めていた。そこでは、被害者は加害者によって無理やり酒を飲まされ、現場に連れて行かれたと解釈されていた。

タイプⅣ以外の語りもみられ、タイプ間のゆらぎが確認された。タイプⅠでは、加害者の「異常さ」を強調して他者化する（O＋）一方、被害者は「落ち度」や積極性を読み込まれることで非難されていた（B＋）。被害者が性暴力の現場に移動したことが、タイプⅣでは連れて行かれたと表現されたのにたいして、タイプⅠではついていったと語られることで「落ち度」や積極性を読み込まれた。このように比較すると、「真の被害者」は、加害者のもとへ自ら向かうことをせず、そのように性行為を望んでいると考えられるような「落ち度」や積極性を読み込まれないとともに、加害者に性行為を強制された者として語られたといえる。

また、二〇一六年事件群でもっとも特徴的であるのは、少数であるとはいえ、これまでみられなかったタイプⅢの語りが確認されたことである。性暴力を広く男性優位の社会によって生じる問題と位置づけることで加害者を他者化せず（Ｏ二）、加害者の家に自ら赴いたなどの従来であれば「落ち度」や積極性ととらえられる行動が被害者にみられたとしても、被害者をけっして非難しない（Ｂ一）語りである。ただ、本研究が対象とした記事全三、七八〇件（新聞：三、三二六件、雑誌：四五四件）のなかでたった二件（全体の〇・〇五三％）というごく少数にとどまっていたことを附記しておく。

さらに、「わたしたち」にかんする語りにおいて、ジェンダーを問わない「わたしたち」は、事件にたいする怒りを表明し、事件を許さない者として語られた。女性の「わたしたち」は、タイプⅣでは性暴力の被害者になりうる者として、またタイプⅠでは被害者とは異なり、非難の対象とならない者として提示されていた。一方、男性の「わたしたち」は、女性との恋愛や「正常な性行為」を望むが、けっして性暴力を行わない者として語られていた。

5　被害者非難はどのように生まれるのか

第二章では、複数の加害者による大学生・成人女性への性暴力事件をめぐる報道を分析してきた。そこでは、タイプⅠからⅣまでのすべてのタイプの語りが確認された。本節では、第一章での語りとの比較をとおして、複数の加害者による大学生・成人女性への事件をめぐる語りについて考察する。まずは、それぞれのタイプでみられた被害者・加害者の語られ方をまとめる。

各タイプのまとめ

語りの大半を占めていたタイプⅣの語りでは、加害者は体育会系部員であることや有名大学の学生であることに由来するゆがんだ意識、さらに女性との恋愛・性的経験の乏しさを原因として性暴力を行った「異常な者」として他者化されていた（O＋）。一方、被害者は、加害者に無理やり連れて行かれたり酒を飲まされたりし、抵抗が不可能であればそのままの状態で、抵抗が可能であれば必死の抵抗の末に性暴力被害にあった者として語られ、非難されなかった（B－）。つまり、タイプⅣにおける被害者は、「落ち度」や積極性を読み込まれることなく、「異常な加害者」によって襲われてなすがままにされる存在として語られていた。

次に多いタイプⅠの語りでは、加害者はタイプⅣと同様にゆがんだ意識や恋愛・性的経験の欠如も

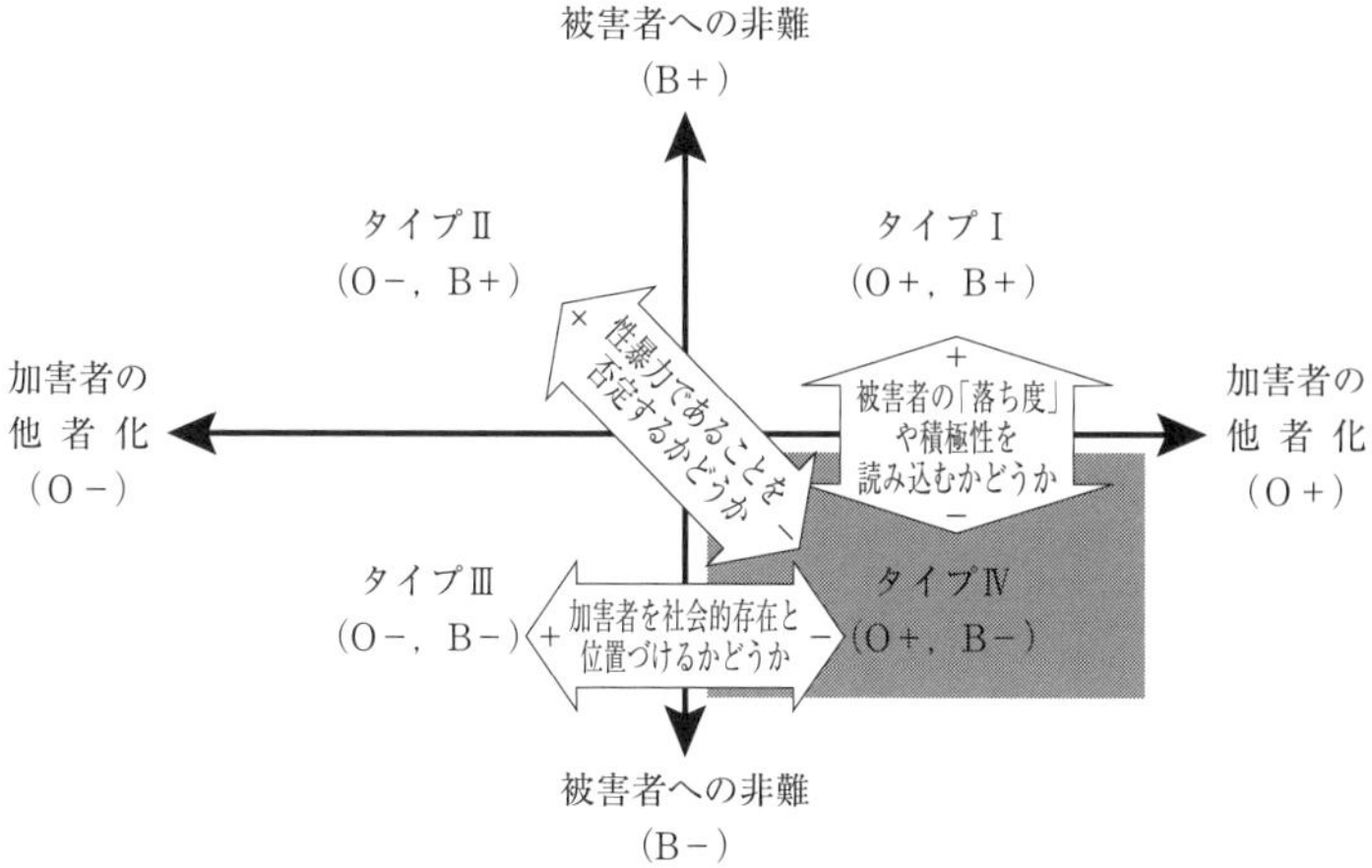

図 2-5　第２章でみられたタイプ間のゆらぎ

しくは乏しさを原因として性暴力を行った「異常な者」として他者化されていた（O＋）。それにたいし、被害者は自分から「異常な加害者」のもとに向かった、進んで酒を飲んだ、加害者を誘ったと解釈されることで、「落ち度」や積極性を読み込まれて非難された。また、被害者は性的に放埒な者であると語られることもあり、その場合には「真の被害者」としての資格を剝奪され、積極性を読み込まれて非難された（B＋）。

続くタイプⅡの語りでは、加害者は性暴力加害者として名指されることを忌避し、暴行や脅迫が介在しない同意のうえの「正常な性行為」を行った者として、一般性を強調して語られ、他者化されなかった（O−）。一方、被害者は、性的に放埒な者として語られるとともに、自ら性行為を誘って楽しんでいたにもかかわらず性暴力を「捏造」したとして非難された（B＋）。そこでは、加害者の視点から当該性行為が性暴力であることが否定され、被害者は男性を陥れる存在として語られた。

最後に、タイプⅢの語りでは、「異常な加害者」個人の問題として性暴力をとらえるのではなく、男性を優位に位置づけるジェンダー秩序を反映する問題として性暴力を位置づけることにより、加害者は他者化されずに語られた（Ｏ－）。一方、被害者は、従来であれば「落ち度」と認識される行為が存在したとしても、本人の同意が存在しない性行為をすべて性暴力と位置づけることで、「落ち度」や積極性の有無を問われずに非難されなかった（Ｂ－）。

これらを図にまとめると、図２－５のようになる。

被害者への非難と〈真の性暴力〉の語り

次に、本項では第二章で扱われた事件が〈真の性暴力〉と一致していると認識されていたかどうかを考察する。第一章で確認したように、マーサ・Ｒ・バートは性暴力が〈真の性暴力〉と認識されるための条件として、①見知らぬ加害者によって行われたこと、②夜間に行われたこと、③屋外で行われたこと、④暴行をともなっていたこと、⑤被害者の抵抗が存在したこと、の五つをあげている（Burt 1991:27）。順に確認していこう。

まず、①加害者と被害者との関係について、帝京事件・京大事件・二〇一六年事件群では、恋愛関係もしくは性的関係にある／あったことが語られていた。また、スーフリ事件では、被害者と加害者の関係性が直接的に語られることはなかったが、加害者たちが被害者に酒を飲ませる過程で会話をするなどのコミュニケーションがあったであろうことは推測できるから、加害者は被害者にとって「完全に見知らぬ者」ではないと考えられる。ここから、すべての事件が第一の条件を満たしていないといえる。

次に、②性暴力が夜間に行われたことについて、たしかにすべての事件が夜間という〈時間帯〉に行われてはいた。しかし、この条件を「被害者が時間の猶予もなく、突然、性暴力被害にあった」という〈状況〉として読み替えるならば、食事や飲酒のあいだに加害者と被害者は一定の時間をともに過ごしていたと考えられ、移動をともなう事件では現場に移動するあいだにも一緒に過ごしていたと考えられるから、被害者が突然、性暴力被害にあったとはいえない。ここから、すべての事件が第二の条件を満たさないといえる。

続いて、③性暴力が行われた場所について、カラオケボックス、居酒屋（トイレや階段）、加害者宅、合宿場という屋内が現場であると語られていたから、本章の事件は第三の条件を満たさないといえる。以上の三条件は、タイプⅢを除く[189]すべての語りのタイプに妥当する条件であった。そのため、三タイプすべてにおいて、第二章の事件が〈真の性暴力〉の五個の条件のうちの過半数を満たしていないと認識されていることが明らかとなった。それぞれの条件が〈真の性暴力〉であることを等しい程度で成立させているかどうかは不明であるが、大半の条件を満たしていない点から、第二章の事件は〈真の性暴力〉と認識されて語られていなかったといえる。

ここから、第一章には存在しなかったタイプⅠとⅡの語りが第二章に存在した理由を考えることができる。すなわち、第二章の事件は〈真の性暴力〉ではないと解釈されたことで、その語りが性暴力をめぐるマスター・ナラティヴとして語られず、語りの規定力によって被害者を非難する語り（タイプⅠとⅡ）が消去されることなく存在していたといえる。以下では、タイプⅠとⅡの存在を念頭に置きながら、残りの二つの条件を検討する。

④暴行について、タイプⅣとタイプⅠではアルコールの影響を受けて被害者の意識が朦朧としていたことや、加害者による暴力行為が語られていた。この条件における暴行を「被害者に脅威を与える行為」と読み替えるならば、タイプⅣとⅠでは、すべての事件が第四の条件を満たすといえる。一方、タイプⅡでは多少のアルコールの影響があったことが語られたが、それが被害者に危害を与える程度であったことが語られることはなかった。さらに、暴行や脅迫の存在が否定されることによって当該性行為が性暴力であることが否定され、被害者は性暴力を「捏造」したと非難されていた。このことから、タイプⅡにおいて、事件は第四の条件を満たさないといえる。

最後に、⑤抵抗について、被害者の同意の不存在を抵抗の存在と読み替えれば、タイプⅣおよびタイプⅠでは、被害者が当該性行為に同意していたことは語られなかったから、被害者が抵抗不可能な状態にあったとしても、事件は第五の条件を満たすといえる。タイプⅠの一部（京大事件）では、被害者が性行為を望んでいたことが読み込まれることで加害者に同意を誤認させたと語られていたが、あくまで加害者側の誤認であると判断されており、被害者が同意していたと解釈されなかったため、当該性行為は性暴力であると認識されていた。そのため、ここで語られた事件も条件を満たさないといえる。一方、タイプⅡでは被害者が抵抗できる状態であったにもかかわらず抵抗しなかったとされることで、被害者が実際に同意していたと語られていた。ここから、タイプⅡでは、事件は第五の条件を満たさないといえる。

このように、第二章の事件は、五つの条件の大半を満たさないことから、〈真の性暴力〉と認識されることはなく、その語りが性暴力をめぐるマスター・ナラティヴとして語られることもなかったといえる。むしろ、タイプⅠやタイプⅡでは〈真の性暴力〉から外れた要素の存在によって、被害者が非難されていた。

一方、大半を占めていたタイプⅣの語りでは、被害者が性暴力を招いた原因と認識される行為が、加害者によって現場に連れて行かれた、酒を飲まされた、性行為を強制されたと解釈されることによって、被害者の「落ち度」は消去されていた。[190] これは、事件は〈真の性暴力〉に合致こそしないものの、それを補って被害者の「真の被害者」としての地位を担保するための戦略である考えられる。ただ、被害者の無垢さを強調するために、「そんな股をパッカパカ開く女は別にして、なにも知らないでヤラれちゃう今回の被害者のような女のコたちがかわいそうでならない！」[191] という語りや、「それにしても、それほど無防備に泥酔してしまう女子大生というのは一体何なのだろう」と「落ち度」を示唆しつつ、「が、ここにも周到に仕組まれた戦術があったのだ」[192] として被害者への非難を消去する語りのように、「他の非難されるべき被害者」を参照する語りも存在していた。

さらに、タイプⅣの語りにおいては、被害者の性行為にたいする積極的な姿勢も消去されていた。

タイプⅠやⅡでは、被害者が加害者についていって現場に向かった、酒を自ら飲んだ、自分から性行為を望んだという行為は、「落ち度」だけでなく、性行為にたいする積極性をも示すと解釈されていた。しかし、タイプⅣでは、これらの行為がすべて加害者の強制の結果であると解釈されることで、被害者の積極性は消去されていた。加えて、タイプⅣでは、「〝ヤリマン〟だ」[193]などの被害者を性的に放埓な者として語ることで非難するという、タイプⅠやⅡであらわれた語りはみられなかった。ここから、被害者を性行為に積極的な者であると語ることは、女性が性的に放埓であることを望ましくないとみなす規範の存在によって、被害者の「真の被害者」としての地位を毀損すると考えられているために、タイプⅣの語りにおいて語られなかった、もしくはそこから消去されたと考えることができる。

このように被害者への非難を消去することは、非難の有無によって被害者を二分する視線（四方 2014:193）を維持している点で問題含みであることは、第一章で指摘したとおりである。非難の消去という語りの戦略からすれば、タイプⅢの語りは画期的であるといえる。タイプⅢの語りは、従来であれば被害者の「落ち度」や性行為にたいする積極性と認識されかねない要素が存在していたとしても、それらを「落ち度」や積極性と認識して非難したり（タイプⅠ）、被害者非難の存在を前提としながら、それらを加害者の強制によるものと考えることで、その事件に限って被害者への非難を消去したりする（タイプⅣ）のではなく、被害者の同意がなかったことのみをもって性暴力の存在を認める点で、さらに被害者非難の考え方それ自体を否定する点で、タイプⅢの語りは画期的である。

6　性暴力被害のあいだの序列

続いて、性暴力のあいだの序列化について論じる。第二章で扱った事件のうち、東大事件を除き、すべて強姦罪／集団強姦罪として語られていた。すなわち性交（膣へのペニスの挿入）が存在すると語られていたのである。東大事件では、性器への被害は存在するものの、膣へのペニスの挿入が存在しないとされたため、加害者が強制わいせつ罪で逮捕・起訴されたことが語られていた。そこでは、「女子大生は服を脱がされて体を触られたものの、辛くも現場から逃げ出し、強姦被害を免れた。そう読めるのだが、だからといって〔膣へのペニスの挿入が存在した〕『早大スーフリ事件』より悪質性が低いというわけでは決してない」(194)という語りがみられた。ここからは、「強制わいせつ事件、つまり膣へのペニスの挿入が存在しない性暴力は、それが存在する性暴力よりも被害が小さい」という前提が読み取れる。というのも、性暴力被害が序列化されているという前提が存在しなければ、強制わいせつ事件の被害の大きさを強調する語りの必要性が認められないからである。つまり、性暴力被害をめぐる序列において、膣へのペニスの挿入が存在する性暴力が上位に置かれ、存在しない性暴力が下位に置かれる構造があるといえる。

この構造を明文化しているのが、日本の法令における性暴力の扱い方である。刑法においては、挿入中心主義が色濃く影響し、性暴力が挿入の有無によって序列化されている。そのことを検討するために、まずは刑法によって定められた性暴力にかんする罪のうち、強制性交等罪と強制わいせつ罪についての定義を確認する。

「強制性交等罪」は刑法第一七七条に「十三歳以上の者に対し、暴行又は脅迫を用いて性交、肛門性交又は口腔性交（以下「性交等」という。）をした者は、強制性交等の罪とし、五年以上の有期懲役に処する。十三歳未満の者に対し、性交等をした者も、同様とする」と定められている。一方、「強制わいせつ罪」は刑法第一七六条に「十三歳以上の者に対し、暴行又は脅迫を用いてわいせつな行為をした者は、六月以上十年以下の懲役に処する。十三歳未満の者に対し、わいせつな行為をした者も、同様とする」と定められている。

このように、性交等――膣／口腔／肛門へのペニスの挿入――が認められ、性暴力が強制性交等に該当すると認識されて有罪となれば、加害者には五年以上（最長で二十年以下）の懲役刑が科される。しかし、性交等が存在せず・認められず、性暴力が強制わいせつに該当すると認識されて有罪となれば、加害者には最長で十年の懲役刑しか課されないことになる（いずれも併合罪などを考慮しない場合）。

現代の刑法学の通説では、「強姦罪（現在は強制性交等罪）」や強制わいせつ罪は、性的自由、性的自己決定を侵害する犯罪」と位置づけられ、その保護法益は「性的自由」であるとされている（齊藤 2006：223）。このように法定刑の長さが被害の大きさを意味すると考えると、日本の刑法は性交等の有無によって性暴力を序列化しているのである。実際、「強制わいせつ罪の被害に比べて、強姦罪による被害の方が類型的に深い心理的傷、精神的打撃を与えることが類型的に認められてきている」と指摘されている（齊藤 2006:244）。これは、性交等が認められる性暴力を、それが存在しない性暴力と比べて被害者により大きな被害を与える犯罪であると刑法の制定・改正に携わる者――大半が男性に占められている――が認識していること、さらにはそれを「通説」として追認する者が多く存在することを意味する。[195][196]

さらに、その二つよりもさらに下位に位置づけられている性暴力が、他者の身体に同意なく触れる行為、いわゆる痴漢行為である。痴漢行為は、強制わいせつと認識されなければ、[197]刑法ではなく各都道府県が定めた、いわゆる迷惑防止条例によって処罰される。罰則は第八条に「公衆に著しく迷惑をかける暴力的不良行為等の防止に関する条例」では、罰則は第八条に「六月以下の懲役又は五〇万円以下の罰金に処する」と定められている。痴漢行為の処罰について論じる牧野雅子は、各都道府県によって軽重はあるものの、「多くの条例は東京と同様である」と述べる（牧野 2019:62）。つまり、迷惑防止条例違反では、加害者は最長でも六か月の懲役刑しか課されないことになる。罰則の軽重を、罰則を制定する者が想定する被害の大きさの指標と考えれば、強制わいせつに該当しない痴漢行為は、その被害をかなり矮小化されているといえる。

罰則の軽重だけでなく、強制わいせつとみなされない痴漢行為が、国が定める刑法ではなく都道府県が定める条例によって処罰されていることそれ自体にも性暴力の序列化が反映されている。牧野はこの現状について以下のように批判する。

五〇年以上前から禁止され、全国で積極的に取締りが行われている痴漢行為が、いまだ法律ではなく、地方条例によるのはなぜなのか。「国」は、痴漢行為を禁止しようとは考えていないからではないだろうか（牧野 2019:69-70）。

つまり、国（刑法の改正に携わる者）は、強制わいせつに該当しない「軽微」な痴漢行為を刑法で処罰されるべき性暴力とみなしておらず、刑法で規定される性暴力よりも被害の序列において下位に位置づけているのである。このように、膣へのペニスの挿入をともなう性暴力を頂点として、性暴力被害の大きさをめぐる序列が成り立っているのである。

しかし、ここでの被害の序列は第三者が性暴力被害の大きさを読み込む程度の問題であって、被害者が実際に感じる被害の大きさが議論されているのではない。被害者が感じる被害の大きさについて、「〔被害の内容に〕接触的被害も含まれているにもかかわらず、非接触的被害である『いたずら電話』を最も傷ついた経験として挙げ」る被害者の存在などから、「性的被害のもたらす精神的外傷が外形的な厳しさという客観的基準では推し量れないこと」を示した調査も存在する（石川 1994:40-1；岩崎 2000:57）。被害者が感じる被害の大きさを第三者が勝手に認定したり、外形的な厳しさにもとづいてあらかじめ類型化して序列化したりすることはできないのである。

注

(1)『FRIDAY』一九九八年二月六日、七四頁。
(2)『女性セブン』一九九八年二月一二日、三一頁。
(3)『サンデー毎日』一九九八年二月八日、三〇頁。
(4)『朝日新聞』一九九八年一月二三日、朝刊、二三面。
(5)『週刊現代』一九九八年二月七日、五八頁。
(6)『女性セブン』一九九八年二月一二日、三一頁。
(7)『週刊現代』一九九八年二月七日、五八頁。
(8)『女性セブン』一九九八年二月一二日、二八頁。
(9)『毎日新聞』一九九八年一月二一日、朝刊、一九面。
(10)『週刊読売』一九九八年二月八日、三二頁。
(11)『週刊ポスト』一九九八年二月六日、四六頁。
(12)『週刊女性』一九九八年二月一〇日、四五頁。
(13)『週刊ポスト』一九九八年二月一三日、四四頁。
(14)『女性セブン』一九九八年二月一二日、三一頁。
(15)『アサヒ芸能』一九九八年二月五日、三六頁。
(16)『週刊女性』一九九八年二月一〇日、四五頁。
(17)『読売新聞』一九九八年二月二〇日、朝刊、二三面。
(18)『女性自身』一九九八年三月一〇日、二五四頁。
(19)『SPA!』一九九八年二月四日、一三二頁。
(20)『女性自身』一九九八年三月一〇日、二五四頁。
(21)『女性自身』一九九八年三月一〇日、二五四頁。
(22)『SPA!』一九九八年二月四日、一三二頁。

(23)『女性自身』一九九八年三月一〇日、二五六頁。
(24)『女性自身』一九九八年三月一〇日、二五六頁。
(25)『週刊文春』一九九八年三月一九日、一八五頁。
(26)『週刊文春』一九九八年三月一九日、一八六頁。
(27)『週刊文春』一九九八年三月一九日、一八七頁。
(28)『週刊文春』一九九八年三月一九日、一八六頁。
(29)『創』一九九八年七月、二七頁。
(30)『女性自身』一九九八年三月一〇日、二五五頁。この記事は、全体としては当該性行為を性暴力とみなしており、タイプIに該当する。しかし、加害者の一人の発言をそのまま引用する部分では、あくまで自分の行為は同意のうえであった――他の加害者が性暴力を行った――との言い分を無批判に受け入れているため、その箇所はタイプIIに該当すると判断した。
(31)『週刊文春』一九九八年三月一九日、一八七頁。
(32)『創』一九九八年七月、三一頁。
(33)『創』一九九八年七月、三一頁。
(34)『女性自身』一九九八年三月一〇日、二五五頁。
(35)『朝日新聞』一九九八年一月二三日、朝刊、二三面。
(36)『現代』一九九八年五月、一五三頁。
(37)『スコラ』一九九八年二月二六日、五四頁。
(38)『スコラ』一九九八年二月二六日、五四頁。
(39)『週刊女性』一九九八年二月一〇日、四四頁。
(40)『女性自身』一九九八年三月一〇日、二五四頁。
(41)『週刊文春』二〇〇三年七月三日、二八頁。
(42)『読売新聞』二〇〇三年六月二八日、夕刊、一九面。

(43) 『週刊ポスト』二〇〇三年七月一八日、二八頁。
(44) 『週刊ポスト』二〇〇三年七月一八日、二九頁。
(45) 『朝日新聞』二〇〇四年四月一三日、夕刊、一五面。
(46) 『週刊大衆』二〇〇四年七月一二日、二〇七頁。
(47) 『ガツン！』二〇〇三年九月、四八頁。
(48) 『実話GON！ ナックルズ』二〇〇四年七月、九八頁。
(49) 『毎日新聞』二〇〇三年六月一九日、夕刊、一一面。
(50) 『週刊文春』二〇〇三年七月三日、三二頁。
(51) 『週刊実話』二〇〇三年七月一〇日、三〇頁。
(52) 『毎日新聞』二〇〇三年九月一七日、夕刊、九面。
(53) 『女性自身』二〇〇四年一一月二三日、一七一頁。
(54) 『週刊新潮』二〇〇四年五月一三日、六〇頁。
(55) 『朝日新聞』二〇〇三年六月二八日、朝刊、二面。
(56) 『噂の真相』二〇〇三年八月、七〇頁。
(57) 『週刊実話（臨増）』二〇〇三年八月二六日、一九六頁。
(58) 『朝日新聞』二〇〇四年四月一三日、夕刊、一五面。
(59) 『サンデー毎日』二〇〇三年七月一三日、二四頁。なお、「都のセイヨク」という表現は、スーパーフリーの会長で事件の主犯が所属していた早稲田大学の校歌の歌詞「都の西北《せいほく》」になぞらえた表現であると考えられる。
(60) 『読売新聞』二〇〇四年一一月三日、朝刊、三九面。
(61) 『朝日新聞』二〇〇四年一二月二三日、朝刊、多摩版、三一面。
(62) 『朝日新聞』二〇〇三年六月二六日、朝刊、三九面。
(63) 『週刊実話』二〇〇三年七月一〇日、三〇頁。

(64)『週刊現代』二〇〇三年七月一九日、三九頁。
(65)『新潮45』二〇〇四年八月、四五頁。
(66)『週刊ポスト』二〇〇三年七月二五日、二〇九頁。
(67)『朝日新聞』二〇〇三年九月一七日、夕刊、一五面。
(68)『FRIDAY』二〇〇三年七月一一日、一四頁。
(69)『読売新聞』二〇〇三年七月一日、朝刊、三九面。
(70)『週刊女性』二〇〇三年七月一五日、三六頁。
(71)『週刊ポスト』二〇〇三年七月一八日、二八頁。
(72)『週刊大衆』二〇〇五年六月一三日、二一〇頁。
(73)『週刊ポスト』二〇〇三年七月一一日、三二頁。
(74)『実話GON！　ナックルズ』二〇〇三年九月、三四頁。
(75)『週刊プレイボーイ』二〇〇四年一月二七日、五八頁。
(76)『読売新聞』二〇〇五年六月二日、夕刊、一五面。
(77)『実話GON！　ナックルズ』二〇〇四年七月、九八頁。
(78)『FRIDAY』二〇〇三年七月一一日、一四頁。
(79)『週刊文春』二〇〇三年九月二五日、四七頁。
(80)『実話GON！　ナックルズ』二〇〇三年九月、三三頁。
(81)『サンデー毎日』二〇〇三年七月一三日、二六頁。
(82)『朝日新聞』二〇〇三年七月三日、朝刊、一二面。
(83)『読売新聞』二〇〇三年九月一七日、夕刊、一九面。
(84)『アサヒ芸能』二〇〇四年九月一六日、三〇頁。
(85)『朝日新聞』二〇〇三年七月三日、朝刊、一二面。
(86)『読売新聞』二〇〇三年九月一七日、夕刊、一九面。

(87)『月刊テーミス』二〇〇四年一月、一〇七頁。
(88)『週刊大衆』二〇〇三年七月一四日、二一五頁。
(89)『朝日新聞』二〇〇四年一一月九日、朝刊、名古屋版、一二面。
(90)『朝日新聞』二〇〇三年六月二八日、朝刊、二面。
(91)『朝日新聞』二〇〇三年一一月一三日、朝刊、二面。
(92)『サンデー毎日』二〇〇三年七月一三日、二八頁。
(93)『週刊ポスト』二〇〇三年七月一一日、二六頁。
(94)『週刊ポスト』二〇〇三年七月一八日、三〇頁。
(95)『週刊新潮』二〇〇三年七月一〇日、四七頁。
(96)異性愛規範が根強い社会のなかで、「女性と性行為に及ぶ」主体は明示されなくとも、男性であると想定されているると考えてよい。
(97)『実話ＧＯＮ！　ナックルズ』二〇〇三年九月、三二－三頁。
(98)『朝日新聞』二〇〇三年七月三日、朝刊、一二面。
(99)『週刊現代』二〇〇三年一〇月四日、四一頁。
(100)『朝日新聞』二〇〇五年三月一二日、朝刊、三面。
(101)『女性セブン』二〇〇三年七月一〇日、四八頁。
(102)『アサヒ芸能』二〇〇四年九月一六日、三三頁。
(103)『月刊テーミス』二〇〇四年一月、一〇七頁。
(104)『朝日新聞』二〇〇三年七月三日、朝刊、一二面。
(105)『読売新聞』二〇〇三年九月一七日、夕刊、一九面。
(106)『朝日新聞』二〇〇六年二月五日、朝刊、大阪版、三一面。
(107)『ＦＲＩＤＡＹ』二〇〇六年五月一九日、九五頁。
(108)『週刊大衆』二〇〇六年二月二〇日、二一二頁。

(109)『週刊プレイボーイ』二〇〇六年二月二一日、五六頁。
(110)『読売新聞』二〇〇六年一月二七日、朝刊、大阪版、三九面。
(111)『朝日新聞』二〇〇六年二月五日、朝刊、大阪版、三一面。
(112)『週刊プレイボーイ』二〇〇六年二月二一日、五八頁。
(113)『読売新聞』二〇〇六年八月二八日、夕刊、一五面。
(114)『週刊ポスト』二〇〇六年二月一七日、三七頁。
(115)『週刊プレイボーイ』二〇〇六年二月二一日、五六頁。
(116)『週刊大衆』二〇〇六年二月二〇日、二一一頁。
(117)『週刊プレイボーイ』二〇〇六年二月二一日、五八頁。
(118)『週刊朝日』二〇〇六年四月二八日、一四〇頁。
(119)『毎日新聞』二〇〇六年一月二七日、朝刊、三一面。
(120)『朝日新聞』二〇〇六年一月二八日、夕刊、一九面。
(121)『週刊文春』二〇〇六年二月九日、一四一頁。
(122)『毎日新聞』二〇〇六年一月三〇日、朝刊、大阪版、二七面。
(123)『読売新聞』二〇〇六年一月二七日、夕刊、大阪版、一九面。
(124)『週刊プレイボーイ』二〇〇六年二月二一日、五八頁。
(125)『週刊朝日』二〇〇六年二月一〇日、三四頁。
(126)『ＦＲＩＤＡＹ』二〇〇六年五月一九日、九五頁。
(127)『週刊新潮』二〇〇七年八月二日、五二頁。
(128)『週刊新潮』二〇〇七年八月二日、五二頁。
(129)『週刊実話』二〇〇六年二月一六日、三六頁。
(130)『週刊新潮』二〇〇七年八月二日、五二頁。
(131)『週刊新潮』二〇〇七年八月二日、五三頁。

(132)『週刊実話』二〇〇六年二月一六日、三七頁。
(133)この点以外にも、この語りは二つの誤りを犯している。第一に、女性が男性の自宅に赴くことは性行為への積極性や同意を意味しない。第二に、仮に女性が「成り行きではセックスの相手をしてもいい」と考えていたとしても、実際に行われた性行為が女性の望む行為でなければ、それは性暴力である。
(134)『週刊大衆』二〇〇六年二月二〇日、二一三頁。
(135)『FRIDAY』二〇〇六年五月一九日、九五頁。
(136)『週刊実話』二〇〇六年二月二三日、二五六 - 七頁。
(137)『週刊実話』二〇〇六年二月二三日、二六七頁。
(138)引用する語りがどの事件を扱った記事に掲載されていたのかを明確にするため、文献注の最後で( )内に事件名を付す。一つの記事内で複数の事件が言及されている場合もあるが、一つの事件にのみ該当する語りについては事件名を一つのみあげることにする。
(139)『アサヒ芸能』二〇一六年六月二日、四三頁(東大事件)。
(140)『週刊新潮』二〇一六年一〇月二〇日、二九頁(慶大事件)。
(141)加害者によるこの言葉は、姫野カオルコによる東大事件を題材にした小説『彼女は頭が悪いから』(姫野 2018)のタイトルにも使用された。
(142)『AERA』二〇一六年九月二六日、五三頁(東大事件)。
(143)『朝日新聞』二〇一七年四月一八日、朝刊、二九面(千葉大事件)。
(144)『週刊女性』二〇一六年一二月一三日、四一頁(東大事件・慶大事件・千葉大事件)。
(145)『週刊女性』二〇一六年一二月一三日、四一頁(東大事件・慶大事件・千葉大事件)。
(146)『週刊現代』二〇一六年六月一一日、五八頁(東大事件)。
(147)『週刊大衆』二〇一六年一一月七日、二〇三頁(慶大事件)。
(148)『週刊文春』二〇一六年一二月二二日、一三一 - 二頁(千葉大事件)。
(149)『女性セブン』二〇一六年一一月一〇日、五五頁(東大事件・慶大事件)。

(150)『週刊新潮』二〇一六年六月九日、一三〇頁（東大事件）。
(151)『ＦＲＩＤＡＹ』二〇一七年二月二四日、六六頁（千葉大事件）。
(152)『新潮45』二〇一六年一一月、二四頁（東大事件）。
(153)『週刊文春』二〇一六年七月二一日、四九頁（東大事件）。
(154)『アサヒ芸能』二〇一六年一一月三日、一九四頁（慶大事件）。
(155)『ＦＲＩＤＡＹ』二〇一七年二月二四日、六六頁（千葉大事件）。
(156)『新潮45』二〇一六年一一月、一八頁（東大事件）。
(157)『週刊女性』二〇一六年一二月一三日、四〇頁（千葉大事件）。
(158)『アサヒ芸能』二〇一六年六月二日、四三頁（東大事件）。
(159)『ＳＰＡ！』二〇一六年一〇月二五日、二〇頁（慶大事件）。
(160)『週刊新潮』二〇一六年一〇月二〇日、三一頁（慶大事件）。
(161)『読売新聞』二〇一六年一二月一〇日、朝刊、千葉版、二七面（千葉大事件）。
(162)『女性セブン』二〇一六年一一月一〇日、五三頁（東大事件）。
(163)『週刊文春』二〇一六年一〇月二〇日、三〇頁（慶大事件）。
(164)『週刊文春』二〇一六年一二月二二日、一三一頁（千葉大事件）。
(165)『週刊実話』二〇一六年一一月一〇日、四三頁（慶大事件）。
(166)『アサヒ芸能』二〇一六年六月二日、四三頁（東大事件）。
(167)『週刊新潮』二〇一六年一〇月二七日、五三頁（慶大事件）。
(168)『ＦＲＩＤＡＹ』二〇一七年二月二四日、六六頁（千葉大事件）。
(169)『週刊新潮』二〇一六年六月九日、一三〇頁（東大事件）。
(170)『週刊新潮』二〇一六年六月二日、二七頁（東大事件）。
(171)『週刊実話』二〇一六年一一月三日、四二頁（慶大事件）。
(172)『週刊現代』二〇一六年一二月二四日、五五頁（千葉大事件）。

（173）『週刊文春』二〇一六年七月二一日、四九頁（東大事件）。
（174）『月刊テーミス』二〇一六年一二月、八六頁（慶大事件）。
（175）『月刊テーミス』二〇一六年一二月、八六頁（東大事件）。
（176）『月刊テーミス』二〇一六年一二月、八七頁（東大事件）。
（177）『月刊テーミス』二〇一六年一二月、八七頁（東大事件・慶大事件）。
（178）『月刊テーミス』二〇一六年一一月、七〇頁（慶大事件）。
（179）『月刊テーミス』二〇一六年一二月、八七頁（東大事件）。
（180）『月刊テーミス』二〇一六年一一月、七〇頁（東大事件）。なお、記事は大宅壮一文庫によって慶大事件に分類されているが、東大事件についても言及されていた。ただし、大宅壮一文庫は当該記事を東大事件に分類していない。
（181）『朝日新聞』二〇一六年一〇月二九日、朝刊、一五面（東大事件・慶大事件）。
（182）『毎日新聞』二〇一七年四月一四日、朝刊、一七面（慶大事件・千葉大事件）。
（183）『朝日新聞』二〇一六年一一月二五日、朝刊、ちば首都圏版、二三面（千葉大事件）。
（184）『朝日新聞』二〇一六年一二月七日、朝刊、ちば首都圏版、二九面（千葉大事件）。
（185）『週刊新潮』二〇一六年一〇月二七日、五四頁（慶大事件）。
（186）『月刊テーミス』二〇一六年一一月、七〇頁（慶大事件）。
（187）『女性セブン』二〇一六年一一月一〇日、五六頁（東大事件）。
（188）発言の冒頭にある「被害女性を非難するわけではないのですが」という言葉は意味をなしていない。テウン・A・ヴァン・デイクは、「今日の人種差別の本質的特徴のひとつは、その否認である」（van Dijk 1992=2006:187）と分析し、人種差別の否認を「内集団を全体として防衛する」機能をもつ「ストラテジー」であると位置づけている（van Dijk 1992=2006:190）。この東大女子の発言は人種差別ではなく、女性を非難の有無にもとづいて二分する発言であるが、同様の構造がみてとれる。「被害女性を非難するわけではない」と修辞的に述べることで、自らの発言の正当性を担保しつつ、自分とは異なる「非難の対象となるべき女性」を非難することが可能となる。

(189) タイプⅢは、次の二つの理由によって検討の対象から除外した。すなわち、①タイプⅢに該当する語りが少なく、検討のための十分な素材を確保できないから、②タイプⅢの語りは、性暴力が〈真の性暴力〉と認識されるか否かにかかわらず、被害者の同意が存在しなかったことのみをもって性暴力を認める語りであるため、そこで語られる性暴力が〈真の性暴力〉であるか否かを検討するのに適さないから、という二つの理由である。

(190) 第一章注205での指摘のくり返しになるが、事件が〈真の性暴力〉として位置づけられないことと、第二章の各事件において「真の被害者」が存在することは矛盾しない。「各事件のタイプⅣにおける被害者」を「真の被害者」としているからである。

(191)『週刊プレイボーイ』二〇〇六年二月二一日、五八頁（京大事件）。

(192)『サンデー毎日』二〇〇三年七月一三日、二六頁（スーフリ事件）。

(193)『週刊文春』一九九八年三月一九日、一八五頁（帝京事件）。

(194)『週刊新潮』二〇一六年六月二日、二七頁（東大事件）。

(195) 強姦罪（二〇一七年の改正以前）と強制わいせつ罪の位置づけを旧刑法までさかのぼって検討した成瀬幸典は、「『意思に反する猥褻《（ママ）》行為』の中で『意思に反した姦淫（二〇一七年の改正以前の刑法では「性交」のこと）』が『強姦罪』として特に類型化された法理論的根拠を明らかにし、そこに合理性が見出されないことを示すことが必要である」にもかかわらず、「このことが十分に果たされているとはいえ」ない現状を指摘している（成瀬 2006:264）。

(196) 膣へのペニスの挿入が認められた性暴力が刑法において序列の最上位に位置づけられていることについて、島岡まなは、刑法が「将来男に嫁ぐ無垢な女子の『処女性』または夫に従属する『貞淑な妻』の保護を目的としていたため、……（処女性を失わせる、または妊娠の可能性がある）性器の結合は重く、それ以外の性的侵害行為（アナルセックス、男性被害等）は軽く処罰され」ていることを指摘している（島岡 2012:21）。

(197) 一般に、「痴漢行為のうち、着衣の上から触れるのではなく、下着のなかに手を入れるといったより悪質性が高いケースには、〔迷惑防止条例ではなく〕刑法の強制わいせつ罪が適用される」ことが多い(牧野 2019:28)。実際の数字としては、『平成30年版 警察白書』における「迷惑防止条例違反のうち痴漢行為の検挙件数(電車内以外を含む。)」と「電車内における強制わいせつの認知件数」の統計から(国家公安委員会・警察庁 2018:72)、牧野雅子は「痴漢事件として検挙された九割以上が迷惑防止条例違反によるものであり、現在、痴漢行為は迷惑防止条例によって取り締まられているといってもよい状態である」と分析している(牧野 2019:55)。

第三章　性暴力をめぐる語りから立ちあげられる「わたしたち」

　本章では、第一章・第二章での被害者、加害者、「わたしたち」の語られ方の議論をふまえ、ラベリング理論とジェンダーの視点から、日本のメディアにおける性暴力の語られ方について、本書独自の〈性行為への主体性の発揮〉概念を導入しながら分析する。

　まず、第一節では、被害者と加害者の語られ方の分析を、タイプ別の語りに注目しながら行う（四タイプについて序章第二節の図0－1（二一ページ）を参照）。そのために〈性行為への主体性の発揮〉概念を導入する。被害者非難のあり方を細分化して論じ、被害者の語られ方において、「真の被害者」像がどのような存在として語られていたのかを議論することで、被害者非難の議論の精緻化をめざす。さらに、加害者の語られ方については被害者との関係性と〈性行為への主体性の発揮〉とに焦点をあて、「真の加害者」像がどのような存在として語られていたのかを考察する。

　続いて、第二節では、「わたしたち」の語られ方の分析を、ラベリング理論の視点に依拠しながら行う。女性・男性の「わたしたち」にとって、非難される被害者へのラベリング、および他者化される加害者へのラベリングが、それぞれなにを意味しているのかを考察する。

1　被害者と加害者の語られ方――ラベリングされる側の分析

本節では、被害者と加害者の語られ方について分析する。そのために、ここで〈性行為への主体性の発揮〉という本書独自の概念を導入したい。〈性行為への主体性の発揮〉を、「性行為を望む、性行為と結びつけられた言動を行うなどの積極的な行為に実際におよぶこと」と定義する。ただ、「主体性の発揮」とはいっても、本人の意思や意図とは関係なく、第三者がその存在を読み込んだり認めたりするかどうかに焦点をあてた概念として用いる。詳しくは後述するが、具体的に〈性行為への主体性の発揮〉とみなされる言動には、女性の場合、男性が同席する場で女性が酒を飲むことや、男性の自宅に女性が自ら向かうことが含まれる。第三者がその存在を読み込むか否かという点では、第二章でみたとおり、タイプⅣでは被害者（女性）が加害者（男性）の自宅に連れて行かれたと語られることで〈性行為への主体性の発揮〉が存在しないと第三者によって認識されていたが、タイプⅠでは被害者が自ら進んで加害者についていったと語られることで〈性行為への主体性の発揮〉を第三者によって読み込まれていた。男性の場合、女性と交際したり性行為を行ったりすることが〈性行為への主体性の発揮〉であると考えられている。それが第三者から認められないことで、加害者が他者化されていた。以下では、被害者／加害者が〈性行為への主体性の発揮〉を行ったと認識される／されないことが、被害者への非難／加害者の他者化にたいしてどのように作用するかを中心に議論する。

被害者への非難と「真の被害者」

ここで、被害者への非難を論じるにあたり、〈性行為への主体性の発揮〉と「落ち度」との関係について述べる。〈性行為への主体性の発揮〉はたんなる「落ち度」の言い換えではない。第一に、被害者＝女性が〈性行為への主体性の発揮〉を行うことは、それが「落ち度」と解釈されることで被害者非難の要因となるが、以下で検討するように、「落ち度」にはこれ以外の要因（たとえば、抵抗できるはずであったのに抵抗しなかったこと）も含まれるため、〈性行為への主体性の発揮〉は、「落ち度」よりも狭い概念であるといえる。この意味で、〈性行為への主体性の発揮〉概念は、「落ち度」を細分化することで、被害者非難の議論をさらに精緻化することに貢献できると考えられる。第二に、〈性行為への主体性の発揮〉概念は、非難のニュアンスを含まず、価値判断において「中立」の概念である(1)。「落ち度」という言葉を用いると、男性の性行為へのコミットメントとの比較が不可能になる。というのも、「落ち度」という言葉は、それとみなされる言動を行った者を非難するニュアンスを含んでおり、それゆえに「望ましい」――男性にとって〈性行為への主体性の発揮〉は望ましいと考えられている――と解釈される言動を記述したり分析したりするのに適さないからである。本書が被害者＝女性と、加害者＝男性の両方を組み込んだ分析をめざしている点に鑑みて、被害者＝女性の〈性行為への主体性の発揮〉にたいする評価と、加害者＝男性のそれにたいする評価を比較することを企図し、「中立」な概念としている（評価の比較について第四章で詳述する）。こうした含意をもつ〈性行為への主体性の発揮〉という概念を用いて、以下で被害者の語られ方について考察する。

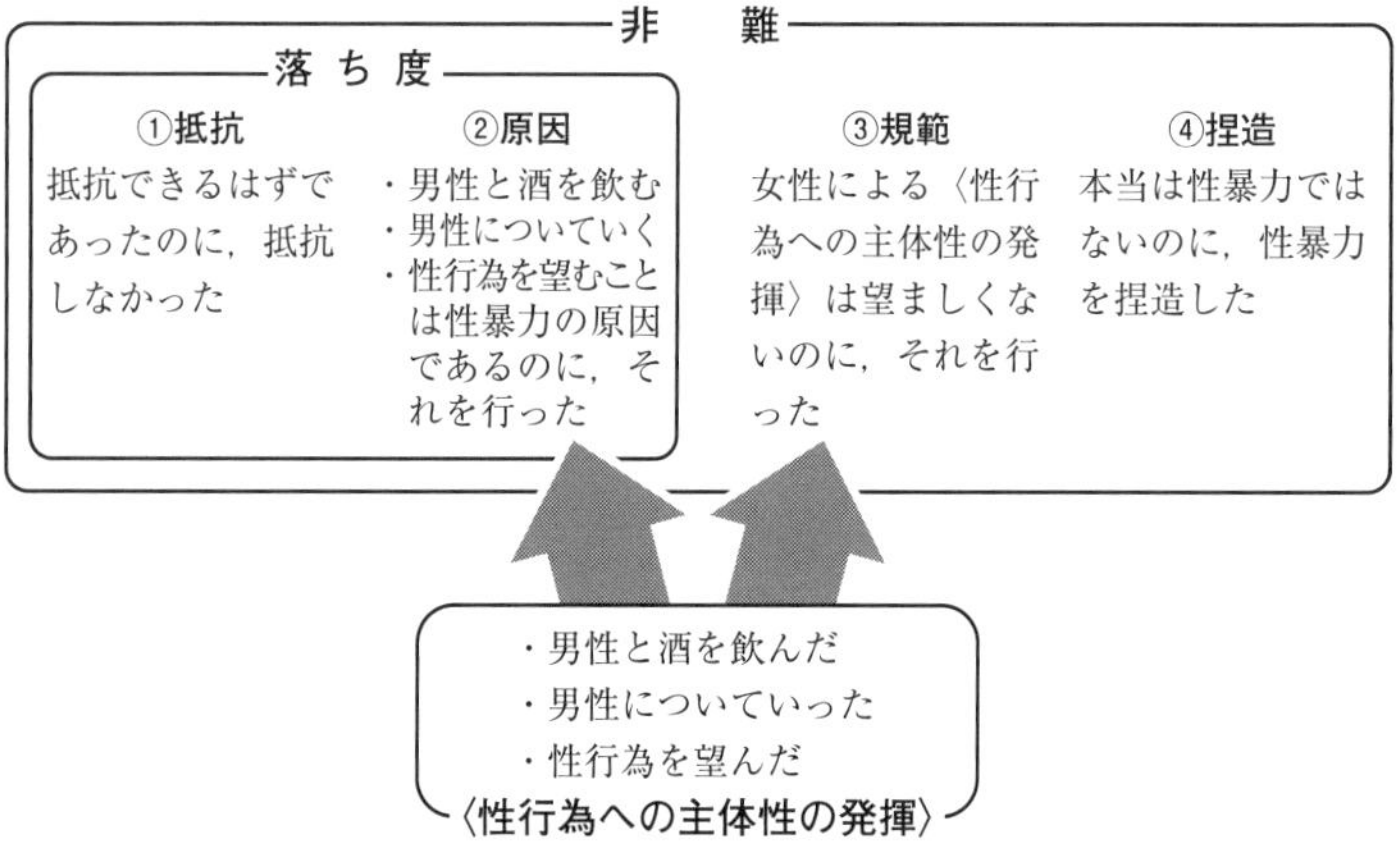

図 3-1　被害者への非難の概念図

本項では、被害者への非難について、主に第二章で確認した語りにもとづいて分析する。ここでは、被害者への非難を、①抵抗にかんする要素、②原因にかんする要素、③女性の規範にかんする要素、④性暴力の捏造にかんする要素の四つに分けて議論していく。図示すると図3－1のようになる。

まず、①の抵抗にかかわる要素である。性暴力を否定するタイプⅡにおいて、「イヤだったら、〈口腔性交のさいに〉舌を使いますか？」[2]という語りがみられた。このように、被害者が抵抗可能であるのに抵抗していなければ性行為に同意していたと解釈されることは、第二章で確認したとおりである。

一方、性暴力を認めるタイプⅣやⅠでは、被害者は抵抗不可能な状態の場合には「抵抗できない一人の女性に集団で襲いかかるなど、考えるだけでも身の毛がよだつ」[3]のように、抵抗不可能であることが強調されている。抵抗が不可能であれば「酩酊したAさん〈被害者〉が無抵抗だからといって〝合意《ママ》〟の証拠にはならない[4]」という語りが示すように、被害者が同意できない状態であることが前提とされている。また、抵抗可能な状態の場合には、「女子大生は泥酔している最中にも暴行から逃れようと、必死に抵抗している様子が見られる[5]」のように必死に抵抗したことが強調して語られていた。このように、被害者が抵抗不可能であること、もしくは抵抗可能であるときに抵抗したことを語ることは、被害者が性行為を拒否していたことを示すこと、そして性行為が性暴力であることを示すことと同義であるといえる。

以上をまとめると、被害者は、(1)抵抗可能であるか否かを詮索され、(1)-a 抵抗不可能であると解釈されると、同意を確認できる状態にはないと考えられ、同意のない「異常な性暴力」の被害にあったと判断される。一方、被害者が、(1)-b 抵抗可能であると解釈されると、次に実際に抵抗したか否かが詮索される。(2)-a 抵抗が認められると、被害者は性行為を拒否していたにもかかわらず加害者が性行為を強制した、つまり性暴力が行われたと解釈される。しかし、(2)-b 抵抗可能であるにもかかわらず抵抗しなかった場合には、それが被害者による性行為への同意と解釈され、その性行為は同意にもとづく「正常な性行為」であると解釈される。これを図示すると、図3－2のようになる。ただし、これはあくまでも加害者および第三者の視点の話であって、被害者の視点からは抵抗が存在しないことは同意の存在をけっして意味しないことを忘れてはならない。

この点について江原由美子も、抵抗可能な状態において、「その〔女性の性行為への〕『意思』の不在は、抵抗することによってのみ証明される」状況の存在を指摘しているが、その背景には「女性に

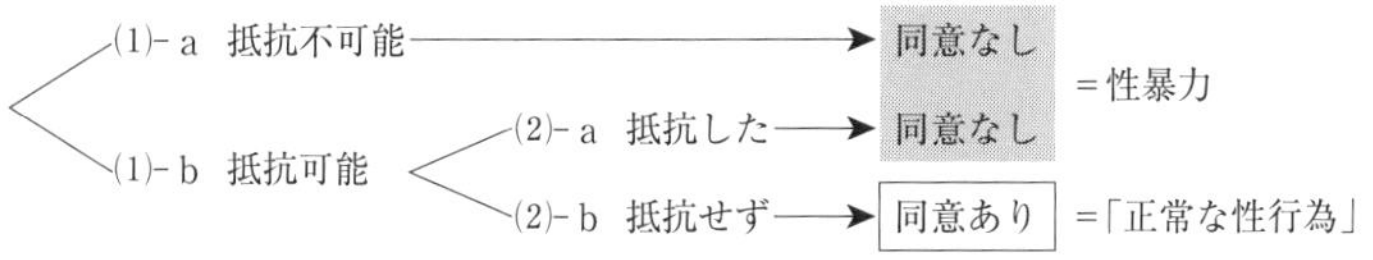

図 3-2　被害者の抵抗と同意の解釈概念図

おいては、自立的に『性行為への意思[6]』あるいは『意図』を持つことはなく、男性の『意思』に『同意／不同意』を示すことがその『意思』とみなされる」という解釈装置が存在していると述べている〔江原［1994］1995:117〕。

逆に、被害者が「『抵抗しなかった』という行為」が、「Y子さん〔被害者〕自身が性関係に対して積極的であった証拠として認定」される状況も存在する〔江原1992:130〕。すなわち、女性は自立的な意思を認められず、女性の性的自己決定権は抵抗を示すことによってのみ認められる状況が存在し、かつ抵抗可能な状況で抵抗しなければ「同意」とみなされるということである。

続いて、②原因にかんする要素と、③女性の規範にかんする要素は、ともに被害者＝女性の〈性行為への主体性の発揮〉にかかわる。男性と酒を飲む、性行為を望むといった女性の行動、すなわち〈性行為への主体性の発揮〉とみなされる言動は、価値判断を含まなければ非難される要素ではないが、実際には被害者への非難に用いられている。女性による〈性行為への主体性の発揮〉が性暴力の語りという文脈で被害者への非難に転化するのは、それが性行為の原因となる行為である（②）、女性がするべきでない行為である（③）、とそれぞれ判断されることによると考えられる。両者は「女性がするべきでないことをしたから（③）、それが原因となって性暴力被害にあったのである（②）」といったかたちで相互に関連しつつ、それぞれ位相の異なる議論であるため、腑分けして検討する必要がある。

まず、②女性による〈性行為への主体性の発揮〉を性行為の原因であると解釈することは、自ら原因を作り出した被害者が非難されるという、原因や責任にかんする位相に属する。これを「一般」の事件・事故（交通事故など）のように、たんに「被害者にも事件・事故の責任の一端がある」と解釈されていると結論して片づけてはならない。なぜなら、とりわけ性暴力の文脈では、被害者＝女性が、加害者＝男性の性行為を誘発したことを読み込まれる傾向にあるからである。そこには、存在自体を「性的」とみなされる女性に男性の性的欲望の原因を見いだすという「ジェンダー秩序」の「異性愛」パターンによる両性間関係が存在することを江原は論じる（江原 2001:147-8）。この男性による女性の「性支配」という権力関係の作用により、性暴力に特有の現象として、不平等なジェンダー関係にもとづいて被害者＝女性に原因・責任を求め、被害者を非難する事態が生じていることになる。

実際の言説においては、タイプIの語りにおいて、〈性行為への主体性の発揮〉を性暴力の原因とみなす回路には二つのパターンがみられた。第一に、性暴力の現場に行ったり酒を飲んだりすれば性暴力被害にあうことがわかっていたのに、被害者が自らそうした行動をとったことを性暴力被害の原因とみなすパターンである。たとえば、「深夜に合コンに行けば、ヤリコンになるなんてわかってるハズ。オッカッ《（ママ）》しいよ」[7]、「クラブなど危険とされている場所で正体をなくすほど酒を飲むことは、世間的にはよく思われないこともまた現実だろう。クラブとか行ったことのない新入生がハイになるのも分かるけど、最低限の警戒は絶対必要だと思う[8]」という語りがみられた。これらの語りからは、被害者＝女性には危険を回避する責任があるにもかかわらず、被害者がそれを放棄して現場に向かったことが性暴力の原因であると解釈されていることが読み取れる。

　第二に、被害者が性行為を望んでいることを示すと解釈された言動を、被害者が性行為に同意していたと加害者や第三者に誤認させる意味で、性暴力の原因であるとみなすパターンである。タイプⅠの語りでは、「酔った上とはいえ〝抱いて〟と言ったり股間に触れたりしたのなら、男性側が〝合意《ママ》を得た〟と誤解しうる状況だった可能性がある[9]」のように、被害者が性行為を望んでいることを示すと解釈された言動を、被害者の同意が存在すると加害者が誤認した原因とみなす事例がみられた。これは性暴力の存在を認める語りであったが、性暴力を否定するタイプⅡの語りでも、「誘うような仕草が見えた[10]」のように、性行為を望んでいると加害者によって解釈された被害者の言動が、実際に被害者が行われたすべての性行為に同意していたと、加害者を含む第三者によって解釈されることで、性暴力を否定する根拠として用いられた。しかし、仮に被害者がある性行為には同意していたとしても、その同意は被害者が望んだ行為にのみ有効なのであって、それ以外の性行為は被害者の同意を得ていないのであるから、性暴力であるといえる。

　次に、③〈性行為への主体性の発揮〉を、女性がするべきでない行為と解釈することは、女性による〈性行為への主体性の発揮〉それ自体が「ふさわしくない」と非難されるという規範にかんする位相に属する。すなわち、「女性は性行為やそれに関連づけられる言動を自ら進んで行うべきでない」という性規範の存在により、〈性行為への主体性の発揮〉を読み込まれた被害者は、その規範に違反したとして非難されるのである。帝京事件のタイプⅠにおける「一部報道によると、呼ばれた被害者のY子さん（OL・一九歳）はこの先輩（加害者）の交際相手となっているが、先輩は『ヤリマンの一人』と言っていたという」[11]という語りや、タイプⅡにおける加害者の「（被害者は）〝ヤリマン〟だ」[12]という発言からは、性規範にもとづいて「交際相手」と「ヤリマン」とを二分し、性的に放埒である後者として認識される被害者、つまり〈性行為への主体性の発揮〉を読み込まれた被害者は非難され、「真の被害者」としての資格を剝奪されていることが読み取れる。この女性による〈性行為への主体性の発揮〉にたいする評価に関連して、江原は、「『性的欲望の主体』を『男』という性別カテゴリーに、『性的欲望の対象』を『女』という性別カテゴリーに強固に結びつけるパターン」として「異性愛」という社会的実践の規則を定義している（江原 2001:142）。この「性的欲望の対象」を女性に結びつける規則、すなわち女性が性行為にたいして積極的であってはならないとする規則に違反したと解釈されることで、〈性行為への主体性の発揮〉を読み込まれた被害者＝女性が非難されることになるのである。

最後に、④捏造にかんする要素である。性暴力の捏造は、必ず性暴力の否定をともない、すべて加害者の視点から語られる。性暴力を否定する論理に、ここまで検討してきた①、②、③の要素が関連している。同意していなければ被害者は抵抗するはずであるのに、「イヤだったら、〔口腔性交のさいに〕舌を使いますか？」[13]と語ることで、（加害者からみて）抵抗可能であったのに抵抗しなかった被害者に同意を読み込んで性暴力を否定する点で、①被害者の抵抗が存在しなかったことを、被害者が暗に同意を示していたと認識する語りと関連している。さらに、「相手〔被害者〕が『いいよ。』と言った」[14]のように「実際に被害者が性行為に同意していた」とみなして性暴力を否定する点で、②〈性行為への主体性の発揮〉を原因とみなす語りとも関連し、また「〝ヤリマン〟だ」[15]と形容して被害者を性的に放埒な者と語ることによって被害者の発言の信用性を毀損したり被害者を非難したりする点で、③女性の規範に違反するとみなす語りとも関連している。このように、性暴力を「捏造」したとして被害者を非難する語りにおいて特徴的であるのは、他の非難の要素をさまざまに動員することによって性暴力を否定することである。その結果、他の要素に加えて被害者は性暴力を「捏造」したとして非難されることになる。実際の語りでも、「今回の事件を通して、女の子はとてもわからない人種である事と、恐《ママ》いという事がわかった。その時はそんな風にみえなくても、あとで『ごうかん《ママ》された』とか言いだされても、僕達としては、その時そんな風には見えなかった」[16]のように、「体裁を繕ったり、報復したり、注目を集めたり、金銭を得たりするために、女性は後になって性暴力をでっちあげる」という性暴力神話がそのまま再生産されていたといえる（この項目を含む神話尺度として、Feild 1978:164; Burt 1980:223; 大渕ほか 1985:2; Payne et al. 1999:49–50; Gerger et al. 2007:440。メディアにおけるこの神話の指摘として、Lees 1995:125; Marhia 2008:35, 41; 牧野 2019:160–82）。

　以上の検討を逆にとらえると、「真の被害者」とは、いかなる点においても非難されない被害者であるといえる。より具体的には、④性暴力被害それ自体が認められ、①抵抗不可能であればそのまま加害者に襲われ、抵抗可能であれば全力で抵抗するとともに、〈性行為への主体性の発揮〉を読み込まれないことで、②性暴力の原因を作り出したと語られず、③女性に割り当てられた規範に違反したと語られない被害者である。

また、第一章第五節と第二章第五節で、タイプⅣの語りにおいては被害者への非難が消去されたことを論じた。実際、タイプⅠでは語られていたものの、タイプⅣの語りでは、被害者が〈性行為への主体性の発揮〉を行ったことで、②性暴力の原因を作り出した、③女性に割り当てられた規範に違反したと解釈されることによる被害者への非難が消去されていた。このことから、〈性行為への主体性の発揮〉が「真の被害者」としての正当性を減じるとみなされたと考えられる[17]。

この点から考えると、幼い少女が「真の被害者」としての地位を獲得しやすいのは――実際、本書が分析対象とした言説のすべてが少女の被害者を非難しなかった――、たんに年齢が低く力が弱いために抵抗不可能であるからだけでなく、そもそも性的に無垢であり性行為を行うことが想定されないため（Meyers 1997:66; Marhia 2008:39; DiBennardo 2018:13-4）、〈性行為への主体性の発揮〉を読み込まれることがほとんどないからであると考えられる。そしてジェンダーを消去されて語られたことで、「女性は性行為にたいして積極的であってはならない」という女性に割り当てられた規範に違反したと解釈されることもなかった。これらの要素が少女の被害者の「真の被害者」としての地位を盤石なものとしているのである。

逆にいえば、成人女性を「真の被害者」として語るために、少女への性暴力の語りよりも多く必要とされている「言説的作業（discursive work）」（Marhia 2008:39）のひとつとして、被害者の〈性行為への主体性の発揮〉を消去することをあげることができる。弱く傷つきやすい、そして性的に無垢であると考えられている少女と比較したとき、性行為が可能な成人女性には自分を守る責任があるとみなされ、それゆえに性暴力の原因を作り出した、そして女性の規範に違反したと解釈される〈性行為への主体性の発揮〉を語ることは、被害者の「真の被害者」としての地位を毀損することになるからである。

加害者の他者化と「真の加害者」

次に、加害者の語られ方について分析する。ほとんどの語りがタイプⅣ、Ⅰに属していた。すなわち、加害者を他者化していた。そこでは、国籍・エスニシティや前科など、多種多様な要素が他者化に動員されていたが、本項ではとりわけ被害者との関係性にかんして一点、〈性行為への主体性の発揮〉との関連で三点、あわせて四点を取り上げて分析していく。

一点目は、加害者が被害者にとって見知らぬ者であると語られることで、他者化されていたことである。これは、とくに第一章で扱われた事件において顕著であった。先行研究においても、加害者は見知らぬ者（stranger）であるという信念が広く信じられていることが明らかになっているし（Johnson B. et al. 1997:698; Madriz 1997:353; 小俣 2013:19; 香川県 2015:2, 5）、バートは多くの人びとにとって〈真の性暴力〉が見知らぬ者によって行われる性暴力と考えられていると述べている[18]（Burt 1991:27）。第一章で指摘したとおり、この信念は知りあいからの性暴力（acquaintance rape）の不可視化を帰結する（Burt 1991:27; Johnson B. et al. 1997:706）。実際の語りでも、子どもが被害者となった事件において、地域の住民が子どもたちと顔なじみになることが防犯にとって重要であることがくり返し語られていたが、その顔なじみによって性暴力が行われることはまったく想定されていなかった（奈良事件および広島事件）。

二点目は、加害者がその行為の悪質さによって他者化されていたことである。加害者による行為によって被害者に生じた傷の大きさが語られ、そのような「異常な性暴力」を行う加害者が他者化された。性暴力加害者が行った「性暴力」は「性行為」でもあるが、「男性は女性との性行為を望むものである」という信念における「性行為」と慎重に弁別されながら語られていた。たとえば、

学生時代に酔った勢いで、女性と性行為に及ぶというのは、常々歴史として繰り返されている状況であるが、今の大学生は、犯罪性のある性行為に及ぶような、リスクを伴うＳＥＸを好んで行っているようだ。しかしながら、これは一般的視点から分析すると非常に悪質である。(19)

という語りは、男性の「わたしたち」が「歴史として繰り返」し行う「性行為」とは異なり、「非常に悪質」とされる「犯罪性のある性行為」を行う加害者を他者化している。逆に、性暴力を否定するタイプⅡでは、当該性行為に「暴力とか、脅迫とかいうようなものが介在する余地も雰囲気も全くなかった」(20)と語ることで、当該性行為が性暴力であることが否定され、「正常な性行為」を行ったと考

えられた加害者は他者化されなかった。これらをふまえると、加害者の他者化には、性暴力がいかに悪質であったかを強調することが必要であるといえる。実際、本書が扱ったすべての事件で加害者が他者化される語り（タイプⅣ・Ⅰ）において、加害者が被害者に脅威を与える行為（暴行、脅迫、アルコール摂取の強制）を行ったことが語られていた。

このように、加害者が行った性行為が「性暴力」であると認識されることで加害者が他者化され、「性暴力」であると認識されないことで加害者が他者化されないことは、痴漢をめぐる言説において、痴漢行為の扱いの変化にともなってそれを行った者への評価が変化することと相似形をなしている。序章で確認したとおり、牧野雅子は、戦後の痴漢を題材にした言説空間（主に雑誌記事が対象）を分析した結果、一九九〇年代まで、とくに一九八〇年以降では痴漢が「娯楽」として扱われていることを見いだしたが（牧野 2019:108–45）、それを行った男性が他者化されることはなかった。しかし、「痴漢冤罪」が社会問題化された二〇〇〇年以降では、痴漢を行ったと疑われることが「不名誉」なことに変化し（牧野 2019:146–208）、それにともなって痴漢を行った者が他者化された。痴漢にたいするこの認識の変化は、「性被害者の視点からでもなければ、女性の声を聞いてでもな」く、「男性が痴漢冤罪被害に遭うことによって、男性が〔冤罪の〕被害男性に配慮した結果」としてもたらされた（牧野 2019:200–1）。つまり、ある性的な言動が忌避されるべき「性暴力」と認識されるかどうかは、社会、とりわけ男性がなにを「性暴力」とみなすかに左右されるといえる。この事例からも、加害者の他者化には、当該性行為が「性暴力」として認識され、かつ、自分がそれを行ったと他者から認められることが「避けたいこと」として認識されることが必要であることがわかる。

三点目は、加害者をこのような「異常な性暴力」に駆り立てる「異常な性欲」を加害者がもっていたと解釈されることで他者化されていたことである。ここでの「異常さ」は、「異常な女好き」(21)「女性関係もいいかげんで、異常なまでに性欲が強かった」(22)のような性欲が過剰に強いことや、「合意《ママ》のうえや金銭を媒介した性欲の解消には満足せず、女性に対する支配欲や女性を屈伏させること、泣いて許しをこわれることに快感を覚える人」(23)のような性欲が支配欲と結びつくことに求められていた。男性が性暴力におよぶ原因を論じた杉田聡も、性暴力の原因を性欲ではないとみなすフェミニストの議論を「強姦の脱–性化傾向」（杉田聡［2001］2003:39）と呼称して問題化する文脈で、原因を「『女体』に対する、肥大しゆがんだ、固着的な性的欲望以外にはありえない」と断言している（杉田聡［2001］2003:56）。第二節で後述するように、ここでは加害者が「異常な性欲」をもっていると仮定することで、男性の「わたしたち」がもつ、加害者のそれとは異なる「正常な性欲」の存在が担保されている。

四点目は、「同年代の女性との恋愛・性的経験への消極的な態度、あるいは経験の欠如」を性暴力の原因と位置づけつつ、それを加害者の他者化に用いる語りである（奈良事件、スーフリ事件、二〇一六年事件群）。性的経験が皆無であった加害者＝男性について「仲間との輪姦で童貞を捨てた」(24)ことにわざわざ言及したり、恋愛経験に乏しかったことについては、「男女関係でもおつきあいしてくのが面倒くさいとか、もし断られたらどうしようって思うから告白しない。そういう草食男子が何人も集まると、女子を襲ってしまったりするのかなって気もします[25]」のように性暴力の原因として位置づけたりする語りがみられた。すなわち、加害者の他者化に性暴力以前の〈性行為への主体性の発揮〉の欠如が用いられていたのである。

このように恋愛・性的関係に乏しいと語られた加害者は、「男性は女性との恋愛・性的関係を望む存在であり、それを達成したり継続させたりすることで一人前の男になる」という規範の存在から、「未熟」な男性として他者化される。澁谷知美は、戦後の日本の雑誌言説の分析から、一九六〇年半ば以降、女性との性行為の経験をもたない男性を「童貞」としてカテゴライズすることで「問題化」し、「恥ずかしいもの」と認識する規範を析出した（澁谷［2003］2015:117–224）。澁谷の分析は二〇〇二年で終了しているが、「『童貞＝恥』論がふたたび猛威をふるっているように、筆者〔澁谷〕には見える。とくにネットの世界で顕著で、『童貞』は差別用語となっているようだ」（澁谷［2003］2015:248）と述べ、二〇一五年においても「童貞」を「恥ずかしいもの」とみなす言説空間が維持されていると推測している。実際、女性との恋愛・性的経験に乏しい（加害者を含む）男性を他者化する語りは、二〇一六年においても確認された[26]。

さらに、福富護は日本の成人男性への意識調査[27]を実施し、「男性の性については、『男は、多くの女性とセックスしたいと思うものだ』が六割弱、『仕事のできる男ほど、女遊びも盛んである』が二割弱の選択率を示すなど、性に対する積極性が男らしさと結びつけて考えられる傾向が示された」（福富 2000:161）と、男性の〈性行為への主体性の発揮〉と「男らしさ」とを結びつける男性の意識を明らかにした。

加えて、たんに女性と性行為を経験すればよいのではなく、相手の女性にも条件が設けられていた。「もちろん、〔加害者が性的関係をもった女性の〕ほとんどがデートクラブとかデリバリーヘルスで働く風俗嬢やけどな[28]」、「関係を持ったのは金で自由になる女性ばかりでした[29]」といった語りは、「正常な男性」の性行為の相手としてふさわしい女性は、セックスワークに従事していない女性、すなわち〈性行為への主体性の発揮〉を行わない女性であることを前提としている。これは、澁谷が指摘する「シロウト童貞」、すなわちセックスワーカー女性との性交によって童貞を喪失した、もしくはその経験しかない男性が「バカにされる」風潮と同じことを示しているといえる。セックスワークに従事していない「シロウト女性」を獲得することができない「シロウト童貞」は、男性は「シロウト女性」との性交の機会を獲得して（それが可能になるほど女性に「もて《ママ》」る男性であって）こそ一人前であるという価値観ゆえに「バカにされる」のである（澁谷［2003］2015:144-65）。

ここまでの議論からは、男性がもつ性欲の発散として認識されている性行為を、「良い性行為」（推奨される「正常な性行為」）と慎重に弁別される「悪い性行為」（忌避される「異常な性暴力」）の二つに分ける戦略が見いだされる。この戦略により、男性の〈性行為への主体性の発揮〉である「正常な性行為」と、同様に〈性行為への主体性の発揮〉である「異常な性暴力」とのあいだに恣意的な境界線を設け、後者を行った加害者のみを他者化することが可能になるのである。この「正常な性行為」と、「異常な性暴力」との恣意的な区別については、次節で詳しく検討する。

以上の〈性行為への主体性の発揮〉の観点による検討から、「真の加害者」は「正常な性行為」とは慎重に区別された「異常な性暴力」を行った者であり、そのような行為におよぶ原因である「異常な性欲」をもつ者として語られたといえる。加えて、事件以前の加害者に「正常な仕方」での女性との恋愛・性的経験への消極性や経験の欠如が認められれば、〈性行為への主体性の発揮〉に欠ける「未熟」な者としても語られていた。また、被害者との関係の観点から、被害者と面識がない場合には「真の加害者」は見知らぬ者であったことが強調されて語られたといえる。

2　性暴力から距離をとる「わたしたち」――ラベリングする側の分析

前節では被害者と加害者の語られ方について分析してきた。続いて本節では、「わたしたち」の語られ方について分析する。ジェンダーを問わない「わたしたち」は、性暴力／加害者を許さず、怒りや悲しみを表明する者として、加害者が外国人である場合には外国からの脅威におびえる日本人として、また子どもが対象となった事件では同様の事件に恐怖を抱く大人として語られていた。以下では、とりわけ女性／男性の「わたしたち」をめぐる語りを分析する。

あらためてラベリングされる側についてまとめると、非難される被害者は、性暴力が認められれば、なんらかの「落ち度」があったとされる者であり、〈性行為への主体性の発揮〉によって女性に割り当てられたジェンダー規範に違反する者としてラベリングされていた。一方、性暴力が認められなければ、〈性行為への主体性の発揮〉によって女性のジェンダー規範に違反し、抵抗しない点で「落ち度」があり、自ら性行為を望んだことが原因となったにもかかわらず、それを性暴力として「捏造」する者としてラベリングされていた。

次に、他者化される加害者は、「異常な性暴力」を行った者であり、それを引き起こす原因となった「異常な性欲」をもつ者としてラベリングされていた。さらに、女性との恋愛・性的経験に消極的な態度、あるいは経験の欠如が認められれば、〈性行為への主体性の発揮〉が欠如した者として、また被害者と面識がなければ見知らぬ不審者として、ラベリングされていた。

メディアがある人に「逸脱者」としてのラベルを付与する過程が、同時にそれとは無関係な存在としてラベルを付与する側の「正常なわたしたち」を立ちあげる過程でもあることを見いだしたのがラベリング理論の重要な知見であることは（水津 2012:185）、すでに序章で述べたとおりである。ラベリング理論によるこの視点に依拠すれば、被害者にたいして「非難されるべき者」としてのラベルを付与すること、そして加害者にたいして「他者化されるべき者」としてのラベルを付与することは、それらとは異なる存在としての「わたしたち」を立ちあげることを意味する。

女性の「わたしたち」の場合

女性の「わたしたち」は、自らを性暴力被害にあう可能性のある者と位置づけて語っていた。実際の言説では、「〔サンダーバード事件のような性暴力は〕大学生の娘が帰省の折、特急列車を利用している立場として決して人《ママ》ごとではありません[30]」という女性の発言や、騙されやすい女子学生を標的にするという加害者の手口を示す発言を、「愛する娘を苦労して大学に入れた親には、なんとも恐ろしいこの証言[31]」と評価する記事がみられた。こうした言説は、女性がそこで語られている性暴力と同様の被害にあう可能性があることが前提となっていなければ、存在しないはずである。

そのうえで、被害者に「落ち度」を読み込んだり、被害者の言動を女性が遵守すべき規範にたいする違反と解釈したりするパターンの被害者非難、すなわち非難されるべき者としての被害者へのラベリングは、自分は被害者とは異なる行動をとるため性暴力被害にあわないと解釈させる意味で、性暴力から距離をとる戦略といえる。先行研究で取り上げたヘレン・ベネディクトも、「女性〔被害者〕が性暴力を喚起した」、「女性〔被害者〕は性暴力を受けるに値する」、「『淫ら（loose）』な女性だけが被害を受ける」といった性暴力神話（Benedict 1992:15–8）の機能のひとつとして、「被害者でない人が傷つきやすさを感じることから守ること」をあげ、「もし人びとがある事件の被害者を非難することができれば、その人は同じ犯罪が自分には起こらない理由を探すことができるようになる」ことを指摘している（Benedict 1992:18）。同様の指摘は他の先行研究でも確認されていた（たとえば、Giacopassi and Dull 1986:72; Lonsway and Fitzgerald 1994:137; Johnson K. 1995:306–7）。

実際の語り（タイプI）においても、女性によると明言された語りでは、「ヤラれるの目に見えてるじゃん。向こうは何人だと思うの。それに運動部。私なら行かない[32]」や、「やっぱり私たち女子学生は、隙を与えない、甘く見られないということが大切なんだと思いました[33]」と述べる語りがみられ、自分は被害者とは異なり、性暴力の原因となる行動、すなわち〈性行為への主体性の発揮〉を行わないと女性が発言する語りがみられた。これらの語りは、女性である自らが性暴力被害にあう可能性がある存在であることを前提とし、女性の「わたしたち」を性暴力の危険から守る効果をもつ語りであると解釈できるのではないか。

続いて、性暴力の「捏造」と解釈するパターンの被害者非難にかんして、そもそも性暴力を捏造ととらえるタイプⅡの語りの量が少なかったこともあって、タイプⅡにおいて女性の「わたしたち」に言及した語りはみられなかった。ただ、この語りの不在は、性暴力の捏造を議論するのは男性のみであることを示唆していると考えることができる。実際、「女性は性暴力を捏造する」という神話の受容度が男性よりも女性において低いことがいくつかの研究で支持されている（大淵ほか 1985:4; Payne et al. 1999:52)[34]。性暴力被害にあう可能性が自分にもあるという前提に立つ女性の「わたしたち」は、「落ち度」のある被害者を非難する一方で、性暴力を「捏造」と決めつけることで被害者を非難することはほとんどないと考えられる。

一方、被害者を非難しない語り（タイプⅣ）においては、「女性としてショックを受け、ゾッとして立てなかった」[35]、「『集団でレイプするなんてヒドイ。女性として絶対に許せません！』……同じ大学で机を並べる女子学生たちは、事件の第一報に声を震わせながら憤っていた」[36]といった、同じ女性であるという共通点をもって怒りや恐怖を表明する者として語られていた。しかし、被害者を非難しない語りにおける女性の「わたしたち」にかんする語り自体が少なかった。

また、加害者の他者化について女性の「わたしたち」が言及する語りはほとんど確認されなかった。(37)この語りの不在は、加害者の他者化が男性の視点にもとづいており、男性の「わたしたち」にとっては性暴力から距離をとる戦略であるのにたいして、女性の「わたしたち」にとっては同じ意味をもっていないことを示唆しているのではないか。ここまでの検討から、加害者の他者化においては、「異常な性暴力」を行った存在として、そして正常な仕方での〈性行為への主体性の発揮〉を達成できない存在としての加害者像を提示することで、それとは異なり、性暴力など行わず、「正常な性行為」を行いうる存在としての男性の「わたしたち」を立ちあげることに焦点が置かれていた（次項でも詳述する）。つまり、性暴力をめぐる語りにおいて、加害者の他者化はもっぱら男性の「わたしたち」のために動員されていたのであり、そこに女性の「わたしたち」はほとんど関与していないといえる。

逆に、加害者の他者化は女性の「わたしたち」にとって性暴力から距離をとるどころか、「正常な男性」と認識される男性からの性暴力を不可視化してしまうことも考えられる。性暴力が〈真の性暴力〉と認められなくとも、本書の分析からは、性暴力と認められるには加害者が「異常な者」として認識される必要があるといえるのではないか。逆に、加害者が「異常な者」と認識されなければ、性暴力が認められず、「正常な性行為」として認識されてしまう可能性があるのである。

宮地尚子によれば、公的領域／私的領域という二分法を「公的領域」、「親密的領域」、「個的領域」の三つにとらえなおすと、DV加害者の多くは、外ではきちんとした社会人と認識され（公的領域で問題がない）、なんらかの症状に困って外部に相談や助けを求めることもない（個的領域で問題がない）

人物であるという。加害者は一見すると「正常な男性」にみえるが、被害者との親密的領域において暴力をふるうのであり、加害者がそのような人物であると、被害者が被害を訴えたとしても「なかなか信じてもらえない」という事態、すなわちＤＶの不可視化が起こると述べている（宮地 2005a:162-4, 2005b:125, 2010:154-5; 宮地・松村 2019:28-9）。これはＤＶだけでなく性暴力にもそのままあてはまると考えられる。

実際、本書の分析でも、加害者が他者化されるタイプⅣ・Ⅰでは当該性行為が性暴力〈真の性暴力〉ではないにせよ）として認められていた。それとは逆に、加害者が他者化されないタイプⅡでは当該性行為は「正常な性行為」と認識され、性暴力であることが否定されていた。ここから、当該性行為が「異常な性暴力」として認識されるには、加害者が他者化されることが必要であり、「正常な性行為」として認識される場合には加害者は「正常な男性」としてとらえられる、ということがわかる。

バートは、「性暴力神話」を「人びとが『真の』性暴力のカテゴリーからある性暴力を排除することを正当化するために用いるメカニズム」と定義したが（Burt 1991:27）、その「性暴力神話」は、第三者が被害者の性暴力を否定するだけでなく、自身が受けた被害を「性暴力被害」であると認識するか否かにも、影響を与えると考えられる。世間に広く流通する「性暴力神話」が被害者自身の認識に影響を与えないはずがない。「性暴力神話」を内面化している／させられている被害者が、自身の被害を「性暴力被害」ではないと考えさせられることは想像に難くない。宮地尚子も、「性暴力を蔓延させてきたのは、社会がそれを性暴力とみなさなかったということ、そして被害者もそれを内在化させられ、自分を被害者だと思えず沈黙させられてきたこと、まさにそこから来ている」と述べている（宮地 2008a：34）。知りあいからの性暴力を研究してきたアンドレア・パロットも、被害者が「いい人はレイプなんかしない。だからあれもレイプではなかったんだ。……あなたは相手を知っていて、いい人だと思っているので、レイプだとは認められない」と考えてしまうことを指摘している（Parrot 1988＝2005：112）。田中麻子が指摘するように、性暴力被害を可視化するには「ある人が自分に起きた出来事を『性暴力』だと考え、自分を『性暴力被害者』だと認識していく過程、つまり被害者自身の認知が必要なのである」から（田中麻子 2016：27）、加害者の他者化は被害者の認識を阻害する意味で、性暴力を不可視化する(38)。

ここまで確認したように、女性の「わたしたち」は、性暴力を「捏造」と決めつける被害者非難や加害者の他者化における語りではなく、被害者に「落ち度」を読み込んだり、被害者の言動を女性の規範の違反と解釈したりするパターンで被害者を非難する語りにおいて、多く言及されていた。つまり、女性の「わたしたち」は、被害者に「落ち度」を読み込む・被害者が女性の規範に違反したとみなすというラベリングをとおして立ちあげられる、被害者とは異なる行動をとるために性暴力被害にはあわない存在として語られたといえる。

男性の「わたしたち」の場合

一方、男性の「わたしたち」は、加害者を他者化するタイプⅣやⅠの語りにおいて、性暴力を行った加害者を「異常な者」としてラベリングし、加害者を徹底的に糾弾したり社会から遠ざけることを望んだりしていた。同様に、タイプⅡにおいても、性暴力を行うような男性ではないと自らを提示していた。そうして立ちあげられるのは、「正常な性行為」を望み、行うものの、「異常な性暴力」はけっして行わない者としての男性の「わたしたち」である。このことは、「男ならセックスしたいのは当然。……男ならそんなこと〔レイプ〕はしないで、しっかり女のコを口説くしかない(39)」という語りが端的に示している。前節で議論したように、加害者が行う「異常な性暴力」と、男性の「わたしたち」が行う「正常な性行為」とを慎重に分けたうえで、自らを後者のみを行う「男らしい」存在として語っているのである。ここには「男性は性欲をもつものである」という規範も存在するが、同様に、加害者のもつ性欲を「異常な性欲」と位置づけて区別することで、男性の「わたしたち」がもつ性欲を「正常な性欲」と認識し続けることが可能になる。先述の杉田聡が性暴力の原因を「『女体』に対する、肥大しゆがんだ、固着的な性的欲望以外にはありえない」と断言することは（杉田聡［2001］2003:56）、意図の有無にかかわらず、こうした効果をもたらしている(40)。すなわち、「正常な性欲」をもつ男性の「わたしたち」は、けっして性暴力を行わないと想定・盲信することが可能になるのである。

他の男性の「異常な性暴力」を糾弾することによって自らの男性性を保証する態度は、性暴力を行わない男性を「真の男性（real man）」として構築する様相を分析した研究の結果と響きあう。タティアナ・N・マスターズは、「わたしの強さは誰かを傷つけるためのものではない（My Strength is Not for Hurting）」キャンペーンを中心として、男性による反性暴力運動において「男性性の構築にさいしてレイピストを他者化（othering）するレトリック上の戦略」が用いられていることを指摘している（Masters 2010: 38; Messner 2015: 63）。そこでは、「大半の反性暴力運動のウェブサイトは——自分たちの目標は、性暴力の防止にかんする責任を男性に負わせることであると主張しながら——その責任を他の男性が性暴力を行うことを防止することに割り当てている」のである（Masters 2010: 38）。「性暴力を他者によって行われる犯罪として描写することは、〔男性による反性暴力運動の〕ウェブサイトの男性の閲覧者に自分自身の行いを疑問に思う必要がないと信じ込ませる」効果をもっていることが指摘されている（Masters 2010: 43）。さらに、「レイピストを『十分に男性でない（not man enough）』として他者化し、自らを『わたしたち（we）』や『わたしたち自身（ourselves）』といった言葉によって男性的なコミュニティの一員」と位置づけている（Masters 2010: 40）。性暴力を行う加害者を「劣った男性」として他者化しつつ、そうでない自分を「真の男性」として位置づけることで、「性暴力を行わない男性性」という「オルタナティヴな男性性」（Masters 2010: 38）を構築しているといえる。

　本書が対象とする言説は、性暴力の根絶をめざすという目的において正当な男性の活動における言説とは文脈を異にする。しかし、他の男性の性暴力を糾弾することで加害者を「劣った男性」として他者化し、そうでない自分たち男性を、性暴力を行わない「真の男性」として位置づける仕方は同様である。

逆に、男性の「わたしたち」にとって、自ら他者化して距離を確保してきた性暴力の加害者に自分が位置づけられることは、たんに一般の犯罪者に仕立て上げられること以上に忌避されるべきことと考えられている。牧野雅子は、「痴漢冤罪」をめぐる言説において「男性の性犯罪者と呼ばれることへの屈辱感」が語られることを指摘しているが（牧野 2019:191）、性犯罪の加害者と名指されることは「傷害罪」という一般的な犯罪を行ったと名指されるよりも男性の「名誉」を傷つけることであると語られている（牧野 2019:190）。これは、性暴力加害者と呼ばれることが男性性を損なうと解釈されることを示唆しており、「性暴力をしない男性性」が毀損されることへの忌避を示しているといえる。

以上で確認したとおり、男性の「わたしたち」にとって加害者の他者化、すなわち自分とは異なる「異常な者」としての加害者へのラベリングは、性暴力を「異常な個人」のみが行う行為と認識する視点をもたらすことによって、自分はそのような男性ではないと解釈させる（Walby et al. 1983:89; Soothill and Walby 1991:36; Meyers 1997:66; Franiuk et al. 2008b:799; 斉藤 2017:31, 2018:206; 牧野 2019:155-6; Nilsson 2019b:1182）。それだけでなく、過去の自らの言動は性暴力ではない／将来も自分は性暴力を行わないと解釈させる（Masters 2010:43）。つまり、自分の過去の言動が性暴力であった可能性を顧みたり、将来の言動が性暴力とならないように配慮したりすることを放棄させるのである。この意味において、男性の「わたしたち」にとって加害者の他者化は、男性自らの行為の正当化や免罪にほかならないのである。

このように「異常な性暴力」を自らと無関係な出来事と想定しつつ、それとは恣意的に区別される「正常な性行為」を不問に付すことについて、キャサリン・A・マッキノンは「異性愛――性交――とレイプを隔てる境界線」を批判し（MacKinnon［1981］1987=1993:143）、「まったく正常な形態をとるこれらのセクシュアリティが、往々にして、私たち〔女性たち〕を侵している」と主張する（MacKinnon［1981］1987=1993:140）。本書の言葉でいえば、「異常な性暴力」のみを問題化することで、「正常な性行為」がもつ問題――第四章で詳細に検討する――を不可視化し、男性の「わたしたち」は問題含みの「正常な性行為」にふけることができる、ということである。このように一部の性暴力のみを「異常な性暴力」として考えることは、「自分も潜在的な共犯者かもしれないと疑いさえしない」傾向を助長する（MacKinnon 1979=1999:lxiv）。

さらに、性暴力以前の「正常な仕方」による〈性行為への主体性の発揮〉が確認されないことをもって加害者を他者化することは、男性の「わたしたち」の「男性性」を逆照射している。その男性性は、女性との性交の経験、そして女性との恋愛の経験があることによって獲得されると考えられている。大学生の加害者が童貞であったことを強調して他者化する語りからは、「正常な男性」は大学生になるまで／大学生のあいだに女性との性交経験を有するものであるという規範が存在することがうかがえる。ただし、相手の女性がどんな女性であってもよいのではないことは、加害者がセックスワーカー女性としか性行為の経験がなかったことを語る言説から読み取れる。「正常な男性」にとって、セックスワーカーでない、つまり〈性行為への主体性の発揮〉を行わない「シロウト女性」との性交を経験することが必要とされているといえる。

そして、性的経験の欠如だけでなく、加害者が女性との恋愛に消極的であったことを他者化に動員したり、性暴力の原因に位置づけたりする語りもみられた。ここから、男性の「わたしたち」にとって、性行為と恋愛が分かちがたく結びついていることがわかる。実際、セックスを「最終目標」に位置づけつつ、「自分がホレた女を口説いて、自分にホレさせてこそ」一人前の男になれるという語りがみられたことは、すでに述べた。[41] 澁谷知美も、「シロウト童貞」（セックスワーカー女性としか性交の経験がない男性）を恥とする言説が流通する社会を、「恋愛の自由市場の成立」を背景とする「恋愛とセックスが強固にむすびついている社会」であると分析している（澁谷［2003］2015:233）。

つまり、男性の「わたしたち」とは、女性との性的経験と恋愛経験を然るべき女性、すなわち〈性行為への主体性の発揮〉を行わない女性を相手に、然るべき時期（具体的な時期は判然としないものの、おおむね二〇歳のころ）までに達成したうえで、さらにそれらを望み続け、継続的に達成している男性であるといえる。

加えて、加害者の他者化は、加害者と同じ男性というジェンダーに属することによって男性の「わたしたち」が有する性暴力の責任を消去することにもつながっていると考えられる。その責任とは、男性が非暴力をめざす運動であるホワイトリボン・キャンペーンのなかで提起されている、「女性に対する暴力について沈黙したままである」ために「結果的に暴力の発生と継続に加担している」というものである（多賀ほか 2015:13）[42]。男性が性暴力について無関心でいることは、「異常な加害者」にすべての責任を押しつけ、自分は性暴力とは無関係であると考えさせる加害者の他者化の帰結であるといえる。このように男性が性暴力の問題について考えることさえしなくて済むという状況について、中河伸俊は「その〔「女性問題」の〕原因の過半が、性差別の被害者である女性の側にではなく加害者の男性の側にあるとするなら、それを『男性問題』と呼んでもおかしくないはず」であるのに、性暴力を含む「女性運動が提起し、クレイム申し立てしてきた社会問題」が「女性問題」として問題化されたことを指摘している（中河 1998:138-9）。この指摘からは、男性の「わたしたち」が、そして「男性問題」を扱ってきた日本の男性学[43]が、いかに性暴力を「異常な個人」の問題と考え、男性ジェンダーの問題としてとらえてこなかったか、そして性暴力について考慮する必要がないという特権性を無視し続けてきたか、ということがわかる。

　また、被害者を非難する語りに直接的に言及する男性の「わたしたち」についての直接的な語りはみられなかった。しかし、同様に語りがみられないからといって、他者化が女性の「わたしたち」にとって性暴力から距離をとるための戦略として用いられていないのと同様に、男性の「わたしたち」にとって被害者への非難が性暴力から距離をとるための戦略ではないと位置づけることはできない。

第一に、被害者に「落ち度」を読み込んだり規範の違反と解釈したりするパターンの被害者非難については、先行研究が指摘するように、「女性のほうから誘ってきたという『落ち度』があるのであれば、男性が性暴力におよんだのも仕方がない」という考えが、男性の責任を軽減もしくは免除することは容易に推測される。性暴力神話研究は、被害者に責任を帰属し、加害者の責任を消去するという男性にとっての神話の機能を指摘している（Lonsway and Fitzgerald 1995:709; Johnson B. et al. 1997:699; Franiuk et al. 2008a:298）。本書が対象とした言説においても、「女性の側から性交を求める発言や性的接触があった」こと、「被告の欲求をことのほか刺激し、犯行を誘発する一因になった」ことを認定し、一審よりも一年短い二審判決、つまり加害者の責任を軽減する司法判断を、「酔った上とはいえ〝抱いて〟と言ったり股間に触れたりしたのなら、男性側が〝合意《（ママ）》を得た〟と誤解しうる状況だった可能性がある[44]」と無批判に評価する語りがみられた。男性の「わたしたち」がこの語りを受け入れることは、けっきょく男性が性暴力におよんださいの責任を軽減あるいは免除する。この意味で、男性の「わたしたち」が被害者に「落ち度」を求めることは、性暴力から距離をとる戦略であるといえる。

さらに、被害者に「落ち度」を求めて非難することは、男性である自分が保護するべき恋愛・性行為の相手の女性は、「落ち度」のある性暴力被害者とは異なり、性暴力の原因となる〈性行為への主体性の発揮〉を行わないから、自分以外の男性による——もちろん自分は性暴力など行わない——性暴力を受ける心配がないと考えさせる意味でも、性暴力から距離をとる戦略であるといいうる。これは、〈性行為への主体性の発揮〉という「落ち度」のある被害者は性暴力被害にあっても仕方ないと非難する一方、非難されない被害者からは〈性行為への主体性の発揮〉を消去する語りから導かれる帰結である。このように男性が恋愛・性行為の相手の女性が性暴力被害にあうことを心配すること自体に、男性による女性の〈性行為への主体性の発揮〉の管理が含み込まれている。性暴力に抗議する男性による「『もし被害者が自分の恋人や姉妹だったら……《ママ》』あなたはセクハラを容認できるか」という趣旨の発言を、上野千鶴子は「女性のセクシュアリティを男が庇護すべきもの、ひいては男の所有物という前提」を有す家父長制的発想として批判している（上野［2018a］2018:335）。この戦略にも、自分の恋愛・性行為の相手の女性を、男性である自分によって保護される存在と認識する同様の構図が存在するといえる。

　第二に、性暴力を被害者による「捏造」と解釈するパターンの被害者非難は、そもそも性暴力を否定することで、加害者の責任を消去し、同様の事態が自らに起こったときに責任を消去できると考えさせる意味で、男性にとって性暴力から距離をとる戦略であると考えられる。この点で被害者に「落ち度」を求めて非難するパターンと同様である。

　そして、これらの被害者非難は、性暴力被害者に「落ち度」や〈性行為への主体性の発揮〉を読み込んで非難したり、性暴力を「捏造」する[45]女性を非難したりして制裁することによって、被害の告発を押しとどめる効果ももっている。被害者に「落ち度」を読み込んだり規範の違反と解釈したりするパターンの被害者非難は、「自分にも悪いところがあり、そのことを責められるのを避けたい」と被害者に思わせることで、被害を訴え出ることをためらわせる。実際、内閣府の「男女間における暴力に関する調査」では、性交等の被害にあったものの、どこ（だれ）にも相談しなかった女性のうち、九・六％が「自分にも悪いところがあると思ったから」という理由をあげている（内閣府男女共同参画局 2021:83）。また、性暴力の「捏造」を非難するパターンについては、たとえば、痴漢という性暴力の「捏造」を言い立てる「痴漢冤罪」問題において、「〔男性にとっての「痴漢冤罪」の〕恐ろしさを強調するあまり、声をあげる女性を攻撃するかのような論調」（川端 2008:34）で「痴漢冤罪」問題が大きく取りあげられるようになって以降、「痴漢を通報するとき女性は『間違いだったらどうしよう』『もし私の思い過ごしだったら』と考える」ことを求められるようになったという（斉藤 2017:267）。このように、被害者を非難することは、実際に被害者の告発を抑圧する効果をもっているのである。この効果をもつ被害者への非難は、そもそも自分が性暴力加害者として告発される可能性を小さくする意味では、男性の「わたしたち」にとって性暴力から距離をとる戦略であるといえる。

以上で確認したように、男性の「わたしたち」は、加害者の他者化というラベリングをとおして、「異常な性暴力」などけっして行わず、逆に女性にたいして正常な仕方で〈性行為への主体性の発揮〉を行える存在として語られていた。加えて、「落ち度」を読み込んだり、性暴力を「捏造」とみなしたりすることで被害者を非難することをとおして、性暴力から距離をとる存在であると考えられる。

ここまで、本節では被害者への非難および加害者の他者化が男性・女性の「わたしたち」にとってなにを意味するかを分析してきた。男性の「わたしたち」にとって、加害者を他者化することは、「異常な加害者」とは異なり、性暴力などけっして行わず、〈性行為への主体性の発揮〉を達成できる存在として自分たちを提示する意味で、そして被害者を非難することも、被害者に責任を帰属させ、同様の事態が自らに降りかかったときに自分の責任を消去させる意味で、性暴力から距離をとる戦略である。一方、女性の「わたしたち」にとっては、被害者を非難することは、被害者とは異なる行動をとり、性暴力の原因となる〈性行為への主体性の発揮〉を行わないために自分は性暴力被害にあわないと考えさせる意味では、性暴力から距離をとる戦略であるといえるが、加害者を他者化することは自分への性暴力も含めて性暴力被害を不可視化させることにつながってしまうと分析した。

このようにとらえると、加害者を他者化せず（O－）、かつ被害者を非難しない（B－）タイプⅢの語りがほとんど不在であったことは、「わたしたち」、とくに男性の「わたしたち」が性暴力との距離を確保することが難しくなってしまうために、そのような形で語られにくかったことによると考えられる。

さらに、「わたしたち」がもつ性暴力のイメージが影響しているとも考えられる。当該性行為を性暴力――〈真の性暴力〉であるか否かにかかわらず、性暴力と認められるもの――と認識する語りにおいては、性暴力は「異常な加害者」が起こす問題か（O＋）、非難されるべき被害者がもたらす問題か（B＋）のうち、どちらか（O＋、B－のタイプⅣ）、または両方（O＋、B＋のタイプⅠ）という形でしか語られてこなかった。あるいは、当該性行為を性暴力と認めない語りでは、「正常な男性」が行った性行為（O－）を女性が性暴力と「捏造」した（B＋）、という形（O－、B＋のタイプⅡ）でしか語られてこなかった。このように、性暴力は「『異常な加害者』が起こすもの、あるいは／そして非難されるべき被害者がもたらすもの」というイメージが強固に形成されているため、そうでない性暴力の語り方、すなわち「男性優位の社会が生み出した加害者が引き起こしたもので、被害前・被害の最中に被害者がどんな行動をとっていたとしても責められるべきでない」という語り（O－、B－のタイプⅢ）が存在しないといえるのではないか。

＊＊＊

本章では、非難される被害者・他者化される加害者の語られ方、そしてそのような者をラベリングすることで立ちあげられる男性・女性の「わたしたち」がどのような存在として語られているかを分析した。その結果、女性による〈性行為への主体性の発揮〉と男性による〈性行為への主体性の発揮〉がまったく異なる形で評価されていることが明らかとなった。こうした〈性行為への主体性の発揮〉の評価の差は、なにに起因しているのか。次章では〈性行為への主体性の発揮〉を「性の二重基準」の議論と結びつけて議論していく。

注

（1）ここでいう「中立」とは、〈性行為への主体性の発揮〉が価値判断——女性によるそれを性暴力の原因となる行為や女性にとってふさわしくないふるまいとみなすこと——を含まないという意味である。

（2）『女性自身』一九九八年三月一〇日、二五五頁（帝京事件）。

（3）『読売新聞』一九九八年二月二〇日、朝刊、二三面（帝京事件）。

（4）『週刊実話』二〇一六年一一月一〇日、四三頁（慶大事件）。
（5）『週刊ポスト』二〇〇三年七月一八日、二八頁（スーフリ事件）。
（6）本書における〈性行為への主体性の発揮〉と江原のいう「性行為への意思」との差異について触れておく。後者は、「人々が相互行為的実践によって、『規範』を参照しつつ、その状況において『構成していく』」ものであり、それは「『解釈装置』の作動」によってある人に帰属されるものである（江原［1994］1995:112）。他者からの解釈によって判断されるという意味では、〈性行為への主体性の発揮〉と江原の「性行為への意思」は同じである。ただ、両者は男性と女性とで異なる作用をもっていると考えられるから、区別が必要である。

女性の場合、〈性行為への主体性の発揮〉が認められると、同時に「性行為への意思」が読み込まれ、それが女性の遵守すべき規範に違反しているとして非難される。「男の部屋に出向いて鍋パーティーに参加するなんて、成り行きではセックスの相手をしてもいいと思っていたのではないか、と勘ぐられても仕方ない」という語りは、まさに代表例である（『週刊実話』二〇〇六年二月一六日、三七頁（京大事件））。女性の場合には「性行為への意思」が認められれば、それだけで非難されてしまうのである。

一方、男性の場合、「男性の『性行為への意思』は、言語的に表明されなくても、その存在は『自明』であると」とされているように（江原［1994］1995:113）、「正常な男性」には「性行為への意思」が備わっていると解釈されている。①当然、男性に「性行為への意思」が認められなければ、本来であれば備わっているべきものが欠如していると判断されて他者化される。②逆に、ある男性に「性行為への意思」が認められたとしても、女性と交際したり性行為を行ったりするといった「正常な仕方」での〈性行為への主体性の発揮〉を実際に行ったことが認められなければ、その男性は「未熟」な者として否定的に評価され、他者化される。本書が対象とした言説においては、男性加害者が「女性との交際や性行為を行いたい」という「性行為への意思」をもっていながら実際にそれを達成することができないと解釈されて他者化されていたのである。たとえば、「高校時代には遊びを知らずにモテなかった。……ナンパも自分ではできないから後輩にやらせるようなタイプだった」という加害者にかんする語りは、「ナンパ」によって女性との会話等を望むという「性行為への意思」を読み込みつつ、〈性行為への主体性の発揮〉はおろか、その前段階の「ナンパ」さえ実際には達成できないことを他者化に動員する典型例である（『週刊実話』二〇〇三年七月一〇日、三〇頁（スーフリ事件））。〈性行為への主体性の発揮〉の定義に「実際に行為におよぶこと」を含めたのは、このためである。

まとめると、男性に「性行為への意思」が認められても、「正常」な仕方での〈性行為への主体性の発揮〉が認められない場合、その男性は「未熟」とみなされて他者化される。したがって江原の「性行為への意思」と本書の〈性行為への主体性の発揮〉は異なるのである。

（7）『女性自身』一九九八年三月一〇日、二五四頁（帝京事件）。

（8）『朝日新聞』二〇〇三年七月三日、朝刊、一二面（スーフリ事件）。

（9）『週刊新潮』二〇〇七年八月二日、五三頁（京大事件）。

（10）『週刊文春』一九九八年三月一九日、一八六頁（帝京事件）。

（11）『女性自身』一九九八年三月一〇日、二五四頁（帝京事件）。

（12）『週刊文春』一九九八年三月一九日、一八五頁（帝京事件）。

（13）『女性自身』一九九八年三月一〇日、二五五頁（帝京事件）。

（14）『創』一九九八年七月、二七頁（帝京事件）。

（15）『週刊文春』一九九八年三月一九日、一八五頁（帝京事件）。

（16）『週刊文春』一九九八年三月一九日、一八七頁（帝京事件）。

（17）〈性行為への主体性の発揮〉と「真の被害者」としての正当性との関連について、佐藤文香は、戦時性暴力の語りにおいて、性的関係における女性のエイジェンシーが当該社会から読み込まれれば読み込まれるほど、性暴力の語りはその正統《（ママ）》性を減じられ、語りの正統《（ママ）》性をめぐる序列において下位に配置される事態を説明するモデルを提出している（佐藤 2018：324-9）。佐藤における「語りの正統《（ママ）》性」を、被害者の「真の被害者」としての正当性と読み替えれば、本書は平時における性暴力という文脈において佐藤と同じ結論を得たことになる。ただ、①佐藤がいう「エイジェンシー」の内実を、〈性行為への主体性の発揮〉概念によって「落ち度」との関係においてより精緻化しえた点、②〈性行為への主体性の発揮〉概念に男性との比較可能性をもたせえた点において、本書は佐藤（2018）との差異化を果たせたと考える。

(18) 定義上、「知りあいからの性暴力」には、「配偶者からの性暴力（marital rape）」や「恋人からの性暴力（date rape）」を含めることもできるが（Bechhofer and Parrot 1991:12, 14）、これらの性暴力それぞれに知りあいによる性暴力とは異なる困難――婚姻関係や恋愛関係に性行為はつきものという信念による不可視化など――を抱えているといえるため、配偶者／恋人からの性暴力を「知りあいからの性暴力」に含めるか否かは議論の余地があるように思われる。なお、アメリカ司法省司法統計局による「全国犯罪被害調査（National Crime Victimization Survey, NCVS）」における加害者との関係性の分類では、「見知らぬ者ではない者（nonstranger）」の下位分類として「親密なパートナー（intimate partner）〔具体的には現・元配偶者、彼氏／彼女のこと〕」、「親族（relative）」、「知りあい（well-known/casual acquaintance）」があげられている（Planty et al. [2013] 2016:4）。

(19) 『実話ＧＯＮ！ ナックルズ』二〇〇三年九月、三二―三頁（スーフリ事件）。

(20) 『週刊文春』一九九八年三月一九日、一八六頁（帝京事件）。

(21) 『ＦＲＩＤＡＹ』二〇〇五年一二月一六日、九一頁（広島事件）。

(22) 『週刊現代』二〇〇五年一二月一七日、四一頁（広島事件）。

(23) 『週刊女性』二〇〇七年五月二二日、一七九頁（サンダーバード事件）。

(24) 『週刊現代』二〇〇三年七月一九日、三九頁（スーフリ事件）。

(25) 『女性セブン』二〇一六年一一月一〇日、五五頁（東大事件・慶大事件）。

(26) 第三章注25の言説は二〇一六年の記事からの引用である（『女性セブン』二〇一六年一一月一〇日、五五頁）。

(27) 調査概要は次のとおり。一九九九年八月三〇日から一〇月二七日にかけて、首都四〇㎞圏に住む二〇～五九歳の男性のなかから単純二段無作為抽出法によって一、四〇〇名の調査対象者を選定し、無記名の質問紙で郵送調査法によるアンケート調査を行った（二〇件の調査票は未到着であった）。有効回答数（未到着を除いた有効回答率）は六六四件（四八・一％）であった（福富 2000:50）。

(28)『週刊現代』二〇〇五年一月二九日、五二頁（奈良事件）。

(29)『アサヒ芸能』二〇〇五年四月二八日、五三頁（奈良事件）。

(30)『毎日新聞』二〇〇七年五月一六日、朝刊、六面（サンダーバード事件）。

(31)『女性セブン』二〇〇三年七月一〇日、四八頁（スーフリ事件）。

(32)『女性自身』一九九八年三月一〇日、二五四頁（帝京事件）。

(33)『女性セブン』二〇一六年一一月一〇日、五六頁（東大事件）。

(34)管見の限りにおいて、性暴力神話研究において男女のジェンダー差を分析する研究は少ないように思われる。その理由について、神話研究をレヴューしたポール・ポラードが「ジェンダーそれ自体よりも態度的な要因〔性役割意識など〕のほうが性暴力の判断にかんするより重要な変数（mediators）である」と述べていることから（傍点は原文斜体。Pollard 1992:320）、神話研究においてはジェンダーよりも態度的要因に比重が置かれがちであることが影響しているのではないかと考えられる。同様に神話研究をレヴューした横山麻衣によれば、とくに近年の傾向として、ジェンダー差──たとえば女性の方が男性よりも性暴力被害者を非難しない──という社会的な文脈にかんする要因が軽視され、「人々が強かん《ママ》神話を支持するのは、個人の心理的機能が要因だとする説」が中心となり、神話支持の原因が個人的な要因に還元されがちであるという（横山 2021:110）。

(35)『読売新聞』一九九五年一一月八日、朝刊、三五面（沖縄事件）。

(36)『週刊女性』一九九八年二月一〇日、四四頁（帝京事件）。

(37)語りが少ないとはいえ、加害者臨床を専門とする斉藤章佳が指摘するように、自らの周囲に「異常な男性」が存在しないことを確認して安心させる意味で（斉藤 2017:31, 2018:206）、加害者の他者化を、女性の「わたしたち」にとって性暴力から距離をとる戦略であると考えることもできる。しかし、「自分の周りには『異常』にみえる男性がいないため、性暴力被害にあわなくて済むから安心である」といった女性の「わたしたち」の語りが存在しないことは、すくなくとも女性のあいだでは他者化を性暴力から距離をとる戦略とみなす見方が広まっていないことを示しているのではないか。

(38) 第三者からみて性暴力であると考えられる被害を受けているものの、本人はそれを性暴力被害とは思わない状況が考えられる。しかし、ある人に起きた出来事を第三者が性暴力である／ないと決めつけることについて、田中麻子は以下のように述べている。

　ある人を「あなたは性暴力被害者だ」とか「性暴力被害者ではない」と名指しすることは、ある人が性暴力被害者であるか否かを判断する基準を第三者が一方的にもつということであり、その基準がどのように構築されているのかを慎重に問わなければ、ある人の権利を侵害し、その人へ向けられる性暴力を不可視化してしまう危険性をもっている（田中麻子 2016:291）。

(39)『スコラ』一九九八年二月二六日、五四頁（帝京事件）。

(40)「強姦の動機が何かは完全にレイピストの内面の問題であり、……そもそもその答えは、レイピスト自身も正確に理解しているとはかぎらないのである」（杉田聡［2001］2003:34）と述べておきながら、性暴力の原因を「『女体』に対する、肥大しゆがんだ、固着的な性的欲望以外にはありえない」と断言するのは（杉田聡［2001］2003:56）、そのように仮定することが自分あるいは「男性一般」にとって都合がよく、自らの「正常な性欲」を担保するという「政治的」な効果をもつからであろう。

　事実、自説を補強するために杉田聡は、性暴力を性《セクシュアリティ》と切り離し、権力の問題にのみ還元する傾向のあるブラウンミラーを批判するキャサリン・A・マッキノンを引用するが（杉田聡［2001］2003:105）、マッキノンが同じ個所で、「健全で、永遠で、自然なセクシャリティ《（ママ）》」と「性的虐待」とを区別すること、「通常の状況で、日常生活の中で、普通の人間関係の中で」行われる性行為に含み込まれる男女間の権力配分の不平等が黙殺されている状況に異議を申し立てていること（MacKinnon 1979=1999:333）、そして論述全体をとおして「自分も潜在的な共犯者かもしれないと疑いさえしない」態度（MacKinnon 1979=1999:lxiv）を批判していることを無視している。つまり本書の言葉でいえば「正常な性行為」と「異常な性暴力」とを区別し、後者のみを問題化することで、前者に含み込まれているジェンダー秩序を不問に付す議論を批判するマッキノンの意図を完全に捨象している。けっきょく、杉田聡は、「正常な性欲」——「『女体』に対する、肥大しゆがんだ、固着的な性的欲望」（杉田聡［2001］2003:56）ではない性欲――による「正常な性行為」の正当性を保証する言説を流布させることで、そのような性行為におけるジェンダー秩序や「性の二重基準」の問題を隠蔽する議論に加担しているのである。

（41）『週刊実話』二〇〇六年二月二三日、二六七頁（京大事件）。

（42）ホワイトリボン・キャンペーンは「女性に対して深刻な暴力をふるっているのは男性の中でも少数派だ」という前提に立ち、「女性に対して暴力をふるわない男性たち」をターゲットにしている（多賀ほか 2015:1）。この態度は本書が議論してきた他者化そのものであり、マスターズによる「自分たちの目標は、性暴力の防止にかんする責任を男性に負わせることであると主張しながら――その責任を他の男性が性暴力を行うことを防止することに割り当てている」という指摘があてはまる（Masters 2010:38）。男性が女性にたいする暴力を根絶するという取り組みに筆者も賛同するが、性暴力を含む女性への暴力を根絶するにはすべての人が加害者になることを避ける必要があるのであり、それは暴力を振るわないと思い込んでいる男性の「わたしたち」をも例外としないのである。

（43）田中俊之は「実際に、日本の男性学で主流なのは、男性の『生きづらさ』をめぐる社会学的考察である」と言い切っている（田中俊之 2019:35）。この事態について、さらに「男性優位社会では、男性が『女性問題』を考えれば、上から目線か過剰な自責のどちらかしかない。そのため、ジェンダーの問題に主体的に取り組もうとする男性は、男性の『生きづらさ』に焦点を当てる」と述べている（田中俊之 2019:38）。ここには、「女性問題」とされている問題――男性を上位に置き、女性を下位に置く構造に端を発する問題――を無視し続けることができる男性の特権性が捨象されている。

（44）『週刊新潮』二〇〇七年八月二日、五三頁（京大事件）。

（45）性暴力の「捏造」は女性によって行われるだけでなく、男性によっても行われうる。実際、二〇〇八年に大阪市営地下鉄（当時）の御堂筋線内で、男性が首謀して交際相手の女性を協力させ、示談金目当てで痴漢行為があったと虚偽の告訴をする事件が発生し、男性に懲役五年六月の実刑判決、女性に執行猶予付きの有罪判決がそれぞれ出された（『朝日新聞』二〇〇八年一〇月二五日、朝刊、大阪版、三四面）。しかし、女性による「捏造」にとりわけ関心が集められる背景について、「痴漢冤罪」問題にかんする考察が明らかにするように、「〔男性にとって〕自分より下だと思っていた存在〔女性〕から『騙される』といった形で反撃される。男性一般に共通する冤罪の恐怖の根底には、このことへの恐怖もある」と考えられる（斉藤 2017：275）。

第四章　性暴力をめぐる語りと「性の二重基準」

ここまでの章で、〈性行為への主体性の発揮〉の存在が被害者への非難に動員される一方、女性の「わたしたち」はそれを行わない存在であると考えられていること、また、〈性行為への主体性の発揮〉の欠如が加害者の他者化に動員される一方、男性の「わたしたち」はそれを達成する／している存在であると考えられていることを述べた。本章では、〈性行為への主体性の発揮〉にかんして女性と男性とに異なる評価をもたらす「性の二重基準」という概念に依拠しながら、それが女性と男性にそれぞれどのような影響をもたらすか、そしてそれがいかに非対称であるかを分析する。

「性の二重基準（sexual double standard）」は、アメリカにおける人びとの性行動を調査したアイラ・L・リースによって定式化された概念である。リースは「婚前性交は男性にとっては容認できるが、女性にとっては間違ったことであり容認できない」という性行動を規制する基準を「性の二重基準」と定義した（Reiss 1960:84）。これが「二重」であるのは、性的に放埒な行為と考えられていた婚前交渉への評価について、女性による婚前交渉を「良くない（wrong）こと」と評価する一方、男性による婚前交渉を「適切でないにせよ、許される（excusable, if not right）こと」と評価すること

(Reiss 1956:225, 1960:91-2)、すなわち、評価の基準が男性と女性とで異なっていることによる。「性の二重基準」は一九五〇年代のアメリカの文脈で定式化された概念であり、とりわけ英語圏における心理学分野の研究には蓄積がある（レヴュー論文として、Crawford and Popp 2003; Fugère et al. 2008; Zaikman and Marks 2017など）。日本における心理学分野の研究はほとんど皆無であるが、管見の限りで発見した心理学分野の研究においては、同様の手法を用いた調査でも日本における「性の二重基準」の存在が明らかになっている（Sprecher and Hatfield 1996:279）。ただし、これらの調査のほとんどが調査者が任意に選んだ人たちを対象に行われている（非確率抽出法）。したがって、調査結果が調査者の意図した母集団（の属性や意見）を代表していない可能性がある。(3)

以下では、統計学の理論に則って調査対象者を無作為《ランダム》に選ぶ方法で行われ（無作為抽出法または確率抽出法）、非確率抽出法で行われた調査よりも母集団（日本の人びと）を代表していると考えられる調査の結果を確認することで、日本における「性の二重基準」の状況を確認していく。

一九九九年に全国の一六歳から六九歳の一般個人を対象に行われたNHKによる「性についての実態調査」(4)を分析した岩間夏樹・辻泉によれば、「未婚の男性がセックスをする」ことには許容的である一方、「未婚の女性がセックスをする」ことには許容的でないという「性規範のダブルスタンダード」（「性の二重基準」と同じ）が認められている（岩間・辻 2002:125）。ただ、この傾向は若年層（一六歳〜三九歳）よりも中高年層（四〇歳〜六九歳）でとくに顕著である。「未婚の男性がセックスをする」こと、「未婚の女性がセックスをする」ことについて「あなた自身はどう思いますか」という問にたいする回答の割合をまとめ、[5]「未婚の男性がセックスをすることはかまわない計・未婚の女性がセックスをすることはかまわない計」という形式で実際の数値を確認してみると、若年層男性では八九・八%：八七・二%、若年層女性では八七・九%：八六・四%とほとんど差がないのにたいし、中高年層男性では五九・八%：四六・三%、中高年層女性では四〇・一%：三〇・八%と、「明らかに中高年層では、女性に対してより厳しい性規範を適用する」こと、すなわち中高年層において「性規範のダブルスタンダード」が強固に存在することが確認できるのである（岩間・辻 2002:127）。逆にいえば、若年層男女では「性規範のダブルスタンダードは次第に目立たないものになってきたし、これからもさらに目立たないものになっていくだろう」と表現することもできる（岩間・辻 2002:125）。[6]

また、「あなたの両親は、性的なことに関して厳しかったですか」という問にたいする回答をまとめ、[7]「厳しかった計：厳しくなかった計」という形式で数値を確認すると、若年層男性では二七・〇%：七二・三%、若年層女性では五五・八%：四三・〇%であったのにたいし、中高年層男性では四二・六%：五三・八%、中高年層女性では六六・四%：三一・二%であった（岩間・辻 2002:116）。若年層においても中高年層においても、女性の両親は男性の両親よりも性にかんして厳しく、また性にかんして厳しいのは若年層の両親よりも中高年層の両親である（と子どもに認識されている）ことがわかる。

このNHK調査と同様の質問をしているのが、日本家族計画協会による「男女の生活と意識に関する調査」[8]である。「あなたの親は、性的なことに関して厳しかった（厳しい）ですか」という問にたいする回答をまとめ、(9) 先と同様の形式で数値を示すと、若年層（一六歳～三九歳）男性では二二・三%：三五・八%、若年層女性では三八・七%：二〇・一%であったのにたいし、中高年層（四〇歳～四九歳）男性では一七・七%：三七・二%、中高年層女性では四六・六%：一五・四%であった（日本家族計画協会 2003:26。同ページの表から再計算した）。女性では親が性にかんして厳しいのは若年層よりも中高年層であるのにたいし、男性では若年層の親のほうが中高年層の親よりも性にかんして厳しい／厳しかった傾向にあることはNHK調査とは逆の傾向である。しかし、若年層の数値と中高年層の数値との差がわずかであるため、この傾向が存在すると確証をもって主張することはできない。また、若年層においても中高年層においても、女性の親は男性の親よりも性にかんして厳しい／厳しかった（と子どもに認識されている）ことは同様であった。

これらの調査からは、調査時点で四〇歳代以上の中高年層の人びと（だいたい一九五〇年前後生まれ）が男性の婚前交渉を許容するのにたいして女性の婚前交渉を許容しないこと、その親が男性には性にかんして厳しくなかったのにたいして女性には厳しかった傾向にあったことがわかる。これらを「性の二重基準」の代理変数と考えれば、中高年層において「性の二重基準」が存在することがあらためて浮き彫りになったといえる。これらの調査は新聞や雑誌を閲読する人に限定されていないから、以下で考察する「性の二重基準」は言説空間内のみに存在するのではなく、広く一般に存在していると考えてよい。

以下では、日本にも厳然と存在している「性の二重基準」が女性および男性に適用されるとどのような結果がもたらされるのかについて、本書での分析をふまえながら検討する。

1　女性の二分化——「性の二重基準」の女性への適用

「性の二重基準」を定式化したリースは、たんに婚前交渉が男性に許され、女性に許されないという事態の説明にとどまらず、「性の二重基準」が女性の評価にもたらす影響について、つまり「性の二重基準」が女性に適用されるとどのような事態が発生するのかについて議論している。すべての女性にたいして婚前交渉を禁止してしまえば、男性が婚前交渉の自由を行使できなくなる。リースによれば、その「矛盾」[10]を解消するために男性は、性交渉を確保する手段として売春の制度を古代から発展させてきた。一九世紀以降、売春婦ではない多くの女性が婚前性交をするようになり、男性は「悪い（bad）」女性のみが欲望にふけると考えるようになった（Reiss 1960:97-9）。このようにして、リースは婚前交渉を行うような「欲望にまみれた（indulge）女性」を「悪い女性」であると評価する規範を析出したのである（Reiss 1960:91-2）。婚前交渉に代表される性的に放埓な行為を行った女性を「悪い女性」と評価することについて、婚姻外性交にかんする二重基準を分析した江原も、以下のように述べている。

それ〔「解釈装置」としての二重基準〕は「婚姻外性交」という行為に対し人々が行う「解釈」

が、男女いずれのカテゴリーに属しているかによって、異なっているという事態を意味している。すなわち、男性により許容的であるという含意は、男性の場合そのような行為がその個人の「人格の評価」において女性に対してよりも否定的な効果をもたらさないということにあることは、私たちの日常的直感において明白である。そのことはすなわち、人々の他者の行為理解において、他者の「意図」や「欲求」の「解釈」が、男女というカテゴリーの相違により、異なっているということを意味する（江原［1994］1995:110–1）。

この江原の記述から、「性の二重基準」を批判する議論においては、「婚姻外性交」、すなわち性的に放埒な行動が男性の評価にほとんど影響を与えない一方、女性の評価に否定的な影響を与えること、その評価の違いが男女というジェンダーの差異に依拠していることが問題とされているといえる（同様の指摘として、上野［2007］2018:49）。

さらに、性的に放埒な行動をとった女性を「悪い女性」であると評価することは、そうでない、すなわち「良い女性」の存在を前提としている。リースは、男性が売春婦などの「悪い」女性との婚前交渉におよぶ一方、女性の堕落を避けるために「良い（nice）」少女を誘惑することはなかったと述べる（Reiss 1960:99）。すなわち、女性は性的に放埒な言動を行ったと認められるか否かによって男性の視点から二分されているといえる。

以上、既存研究をまとめる形で確認した「性の二重基準」を、本書が提示する〈性行為への主体性の発揮〉を用いて説明しなおすと、次のようになる。すなわち、「性の二重基準」とは、女性による〈性行為への主体性の発揮〉を否定的に評価したり非難したりする一方、男性によるそれを不問に付す規範のことである。その規範が女性に適用されると、女性は、性的に貞淑であり、それゆえに男性による保護の対象である「良い女性」と、性的に放埒であり、それゆえに保護から放逐される「悪い女性」とに二分される。

このように説明しなおすことで、本書の分析結果と「性の二重基準」との接続がより明確になる。本書が対象とした性暴力をめぐる報道において、被害者への非難には次の四パターン、すなわち、①抵抗しなかったことへの非難、②原因を作り出したことへの非難、③女性の規範に違反したことへの非難、④性暴力を「捏造」したことへの非難が確認された。このうち被害者＝女性による〈性行為への主体性の発揮〉が直接的に関係するのが、③女性の規範に違反したことへの非難である。

前章で確認したとおり、本書における〈性行為への主体性の発揮〉とは、自ら進んで性行為を行う、性行為と結びつけられた言動を行うなど性的に積極的な行為に実際におよぶことを意味する。ただし、それは本人の意思とは関係なく、第三者が読み込んだり認定したりするものである。本書が分析した言説において、女性の場合には〈性行為への主体性の発揮〉は、被害者＝女性が男性と酒を飲んだこと、加害者についていったこと、性行為を望んだことであった。そして、この〈性行為への主体性の発揮〉を行ったと認められた女性を「悪い女性」として非難したり否定的に評価したりする規範が「性の二重基準」である。

これにたいして、加害者＝男性が「正常な仕方」で女性を交えた飲み会を開催したりそこで酒を飲んだりすること、女性を性行為の現場に連れて行くことといった〈性行為への主体性の発揮〉は不問に付されている。加害者は〈性行為への主体性の発揮〉を行ったことによって非難されたり他者化されたりすることはなく（過剰でなければむしろ推奨されることさえあった）、「異常な性暴力」を行ったことによって他者化されていたのである。

この〈性行為への主体性の発揮〉の評価にかんするジェンダー差こそが、「性の二重基準」が「二重」であるゆえんであり、〈性行為への主体性の発揮〉が認められた男性が否定的に評価されないのにたいし、それを読み込まれた女性は規範に違反したことを否定的に評価され、非難されてしまうのである。

〈性行為への主体性の発揮〉が読み込まれると、性暴力被害者＝女性が、「性の二重基準」によって二分された女性のうちの一方である「悪い女性」に分類されて非難されるというこの知見は、「落ち度」が認められる被害者を「悪い女性」に分類して非難する報道のあり方を指摘した先行研究の議論と一致している（Benedict 1992:23-4; Meyers 1997:53, 118; 小林 2014:124-5）。ただ、先行研究が分節化しえなかった「落ち度」の内実を、女性による〈性行為への主体性の発揮〉を否定的に評価する「性の二重基準」との関連において精緻化しえた点で、本書の独自性が認められると考えられる。

また、先行研究は「性の二重基準」とそれにもとづく女性の二分（と女性被害者への非難）が、女性が少なく、男性支配的な環境である報道制作の現場の影響を受けていることを前提としている

(Benedict 1992:265; 小林 2014:57–66)。すなわち、これらの先行研究においては、家父長制にもとづく「性の二重基準」が男性の視点から維持・再生産されている現状にたいする問題意識が先鋭化しているといえる。しかし、本書の分析からは、女性の視点（によると明記された視点）からも同様の「性の二重基準」にもとづく被害者への非難が確認された。そこで、以下では女性による「性の二重基準」を容認する発言や、女性が被害者を非難する語りがもつ意味について考察する。

女性による被害者への非難が女性の脆弱な立場を前提とした防衛的な反応であることを先に確認したが、ここでは女性による「性の二重基準」にもとづく被害者への非難に焦点化して議論する。そのさいに依拠するのが、家父長制と共犯的な関係を結ぶ女性にかんする議論である。家父長制の強固さについて論じるシンシア・エンローは、女性にたいして抑圧的であるはずの家父長制がすべての女性から拒否されるわけではないことを分析している。なぜなら、家父長制は自らに適合的な女性に「利得」をもたらす点で「魅力的」にみえるからである（Enloe 2017=2020:21）。家父長制が女性にもたらす「利得」についてエンローは以下のように述べている。

> 家父長制は、女性や少女からただちに拒否されるわけではない。家父長制のシステムにうまくはまる方法をみつけた女性には、たくさんの利得がある。婚姻による経済的安定、社会的地位、ときには国家からの褒賞までも。家父長制に抗おうとしない女性は、その美貌や女らしさ、（娘として、妻として、秘書としての）忠誠をたたえられる。彼女は、その忍耐強さ、思慮分別、家事

の腕前、母性的献身、性的魅力、自己犠牲的なケア、愛国心を高く評価される（Enloe 2017=2020:56）。

家父長制によってもたらされる「利得」を女性による被害者＝女性への非難と関連させて議論する。被害者を非難する女性は、被害者を〈性行為への主体性の発揮〉を行う「悪い女性」に位置づけると同時に、自らを家父長制に適合的な「良い女性」に位置づけている。それにより、自分は家父長＝男性の保護に値する女性であることを示しているといえる。女性によるこの態度は、被害者への非難や「性の二重基準」、ひいてはその原因ともいえる家父長制を女性自ら再生産していると批判されうる。しかし、より重要かつ必要とされるべきは、そのような女性の「共犯」をも引き出す家父長制の強固さ（Enloe 2017=2020）への批判であり、家父長制において女性の保護と引き換えに女性の種々の権利――女性が誰と、いつ、どこで、どのような性行為を行うのか／行わないのかを決める性的自己決定権や〈性行為への主体性の発揮〉を非難されない権利が含まれる――を制限・剝奪する「保護ゆすり屋（protection racket）」としての男性が果たす役割（Stiehm 1982:373; Peterson 1992:51-3; 佐藤 2018:334-6; 上野［2018a］2018:336-7）への批判であろう。(11)

ここまでで、女性による〈性行為への主体性の発揮〉への評価を「性の二重基準」の議論に依拠しながら分析し、「性の二重基準」が女性に適用されると、「良い女性」と「悪い女性」とに女性が二分されることを議論してきた。次節では、この「性の二重基準」と〈性行為への主体性の発揮〉への評価について、従来は議論されてこなかった加害者＝男性およびその他者化にも応用して議論したい。

2　支配の維持・再生産――「性の二重基準」の男性への適用

前節では、既存研究における「性の二重基準」を、本書における〈性行為への主体性の発揮〉概念を用いて、「女性による〈性行為への主体性の発揮〉を否定的に評価したり非難したりする一方、男性によるそれを不問に付す規範」ととらえなおした。一方、男性による〈性行為への主体性の発揮〉について、性暴力以前に「正常な仕方」での〈性行為への主体性の発揮〉がみられないことで加害者が他者化されていたこと（第三章第一節）、その他者化によって男性の「わたしたち」が自身の男性性を保証していたこと（第三章第二節）を既に論じた。ここから、「性の二重基準」を次のようにとらえなおすことができる。つまり、「性の二重基準」とは、女性による〈性行為への主体性の発揮〉を否定的に評価したり非難したりする一方、「正常な仕方」での〈性行為への主体性の発揮〉が認められない男性を否定的に評価したり他者化したりする規範のことである[12]。

このように定義すれば、後に詳しく検討するように、「性の二重基準」が男性に適用されると、〈性行為への主体性の発揮〉が認められない、女性との恋愛・性的経験が乏しい／皆無の男性を男性間の序列の下位に位置づけるとともに、逆にそれを達成している男性を上位に位置づける男性性の布置が生じる。この点にかんして、現在まで、男性間の序列において下位に位置づけられてきた男性、とくに「非モテ男性」の経験に依拠し、モテないことによる「苦しさ」に焦点を当てた研究が散見される（たとえば、杉田俊介 2011, 2016；西井 2019, 2020a, 2020b, 2021；ぼくらの非モテ研究会 2020）。これらの研究はそれとして意義があるものの、被害者への非難と加害者の他者化の両者を分析対象とする本書の知見からは、男性個人としてのモテない／女性との性交経験がないことによる（と本人が考える）「苦しさ」の分析にとどまらない研究の方向性が浮かび上がってくる。すなわち、モテない／女性との性交経験のない男性を、男性間の序列の下位に位置づけて蔑んだり、女性との恋愛／性交へと駆り立てたりするとともに、序列の上位に位置づけられる男性およびその行為を正当化する男性性の布置そのもの、そして――より根源的には――それが女性の支配を不可避的に志向し、正当化していることを批判的に問うていく必要性である。

「複数の男性性」

このような男性性間の序列関係について考察するために、本書はR・W・コンネルの「複数の男性性（multiple masculinities）」論に依拠する。コンネルは単一の男性性ではなく、複数の男性性を想定し、それらが競合しつつ女性を従属させるジェンダー関係に影響を与える様相を理論化した。その複数の男性性のうち、「男性の支配的な位置と女性の従属的な位置を保証する（あるいは保証すると考えられている）家父長制の正統《（ママ）》性問題にたいする、現時点で受容されている答えを具現化するジェンダー実践の形態」としての男性性を「覇権的《ヘゲモニック》な男性性（hegemonic masculinity）」と定義した（Connell

[1995] 2005:77。訳文は川口（2014:66）を参考にした）。さらに、「男性集団間における支配と従属の特定のジェンダー関係」において下位に位置づけられる男性性を「従属的な男性性（subordinated masculinity）」と定義した（Connell［1995］2005:78。訳文は川口（2014:66）を参考にした）。

これらの男性性にかんするコンネルの議論は、たんに男性（性）間の優越・支配関係に終始しない。むしろ、「男女間の関係は……女性にたいする世界的な広がりをもつ男性の優越を軸に展開されている」という問題関心のもと（Connell 1987=1993:265）、「主導的な男らしさ〔「覇権的な男性性」と同じ〕[13]は、女性および従属的な男らしさとの関係をつうじて構築される」とはっきり述べている（Connell 1987=1993:268）。「覇権的な男性性」にかんする議論を整理したミミ・シパーズは、それを「女性性との階層的で相補的な関係を確立して正当化すると同時に、そうすることで男性の優越的な地位と女性の従属的な地位を保証する、男性的とみなされる特質」と定義しなおしている（Schippers 2007:94. 同様の定義として、Connell and Messerschmidt 2005:832）。つまり、コンネルの男性性理論は、「覇権的な男性性がいかに男性と女性、男性性と女性性、複数の男性性のあいだの不平等なジェンダー関係を正当化しているのか」に焦点をあてた議論なのである（Messerschmidt and Messner 2018:37）。

そのため、コンネル理論においては女性性にかんしても言及される。それが「誇張された女性性（emphasized femininity）」である。[14]コンネルは「誇張された女性性」を「男性にたいする女性の、世界的な広がりをもつ従属……にともなう柔順《ママ》さとの関係で定義され、男性の利益や欲望に自らをあわせる方向に向けられる」ような女性性と定式化している（Connell 1987=1993:266）。この「誇張された女性性」が「覇権的な男性性」と対になって構築されることで「男性の女性支配を制度化する日常行動が維持されている」と述べていることから（Connell 1987=1993:268）、コンネルの男性性理論において「誇張された女性性」は男性による女性支配を正当化する役割を果たす女性性として概念化されている。よりわかりやすくいえば、これまでの男性性理論をまとめたジェームズ・W・メッサーシュミットの議論（Messerschmidt 2016:10）を引きながら平山亮が定義するように、「誇張された女性性」とは、「覇権的〔な〕男性性による不平等の正当化が首尾よく行われるために、対として持ち出される『女性とはどのようなものか』という理解」であると言い換えることができる（平山 2019:49）[15]。

男性性の布置

本書が分析する男性による女性支配を正当化する男性性の布置の考察には、これをふまえた平山亮（2017）による男性学批判が有用である。平山によって批判されている日本の男性学の担い手のひとりである田中俊之は、コンネルの複数の男性性論に依拠しながら、「理想的な男性像（田中のいう「ヘゲモニックな男性性」）」を維持していくための否定的な男性像（田中のいう「従属的男性性」）として、オタクは社会に必要とされてきた」と述べ（田中俊之 2009:157）、下位に置かれる男性（像）の存在によって支配的な男性（像）が構築されることを指摘する。しかし、それでもなお「〈ヘゲモニックな男性性〉の特権的な位置は、ジェンダーの非対称性だけではなく〈従属的男性性〉によっても支えられている」ことを自身の研究における「もっとも重要な知見」であると位置づける（田中俊之 2009:

158)。これにたいして平山は田中俊之（2009）において「そうした男性性の構築によって非対称で不平等なジェンダー関係がいかに維持されているかについては、ほとんど説明がなされない」ことを批判する（平山 2017:227）。すなわち、自身が依拠するコンネル理論が男性による女性支配というジェンダー関係を分析する理論であるにもかかわらず、あくまで田中の分析の主眼は男性（性）間の競合に閉じており、その男性（性）間の競合が層としての女性にどのような影響を与えているかが等閑視されているのである。これこそが平山による既存の男性学への批判の焦点である。

そのような既存の男性学の分析では、澁谷のいう「男性間の差異や複数性にもかかわらず見出せる、男性に共通した、女性に対する優越性を描きだすこと」（澁谷 2001:459）を達成したことにはならないし、そもそも男女のジェンダー関係を分析の射程に収めるコンネル理論の趣旨を無視している。平山は田中俊之や後述の多賀太らが担う既存の男性学が「私的なもの《プライヴェート》／内なるものへの依存」を「なかったこと」にして隠蔽し、男性をあたかも自立的・自律的な存在であると想定する日本の男性学における「自立と自律のフィクション」の欺瞞を明らかにするとともに、男性が稼得役割に固執することがその配偶者である女性の生殺与奪の権を掌握するという、支配への志向性を不可避的に抱え込んでいることを指摘し、それが男性を上位に、女性を下位に位置づける非対称で不平等なジェンダー関係を維持していることを分析した（平山 2017:225-41）。

男性性の布置によって生じる構造

これらの議論をふまえ、以下では、男性性の布置によって生じる同様の構造を、〈性行為への主体性の発揮〉という文脈において考える。すなわち、男性性を序列化し、ある男性性を下位に位置づけ、それによって別の男性性を特権的な地位に位置づける男性性の布置そのものがもつ意味、および〈性行為への主体性の発揮〉を男性が達成したり求めたりすることが、女性にたいする支配への志向性を不可避的に抱えていることについて考察する。

その男性性の布置において、〈性行為への主体性の発揮〉を達成できない男性像——これを体現する男性像をコンネルのいう「従属的な男性性」と呼ぶことができる——は序列の下位に位置づけられ、逆に〈性行為への主体性の発揮〉を達成できる男性像は——これを体現する男性像を「覇権的な男性性」と呼べる——理想化され序列の上位に位置づけられる。

はじめに〈性行為への主体性の発揮〉を達成できる覇権的な男性、すなわち本書でいう男性の「わたしたち」について考察する。第三章で確認したように、男性の「わたしたち」は、〈性行為への主体性の発揮〉の達成が不可能である従属的な男性を他者化し、「女性から相手にされないような男が性暴力を起こすのであり、自分の性行為と性暴力は関係ない」と考えることで、自分の行為が性暴力である可能性を不断に考慮する必要性を消去してしまう。ただ、このように書くと、覇権的な男性性があらかじめ存在しているかのような印象を与えるかもしれない。実際、コンネル理論において、覇権的な男性性や従属的な男性性が、経済的構造などの客観的な基準にもとづいて静的に措定されていることが批判されている（たとえば、海妻 2006:4; 川口 2014:68-70）。その批判を乗り越えるため、川口遼は覇権的な男性性そのものの分析ではなく、「男性性間のヘゲモニー闘争それ自体」の動的な分析へと問題関心を向けなおすことを提案している。つまり、「様々な実践のパターンが『男性』というジェンダー・カテゴリーと結びつけられ、そして女性を含む人びとから意味づけられていくプロセスを分析する」のである（川口 2014:72）。この研究指針にもとづけば、本書が分析対象としている男性の「わたしたち」がどのように覇権的な男性性をつくりあげ、それに同一化しようとしているのかを分析することが可能になる。

言説内で想定されていた男性の「わたしたち」は、「正常な仕方」によって〈性行為への主体性の発揮〉を達成できない「未熟な男性」としての「異常な加害者」を他者化することをとおして、「それとは異なる男性」として絶えず自らを更新し続ける存在である。たとえば、奈良事件の加害者が関係をもった女性について、「もちろん、ほとんどがデートクラブとかデリバリーヘルスで働く風俗嬢やけどな(16)」、「関係を持ったのは金で自由になる女性ばかりでした(17)」とわざわざ言及したり、さらにそのような女性との関係では「異性と会話を重ね、語り合う中で愛情が芽生える」ような経験ができず、「彼にとって女性とは、単なる性欲処理の道具に過ぎなかったのかもしれない(18)」のように女性を性的対象物としてしか認識できなかったという語りのように、女性との「正常な恋愛・性行為」の経験の欠如をゆがんだ女性観と結びつけたりして他者化する語りは、「未熟な男性」としての加害者ではない者としての男性の「わたしたち」を逆照射する典型的な語りである。すなわち、男性の「わたしたち」は、つねにすでに存在しているのではなく、「未熟な男性」、すなわち従属的な男性を他者化することによってしか、自らのアイデンティティを構築することができないという意味で、ひどく脆弱な存在であるといえる。「非モテ男性」が男性同性集団から排除されていく過程を分析した西井開も同様に、「理想的な『普通』の男性像はあらかじめ決められているのではなく、周囲の男性を貶めるための手段として、権力を持つ男性の手によって恣意的につくられていくのだと考えられる」と述べている（西井 2021:73）。第三章で確認したその具体的なプロセスは、他者化をとおして絶えず達成しなければ崩れてしまうような、覇権的な男性性をめぐるきわめてダイナミックな営みであり、まさに「ヘゲモニー闘争」であるといえよう。次に、そのヘゲモニー闘争が男性による女性の支配を志向することを考察していく。

支配への志向

第三章ですでに確認したように、「正常な男性」による〈性行為への主体性の発揮〉の相手となる女性は、セックスワーカー女性や性行為にたいして積極的ではない女性でなければならないと考えられている。つまり、男性が「童貞」を卒業して「一人前の男」として認められるには、恋愛の対象としてふさわしい「貞淑」な女性を相手とする「正常な性行為」を行い、男性集団から承認されることが必要となる。本書の言葉で換言すれば、男性による〈性行為への主体性の発揮〉が「正常な性行為」と認められるのは、それを〈性行為への主体性の発揮〉を行わない女性を相手にした場合に限られるといえる。その相手の女性は、自ら進んで性行為に結びつけられる言動を行ったり、積極的に性行為を働きかけたりしない存在であると考えられているのである。

このような性行為にかんする観念は、たんにメディア上の規範にとどまらない。実際、ＮＨＫの「性についての実態調査」において、「女性は、セックスでは男性のリードにしたがうべきである」という質問にたいして「そう思う」と回答した者の割合は、男性未婚で六・〇％、男性既婚子無で二三・三％、男性既婚子有で一二・〇％、女性未婚で一三・五％、女性既婚子無で二二・二％、女性既婚子有で一八・四％である。調査報告書では「男性では、結婚後に男性中心主義的な態度が強まって」おり、「特に既婚子無での高さが目立つ」と解釈されている（岩間・辻 2002:74–6）[19]。因果関係が不明であるため、結婚している男性が相手の女性の性的自己決定権を認めないのか、そのような男性が結婚しているのかは不明である。また、男性若年層（一六歳～三九歳）よりも男性中高年層（四〇歳～六九歳）のほうが同じ質問にたいして「そう思う」と回答した者の割合が高いことも明らかとなっている（岩間・辻 2002:44）[20]。さらに、年齢が上がるほど結婚している人の割合が増加している（岩間・辻 2002:44）[21]。そのため、結婚していることと年齢を重ねていることのどちら（または他の変数）が「そう思う」との回答に影響を与えているのかを正確に推測することはできない。ただ、すくなくとも数字のうえでは、結婚している、つまり女性との「正常な仕方」での〈性行為への主体性の発揮〉を達成できる男性のほうが女性の性的自己決定権を認めない傾向にあることが読み取れる。

このような観念にもとづく性行為は、誰と、いつ、どこで、どのような性行為を行うのか／行わないのかを、自らの意志にのみもとづいて決定する女性の性的自己決定権が認められないことと同義であるといえる。田中麻子は性暴力を「性的自由」や「性行動や性意識をみずから決定する権利や性的指向の自由」を含む「性的権利の侵害」と定義している（田中麻子 2016:20）。女性の性的自己決定権が認められない性行為は、性暴力にきわめて近い。

このような観念のもとで男性が〈性行為への主体性の発揮〉を求めて行う性行為において、女性の性的自己決定権が侵害されるということは、男性を性行為の能動的な行為者としての「性的主体」に、女性を性行為の受動的な行為者としての「性的客体」に位置づけるということである。江原由美子は、「『男』を『性的欲望の主体』に、『女』を『性的欲望の対象』に結びつける強固なパターンという〔ジェンダー秩序における「異性愛」の〕定義からただちに導かれることとして、『女』は性的関係を形成する際にその主導権を握ることができないということになる」と述べる（江原 2001:150）。この状態は、まさに江原のいうところの「性別カテゴリーにおいて女性／男性として把握される社会成員間において、それぞれがどれだけ権力行使を行うことができるかに関して、相違がある場合」に見出だされるとされる相互行為水準における「性支配」のひとつの形態にほかならない（江原 2001:108）。つまり、男性による女性との「正常な仕方」での〈性行為への主体性の発揮〉――「正常な性行為」――を達成することをめぐる男性のヘゲモニー闘争は、意識的であれ無意識的であれ、女性支配を志向しているのである。

そもそも、「私的」な領域で行われる（とされている）性行為だけが社会的な構造から独立して行われるはずがない。アンドレア・ドウォーキンやキャサリン・A・マッキノンは、一般的に行われている性交《セックス／インターコース》、本書の言葉でいえば「正常な性行為」と男女間の権力構造との関係をあばきだしている。マッキノンは「男女の不平等のもとにおける通常のセクシャリティ《（ママ）》を健全だと前提してもいいのだろうか。男女のセクシャリティ《（ママ）》、男らしさ、女らしさ、セクシーであること、異性の魅力などに関する社会の見方の中に、すでに不平等が入り込んでいるとしたらどうだろうか」と疑問を呈する（MacKinnon 1979=1999:333）。ドウォーキンも「性行為本来の、またそれ自体の意味が何であるにせよ、その行為が生じるコンテクストは、男が女に対し、社会的、経済的、肉体的権力を握っているコンテクストである」と述べる（Dworkin 1987=[1989] 1998:216）。そして「不平等な状況のもとでなされるセックスは、そのセックスが〔女性が〕望んだものではない場合でも同意にもとづくものであるように見えうる」のである（MacKinnon [2003] 2005=2011:325）。つまり、「正常な性行為」が行われるのは、男性を上位に、女性を下位に位置づけるジェンダー秩序という社会的な構造のもとにおいてであり、そのような状況での性行為は男性にとっては「正常な性行為」であると感じられても、女性にとっては性的自己決定権を侵害される行為なのである。

ただ、マッキノンやドウォーキンは「ある領域〔性行為の外部としての「公的」な領域〕で得た権力を他の領域〔性行為が行われる「私的」な領域〕の利益と不適切に（恣意的に）合成したもの」として性行為をとらえない（MacKinnon 1979=1999:334）。そうではなく、ドウォーキンはむしろ性行為を「女を心理的に劣位に置く手段の一つ、もしくは唯一の手段」（Dworkin 1987=[1989] 1998:237）と位置づけている。同様に、マッキノンは「女性に対する男性の性的攻撃はノーマルなものだとされている」状況のなかで（MacKinnon［1991］2005=2011:122）、ノーマルとされている「性的侵害行為は、男性に対する女性の従属的地位を象徴するとともにそれを実現するものでもある」と述べている（MacKinnon［1991］2005=2011:121）[22]。すなわち、「正常な性行為」こそが男女間の権力関係を作り出しているととらえられているのである。

　このように、女性を下位に位置づける不平等な権力関係のもとで、すなわち「男が女に対し、社会的、経済的、肉体的権力を握っている」状況で（Dworkin 1987=［1989］1998:216）、個々の男性と女性のあいだで女性の性的自己決定権を侵害するような「正常な性行為」が行われ、そのようなミクロな性行為がマクロな権力関係を再生産する——性行為と権力関係をめぐるこのような循環構造は、そのような性行為が男性にとって「正常」なこととして考えられるために断ち切られることなく続いていく。

　そのうえ、「支配の志向は必ずしも意図的・意識的に行われているとは限らない」と平山が指摘するように（平山 2017:250）、男性による「正常な仕方」での〈性行為への主体性の発揮〉が意図的・意識的に行われるとは限らない点にも注意が必要である。いや、性暴力加害者が他者化されているこの状況では、「自分の言動は性暴力ではない」と信じて疑わないまま性暴力が行われることのほうが多いと考えられよう。しかし、意図や自覚がなくとも相手の性的自己決定権を侵害しながら性行為を行えば、それはまごうことなき性暴力である。男性が女性にたいする「正常な仕方」での〈性行為への主体性の発揮〉を達成したのであれば／達成しようとするのであれば、どのような意図にもとづいていても——愛情を確かめるため、コミュニケーションをとるため——、あるいは支配の意図はないと本人が考えていても、女性の性的自己決定権を否定したり妨げたりすることになるため、結果的に性暴力を行った／志向しているということになる。

支配の維持・再生産

このように意図や自覚がなければ、覇権的な男性は「相手が拒否していないから／好きで行っているようにみえたから、同意のうえの性行為である」——これは性暴力加害者が自己の免責に利用する言説の典型例そのもの[23]である——と思い込むかもしれない。しかし、たとえ相手が性行為を嫌がっていないように／好んで応じているようにみえても、報復や関係の悪化を恐れて指示どおりに行動するほかない状況に追い込まれている可能性もある。相手の性的自己決定権が侵害されているかどうかを自分が決めることはできない以上、自分がそれを性暴力ではなく同意のうえの性行為であると決めることもできないのである。それでもなお覇権的な男性が「自分の言動は性暴力／女性支配ではない」とひとりよがりに信じてやまないとすれば、それこそが他者化のなせるわざである。性暴力加害者の他者化の仕方はさまざまあれど（そのうちのひとつが、まさにここで論じている「性暴力はモテない男が起こすものである」という仕方である）、「自分の言動は性暴力／女性支配ではない。自分こそは例外である」と信じて疑わせない力が性暴力加害者の他者化の力なのである。

さらに問題を複雑にしているのは、女性の「わたしたち」が〈性行為への主体性の発揮〉を行わない存在として語られていたことである。この女性像は男性に「女性のほうがされるがままになりたがっているのであるから、男性の自分がセックスを誘ったり、セックスで主導権を握ったりするのは当然である」と考えさせてしまう。その意味で、男性による「正常な仕方」での〈性行為への主体性の発揮〉を容認させており、女性支配を正当化する役割を果たしているから、このような女性像はまさにコンネルがいうところの「誇張された女性性」(Connell 1987=1993:266)である。女性のこのような「自発的」な服従を喚起するのは、前節で確認したとおり、家父長制のもつ「利得」や「魅力」(Enloe 2017=2020:56)である。

一方、女性との〈性行為への主体性の発揮〉を達成できない、すなわち直接的には女性による性的自己決定権を否定することはない従属的な男性が、男性を上位に、女性を下位に位置づけるジェンダー秩序を再生産しないかといえば、けっしてそうではない。というのも、従属的な男性が女性にたいする〈性行為への主体性の発揮〉の達成を志向する――それによって覇権的な男性性を追求する――ことは、(覇権的な男性がすでに達成している)女性にたいする支配を必然的に志向することを意味するからである。このことについて、「ホモソーシャリティ」の観点から分析する。

クィア理論を専門とするイヴ・K・セジウィックは、イギリス文学の読解をとおして、男性同士の絆、すなわち男性の「ホモソーシャリティ」における女性の扱われ方について論じた(Sedgwick 1985=2001)。男性からなる二つの集団のあいだで象徴的な財としての女性を交換する儀式であると婚姻をとらえるクロード・レヴィ＝ストロースの議論や、それを再解釈したゲイル・ルービンの議論を援用しながら、セジウィックは男性のホモソーシャリティにおける「自分たちの絆を揺るぎないものにするために、女性を交換可能な対象として、価値ある貨幣として使用する」システムの存在を暴いた（Sedgwick 1985=2001:186-7）。セジウィックは、自身の読解の題材が「イギリス文化の中でも、主に一八世紀中葉から一九世紀中葉にかけての小説」であることから（Sedgwick 1985=2001:1）、「公式〔分析から得られた洞察〕を……文化を超えて当てはめたり、（さらに）普遍化したりすること」に慎重であることを要請している（Sedgwick 1985=2001:29）。しかし、このことはセジウィックの洞察が文化的・時代的に限定されていることを意味しない。むしろセジウィックの議論に依拠しながら現代日本を分析した上野が「この概念がいまだに高い説明力を持つ」と述べていることからも（上野［2010］2018:293）、セジウィックが導き出した男性のホモソーシャルな絆、ホモフォビア、ミソジニーの枠組みは――通文化的・通時代的とはいわないまでも――すくなくとも現代日本にも適用可能であるといえる。

このセジウィックの議論に依拠しながら、上野千鶴子は「非モテ男性」、すなわち〈性行為への主体性の発揮〉を達成できない従属的な男性が、女性との恋愛を求める背景を以下のように分析する。

セジウィックの「ホモソーシャリティ」の概念によれば、男は女に選ばれることによって「男になる」のではない。男は男同士の集団のなかで正式のメンバーとして認められることで初めて男になるのであり、女はその加入資格のための条件、もしくはそのメンバーシップに事後的についてくるご褒美のようなものだ。「彼女がいる」とは、「女をひとり所有する」すなわち文字どおり「所有《モノ》にする」状態をさす。他のすべての要因〔学歴・収入の高さ、職に就いているかなど〕において欠格であっても、最後の要因、女がひとり自分に所属していることだけで、男が男であるためのミニマムの条件は満たされる（上野［2009］2018:72）。

同様に、澁谷は「包茎」をめぐる言説を分析した結果、次のような男性間支配と男性による女性支配の理論を抽出した。包茎手術を商売とする男性医師が作り出した「『包茎ってキライ、フケツ』と吐き捨てる女性像」というコンネル理論における「ジェンダー不平等の正当化に利用される女性像[24]」をたくみに利用し、「包茎男性が迫害を受ける風潮に女も加担している」というリアリティを強固にすることで「男たちの女への敵愾心」を養い、女性への攻撃を正当化しているため、ジェンダー不平等に関与しているとする（澁谷 2021:218–20）。この「女は包茎が嫌い」という女性像を信じてやまない男性にとっては、「包茎であることが彼女や妻を持てない（もてない《ママ》）ことと同義」となり、「女をひとり所有する」という男性が男性に認められるための最低限の条件を達成できないことは「生きづらさ」となる（澁谷 2021:220–1）。「ジェンダー不平等の正当化に利用される女性像」が構築されていることから、その「生きづらさ」を抱える男性は「包茎ってキライ」と言い放つ女性によって「生きづらさ」が引き起こされていると解釈し、自分を相手にしない女性に敵意を向けるから、「『女持ち』

男がそうでない男を劣位に置く支配構造」が温存され続けることになる（澁谷 2021:221）。そして、男性間の支配構造について澁谷は次のように述べている。

この構造は、「包茎」を「ハゲ」や「チビ」「デブ」「ブサイク」「無職」「低収入」「低学歴」などに置き換えても変わらない。この互換性の高さは、「男の生きづらさ」とは、女にもて《（ママ）》ないこと、そのじつ、男から男として認められないことのつらさにほぼ集約できるのではないか、と思わせるほどだ（澁谷 2021:221）。

つまり、男性集団において男性が承認を得る――「男になった」と認められる――ためには、女性を「所有する」ことが不可欠となる。実際、「非モテ男性」の当事者団体を主宰し、「非モテ男性」を研究する西井開は、「『女神』（「非モテ男性」が一方的に好意を寄せる女性）と交際・結婚することは、自己像の安定化、多数派集団への参入、ケア役割の獲得という三つの効果をあげることのできる手段」として「非モテ男性」当事者に理解されていることを明らかにしている（傍点は筆者。西井 2020a:106）。ここでいう「多数派集団」とは、明示されないものの、男性集団を指すと考えるのが妥当であり、[25] 理論上だけでなく「非モテ男性」当事者にも男性集団からの承認――参入には承認が必要である――が切望されていることがよくわかる。

以上の検討から、すでに女性にたいして「正常な仕方」での〈性行為への主体性の発揮〉を達成している男性は、現に女性を支配していることになるのであり、従属的な男性が女性にたいする〈性行為への主体性の発揮〉を追い求めることは、女性支配への志向を意味するといえる。このように、〈性行為への主体性の発揮〉を達成した覇権的な男性による女性支配を正当化するとともに、〈性行為への主体性の発揮〉を追求する従属的な男性を蔑んだり、女性支配へと駆り立てたりする男性性の布置は、男性による女性の支配を維持・再生産するのである。

3　「性の二重基準」がもたらすもの

ここまで、「性の二重基準」が女性に適用されると、〈性行為への主体性の発揮〉が認められる「悪い女性」と認められない「良い女性」とに二分されて前者が非難されること、そして「性の二重基準」が男性に適用されると、〈性行為への主体性の発揮〉が認められない「従属的な男性」と「覇権的な男性」とに二分されて前者が他者化されることを議論してきた。本節では、それらの結果として女性と男性にたいしてもたらされる影響について、続けてそれが男性と女性とでどのように異なっているのかについて議論する。

「性の二重基準」が女性にもたらす影響は、〈性行為への主体性の発揮〉が認められることで非難される状況が存在するために引き起こされる。性暴力の文脈でいえば[26]、なによりもそれは、性暴力被害の告発を躊躇・断念させられることであり、「酒を飲んだから／加害者についていったから、被害者も悪い」と断罪されて告発が矮小化・無効化されるセカンド・レイプ、すなわち二次加害の被害にあう危険にさらされることである。先に、被害者の「落ち度」として認識される、女性による〈性行為への主体性の発揮〉が「真の被害者」像にそぐわないために、性暴力をめぐる語りから消去されることがあると述べた。逆にいえば、これは、〈性行為への主体性の発揮〉が認められる被害者は「真の被害者」とは認識されなくなることを意味する。[27]

この点について、田中麻子は、「被害者が経験した性暴力と第三者のイメージする性暴力像や被害者像が異なれば、被害者は非難や無理解を避けるために被害について沈黙してしまうだろう」と述べている（田中麻子 2016:32）。つまり、本書の考察によって〈性行為への主体性の発揮〉が認められない被害者こそが「真の被害者」であるとメディアによって報道され、かつそれが広く信じられている現状が浮き彫りになったが、自らの性暴力被害経験のなかに〈性行為への主体性の発揮〉を読み込まれかねない要素が含まれている被害者は、周囲からの非難を恐れて沈黙させられてしまうのである。[28]四方由美は、「この〈性暴力被害者に「落ち度」があるという〉ラベリングは……読者に対して被害者になるとこのようなラベルが貼られてしまうことを示すといえる。もし被害者になった場合、訴えたくないと思わせる作用をするといえるのではないだろうか」と指摘している（四方 2014:193）。実際、内閣府男女共同参画局の「男女間における暴力に関する調査」において、「無理やりに性交等された被害」[29]を「どこ（だれ）にも相談しなかった」理由（複数回答）として、性暴力被害経験のある女性のうち「自分にも悪いところがあると思ったから」と答えているのは、二〇一八年度調査で一六・九

%（内閣府男女共同参画局 2018:78）、二〇二一年度調査で九・六%である（内閣府男女共同参画局 2021:83）。この「悪いところ」には、本来なら性暴力（にたいする責任）とはまったく関係ないはずの、女性が自ら酒を飲んだなどの〈性行為への主体性の発揮〉を含んでいると考えられる。ここからは、周囲からの非難を受けるかもしれないという恐怖が性暴力被害を沈黙させている現状が浮かび上がってくる（稲本・クスマノ 2009:38–40）。本書がこれまで明らかにしたように、その非難の要素として、女性による〈性行為への主体性の発揮〉にたいする、「性の二重基準」を形成するジェンダー規範にもとづく非難が含まれているのである。

そして、〈性行為への主体性の発揮〉を読み込まれた被害者が沈黙を破って性暴力の被害を告発した場合には、「貞操観念」に欠ける女性であると断罪されてしまう。〈性行為への主体性の発揮〉を認定された女性被害者がそれゆえに非難されたり、その証言の信用性が既存されたりする事態が、実際に発生している。性暴力事件を無罪と断じた判決文[30]を検討した角田由紀子は、「A子〔被害者〕のように、『淑女ぶって』いながら、実は性的に奔放で慎ましやかでないと烙印を押された女性の被害はなかなか信用されないこと」を見いだした（角田 2001:193）。

このように、「性の二重基準」が女性にもたらすのは、女性が性暴力被害について沈黙させられ、沈黙を破って告発した場合にセカンド・レイプの被害を受ける危険にさらされることである。

これにたいして、「性の二重基準」が男性にもたらすのは、女性を「所有」できないゆえに男性集団からの承認を得られない「非モテ男性」が「非モテ」であるがゆえの（と本人が考える）「苦悩」である。先述の「非モテ男性」の当事者団体が二〇二〇年に出版した書籍のタイトルは『モテないけど生きてます――苦悩する男たちの当事者研究』である。書名において男性が「モテない」ことと「生きて」いることが逆接の接続詞「けど」で結ばれていることは、「非モテ男性」が抱える「苦悩」をうかがわせる意味で注目に値する。現に、書籍には「非モテであることによる苦悩」が――そして女性にたいする加害経験も――るる書き連ねられている（ぼくらの非モテ研究会 2020）。

「ぼくらの非モテ研究会」を主宰する西井開は、当事者と向き合って調査することを通じて「非モテ男性」の経験や意味世界に迫り、それらをたんねんに描き出している。その成果が一般書として出版されるということは、男性が「非モテ」であることが男性本人にとって「苦しい」と感じられることが当事者だけでなく、とくに疑問をもたれずに、一般にあるていど理解可能なものとして受け入れられているといえる。これは逆に、「『非モテ』であることを『苦しい』と感じるのは一部の特殊な男性であって、理解できない感覚である」と簡単には否定されない、ということでもある。

このように「非モテ男性」が「非モテ」ゆえに（と本人が考えて）抱える「苦しさ」は、本人にとっては「生きづらさ」とも表現されるほどの切実さをもっているであろう。ただ、この「苦しさ」は女性の支配にかかる「コスト」である／でしかないといえる。上野が「非モテ……等の『男性問題』は、ホモソーシャルな男性集団の規格からはずれることへの恐怖と苦痛をあらわしている」と指摘しているとおり（上野［2010］2018:297）、また「非モテ男性」自らが恋愛や結婚することを男性同性集団からの承認を得る手段であると考えていることからも（西井 2020a:106, 2021:101）、男性の女性にたいする「正常な仕方」での〈性行為への主体性の発揮〉の追求は、男性集団からの承認への欲求であるといえる。

このように、男性集団から承認を得るために、そして女性を支配するために〈性行為への主体性の発揮〉をめざし、それが成し遂げられないことを「苦しい」と思うことは、その実、男性が作り出した基準に満たないことに男性自らが「苦しむ」という「自縄自縛」にほかならない[31]。「自縄自縛」とは、男性による女性支配への志向性を不問に付す日本の男性学を批判する文脈で澁谷が指摘する、『『支配のコスト』から逃れたければ支配そのものをやめれば済む話なのに、それをしないで苦しんでいる事態」のことである（澁谷 2019:35）。

ここまでの議論は、〈性行為への主体性の発揮〉にかんする評価が男性にも女性にも同様に不利益――論者によってはともに「生きづらさ」とも呼びうる――をもたらしていると読まれかねないが、筆者の主張はむしろその真逆である。男性学にたいする批判のなかで平山は、男性学者の多賀太が女性の「生きづらさ」と男性の「生きづらさ」を、同じ語を用いて並列して語ること（多賀 2016:58）を批判している。それは、女性の「生きづらさ」が「生の基盤（the fundamentals for life）」として必要な「就労機会や稼得能力が構造的に制限されること」であるのにたいし、多賀が呼ぶ男性の「生きづらさ」なるものは、「稼得役割に対する固執と、それを追求するがゆえに男性がさらされる身体的・精神的・社会的リスク」、すなわち「家庭における支配を維持するための対価」であり（平山 2017:238）、これらを脱文脈化して並置することが「稼得役割への固執という男性個人の支配の志向を不問に付すことになる」という理由による（平山 2017:241）。

この議論に鑑みれば、「性の二重基準」にもとづいて序列の下位に置かれた男性が男性ホモソーシャリティのなかで蔑まれたり弱い立場に置かれたりすることが、男性個人にとって「苦しさ」や「生きづらさ」として経験されることがあったとしても、それを脱文脈化し、「性の二重基準」が適用される女性の経験や「生きづらさ」と並置することはできない。なぜなら、「性の二重基準」が女性にもたらす影響と男性にもたらす影響における非対称性が現に存在するからである。

ただ、このように男性の「生きづらさ」と呼ばれるものと女性の「生きづらさ」とが非対称であると分析したからといって、男性個人が「モテない」こと、すなわち〈性行為への主体性の発揮〉を達成したと認められないことで「苦しい」と感じること自体を否定しているのではない。そうではなく、むしろ〈性行為への主体性の発揮〉を達成できない男性に「苦しい」という感覚を覚えさせたり、そのような男性を他者化したりする「性の二重規準」をこそ問題化するべきであると筆者は考えている。そして「性の二重基準」を問題化するということは、同時に、〈性行為への主体性の発揮〉を読み込まれた女性を否定的に評価したり非難したりする規範を批判することでもある。

ここで批判されるべき「性の二重基準」の本書における定義をあらためて確認しよう。「性の二重基準」とは、女性による〈性行為への主体性の発揮〉を否定的に評価したり非難したりする一方、「正常な仕方」での〈性行為への主体性の発揮〉が認められない男性を否定的に評価したり他者化したりする規範のことであった。これにより、女性は〈性行為への主体性の発揮〉を行った「悪い女性」と、それを行わなかった「良い女性」とに二分される。男性は「正常な仕方」での〈性行為への主体性の発揮〉を達成できない従属的な男性と、それを達成できる覇権的な男性とに二分される。

「性の二重基準」をめぐる議論で不可視化されているのは、性行為にかんする言動がもつ女性にとっての意味である。加害者についていったことが「女性は性的に積極的な行動をとるべきではない。逆にそのような行動に至ったのであれば、それは同意を示しているから自分が悪い」と考えられて、女性の規範に違反した・原因を作り出したとして非難の対象となる。同様に、男性による〈性行為への主体性の発揮〉にかんして、それが相手の女性の性的自己決定権を侵害していたとしても、他の男性から「正常な仕方」での〈性行為への主体性の発揮〉と認識されればその内実を問われることはなく、「一人前の男」として認められるための条件を満たしたと認識されている。男性の家についていくことは被害者にとってけっして「同意」を意味しないし、性的自己決定権を侵害されるような性行為は、第三者に「正常な性行為」と解釈されたとしても被害者にとっては性暴力であるにもかかわらず、である。けっきょくのところ、「性の二重基準」がもたらすこれらの事態は、性行為にかんする言動が女性にとってなにを意味しているのかが、加害者や第三者の解釈によって、とりわけ男性の解釈によって、無視されていることに起因しているといえる。

注

（1）婚前交渉が「適切でないこと」、すなわち「逸脱」と認識されていることには、リースによる調査が一九五〇年代のアメリカで行われたことが影響しており、その認識は現在の傾向とは異なっているといえる。

一九七三年から三年ごとに実施されているNHKによる「日本人の意識」調査（層化二段無作為抽出法による）を通時的に比較した荒牧央によれば、一九七三年調査では①「結婚式がすむまでは、性的まじわりをすべきでない」が五八％で最多、②「結婚の約束をした間柄なら、性的なまじわりがあってもよい」が一五％、③「深く愛し合っている男女なら、性的まじわりがあってもよい」が一九％、④「性的まじわりをもつのに、結婚とか愛とかは関係ない」が三％であった。回を追うごとに①が減少、③が増加を続け、公開されているなかで最新の二〇一八年調査では、①が一七％、②が二三％、③が四七％、④が七％へと変化した（荒牧 2019:8–9）。この五〇年間で婚前交渉が「逸脱」とはみなされなくなったといって差し支えないであろう。ただ、④が一桁台という少数であることから、性行為と恋愛／愛情とのつながりはかなり強固であるといえる。

（2） ただ、とくに青少年を対象とした非確率抽出法による性意識や性行動にかんする調査にはかなりの蓄積がある。二〇〇〇年までの調査をまとめたリストとして、白佐ほか（2001）を参照。

（3） つまり、非確率抽出法によって選ばれた調査対象者が母集団の縮図になっているという根拠はない。この意味において、非確率抽出法による調査の結果が母集団――たとえば、Sprecher and Hatfield（1996）では日本の大学生――を代表していない可能性を否定できないのである。

（4） 調査概要は次のとおり。一九九九年一一月二五日から一二月一二日にかけて、全国一六歳～六九歳の一般個人のなかから層化二段無作為抽出法によって三、六〇〇名の調査対象者を選定し、面前記入密封回収法によるアンケート調査を行った。有効回答数（率）は二、一〇三件（五八・四％）であった（NHK「日本人の性」プロジェクト 2002:188）。

（5） 一．かまわない、二．どちらかといえばかまわない、三．どちらかといえばよくない、四．よくない、の四つの選択肢から一つを選んで回答する形式であり（NHK「日本人の性」プロジェクト 2002:248–9）、一と二を合計して「かまわない計」の数値とした。

（6） ただし、この設問と回答のみをもって、若年層では「性の二重基準」が完全に消えつつあると言い切ることはできない。なぜなら、アンケート調査では、提示された項目にたいする回答（ここでは、与えられた選択肢から選ばれた回答）が得られるに過ぎないからである。今回の調査では、①「未婚の男性がセックスをする」こと、②「未婚の女性がセックスをする」ことについて「あなた自身はどう思いますか」という設問にたいして、与えられた選択肢のなかでもっとも自分の意見にあてはまるものを選択することが調査対象者に求められたのであり、（多くの「性の二重基準」にかんする調査がそうであるように）①と②への回答の差分が「性の二重基準」の程度の代理変数として用いられていた。しかし、「性の二重基準」は「未婚の男性／女性がセックスすること」という限定的な場面（の想定）にのみ作用するわけではない。現に、女性が「男性がいる酒席に赴くこと」や「そこで酒を飲むこと」といった、「未婚の女性がセックスをすること」以外にも〈性行為への主体性の発揮〉を批判されていたのは、第二章で確認したとおりである。したがって、「未婚の男性がセックスをすること」と「未婚の女性がセックスをすること」に賛同する回答の割合の差がなくなりつつあることのみをもって「性の二重基準」がなくなってきていると主張するのは、他の部分において「性の二重基準」が存在する可能性を否定できない以上、早計であるといわざるをえない。とくに、婚前交渉が若年層で「逸脱」とみなされなくなった（荒牧 2019:8–9。第四章注1も参照）ことを考慮する必要がある。

（7）一．厳しかった、二．どちらかといえば厳しかった、三．どちらかといえば厳しくなかった、四．厳しくなかった、の四つの選択肢から一つを選んで回答する形式であり（NHK「日本人の性」プロジェクト 2002:195）、一と二を合計して「厳しかった計」、三と四を合計して「厳しくなかった計」の数値とした。ただし、調査結果を分析した岩間・辻は「厳しかった計」を「厳格」、「厳しくなかった計」を「非厳格」と表記している（岩間・辻 2002:116）。

（8）調査概要は次のとおり。二〇〇二年一〇月三一日から一二月四日にかけて、全国一六歳〜四九歳の一般個人のなかから層化二段無作為抽出法によって三、〇〇〇名の調査対象者を選定し、調査員による訪問留置訪問回収法によるアンケート調査を行った。有効回答数（率）は一、五七二件（五二・四％）であった（日本家族計画協会 2003:6–7）。なお、同協会による調査はおおむね二年おきに実施されているが、性にかんする親の厳しさについての質問は第二回以降の調査ではみられない。

(9) 一．厳しかった（厳しい）、二．どちらかといえば厳しかった（厳しい）、三．どちらかといえば厳しくなかった（厳しくない）、四．厳しくなかった（厳しくない）、五．どちらともいえない、の五つの選択肢から一つを選んで回答する形式であり（日本家族計画協会 2003:94）、一と二を合計して「厳しかった計」、三と四を合計して「厳しくなかった計」の数値とした。なお、ＮＨＫ調査とは異なり、「どちらともいえない」の選択肢を許す設問である。

(10) この「矛盾」と女性の二分化について、加藤秀一も言及している（加藤 2000:148–9）。

(11) protection racket の日本語訳について、佐藤（2018:334）に従った。

(12) 同じ〈性行為への主体性の発揮〉が女性と男性とで異なって（すなわち「二重」に）評価されることになるから、このように定義しても、「二重」であることに変わりはない。

(13) ともに「hegemonic masculinity」の訳語である。

(14) 「覇権的な男性性」を概念化するのにたいして「覇権的な女性性」を概念化しないことについてコンネルは、「社会的権力が男性に集中しているために、女性が他の女性にたいして制度化された権力関係を構築できる領域が限定されていること」、および「他方〔ここでは男性〕の性別を支配するための〔らしさの〕組織化が、女らしさの社会的構築にあっては欠如していること」から、「男性全体のなかで主導的な男らしさ〔覇権的な男性性と同義〕が占めているような地位に、ある女らしさが女性全体のなかでつくようなことは起こりえない」と述べている（〔　〕内は原典。Connell 1987=1993:269–70）。

(15) 不平等なジェンダー関係の正当化という機能に着目し、平山は「誇張された女性性」や「強調された女性性」という訳よりも、「正当化に利用される女性像」と意訳したほうがわかりやすいと指摘しているが（平山 2019:49）、本書では一般に流通している「誇張された女性性」の語を用いることにする。

(16) 『週刊現代』二〇〇五年一月二九日、五二頁（奈良事件）。

(17) 『アサヒ芸能』二〇〇五年四月二八日、五三頁（奈良事件）。

(18) 『現代』二〇〇五年一二月、一〇一頁（奈良事件）。

(19) 一.そう思う、二.そうは思わない、三.どちらともいえない、の三つの選択肢から一つを選んで回答する形式である（NHK「日本人の性」プロジェクト 2002:239）。

(20) 「そう思う」と回答した男性の割合は、若年層で九・九%、中高年層で一九・七%である（岩間・辻 2002:44）。

(21) この調査で結婚している（「配偶者（夫・妻）がいる」）と回答した者の割合は、若年層男性で五七%、中高年層男性で八九%である（NHK「日本人の性」プロジェクト 2002:203。同ページの数値から筆者が再計算）。ただし、結婚しているかどうか問う質問への回答者は、「あなたは、いままでにセックスをしたことがありますか」という別の質問に「はい」と答えた者に限定されているが、これに該当する者は全体の九三%（男性全体で九二%、若年層で八二%、中高年層で九八%）である（NHK「日本人の性」プロジェクト 2002:196。男性の数値は同ページの数値から筆者が再計算）。したがって、回答者が限定されているとはいえ、結婚しているかどうかを問う質問への回答者は全体をほぼ代表しているといってよい。なお、この調査におけるセックスは「必ずしも性器挿入（膣性交、肛門性交）にかぎりません。性器への接触があり、性的な快感があれば、『セックス』とお考えください。ただし、『キスをする』や『抱き合う』など性器への接触をともなわない行為や、『マスターベーション（オナニー・自慰）』はふくめないでください」と定義されている（NHK「日本人の性」プロジェクト 2002:196）。

(22) ドウォーキンやマッキノンの主張はしばしば「すべての性交（セックス／インターコース）はレイプである」と誤解されてきた。マッキノンは、自身の主張への誤解にたいして逐一反論しているが（MacKinnon [1995] 2005=2011:239-41）、まったく同様の論法にもとづくドウォーキンへの誤解へも反論している（MacKinnon [1995] 2005=2011:241-2）。同様の誤解はアメリカだけでなく日本でも唱えられているようであり、マッキノンの『女の生、男の法』の訳者である森田成也も「マッキノンをまともに読まずして、一般に流布しているイメージだけで批判することはそろそろ終わりにしたいものである」と無知による誤解や偏見を戒めている（森田 2011:324）。

(23) 帝京事件において、「うそぶく奴さえいる」と否定された、「女が自分の体に触れてきたんだから合意《ママ》。

レイプではない」という加害者の語りを思い出すとよい（『女性セブン』一九九八年二月一二日、三一頁（帝京事件））。

（24）本書における「誇張された女性像」に同じ。第四章注15も参照のこと。

（25）「女性という存在を媒介にして初めてホモソーシャルな男同士の絆は構成される」というセジウィックの議論を引きながら、「『非モテ』《ママ》男性による［多数派集団との］関係構築にもその傾向が見られる」と述べていることから（西井 2020a:106, 2021:101）、「多数派集団」は男性同性集団を意味する（すくなくとも男性同性集団を念頭に置いた言葉である）と考えられる。

（26）性暴力以外の場面では、たとえば女性が性行為を望んだときに、それが性暴力でなかった場合にも、〈性行為への主体性の発揮〉を行ったと認められれば、そのことを非難されてしまうことが容易に想像できる。

（27）セカンド・レイプは「性暴力被害者が社会や周囲の人々の偏見・無理解によって非難されたり差別されたりすること」を指すが、「加害者の行為と責任を可視化すべきとの立場から『二次加害』という表現を使用する」という田中麻子の立場に筆者も賛同するため（田中麻子 2016:21）、ここではあえて「二次加害」という表記を用いた。

（28）もちろん、すでに確認したように、被害者への非難にはさまざまなパターンが存在しており、〈性行為への主体性の発揮〉にたいする非難のみが被害者への非難を構成するわけではない。しかし、それでもなお被害者に〈性行為への主体性の発揮〉が認められれば、それをもって被害者が非難されるという事態が被害の告発を困難にしている点を否定することはできない。たとえ非難全体に占める〈性行為への主体性の発揮〉への非難が少ないとしても、そのような非難が現実に存在することそれ自体が不正義であって否定されるべきであるし、そこに動員されるジェンダー規範や、それによってジェンダー秩序がいかに維持・再生産されているかをこそ批判的に考察すべきであると、筆者は考える。

（29）「性交等」は「性交、肛門性交又は口腔性交」である（内閣府男女共同参画局 2018:68, 2021:70）。

（30）東京地判平六・一二・一六。『判例時報』（判例時報社 1996）、1562:141-54。Westlaw Japan文献番号：1994WLJPCA12160012。

(31)　このように書くと、「女性も『非モテ男性』を蔑んでいるではないか」と批判されるかもしれないが、「『非モテ男性』を蔑む女性像」は、「非モテ男性」を「モテ男性」の下位に位置づける男性性の布置およびその結果としての女性支配を正当化するから、まさにコンネルがいうところの「誇張された女性性」である。すべての女性が「非モテ男性」を蔑むわけもなく、またそのような女性が多数派であることが事実であるかどうかが不明であるにもかかわらず、「『非モテ男性』を蔑まない女性像」を含む多くの女性像のなかから「『非モテ男性』を蔑む女性像」を取り上げることは、「『包茎』を蔑む女性像」について澁谷が指摘するのと同様に、「男たちの女への敵愾心」を養い、女性への攻撃を正当化しているため、ジェンダー不平等に関与しているといえる（澁谷 2021:218–20）。なお、「『非モテ男性』を蔑む女性像」は、第一章・第二章でも記述がなかったように、性暴力の原因を「非モテ」であることと結びつける語りのなかにさえ登場しなかったことを附言しておく。

終　章　加害を生まないために

本書は、「日本語のメディアは性暴力を加害者と被害者との関連においてどのように語っているか」という問いを立て、これに答えてきた。ここでは、具体的な問い立てとして掲げた四つのサブクエスチョンに対応させながら、本書によって得られた知見をまとめていく。

第一のクエスチョンは、被害者・加害者はどのように非難・他者化されている／いないのか、であった。被害者が非難されないとき（Bⅰ）、被害者の無垢さや幼さが強調された。また、抵抗不可能であればそのまま被害にあったことが、抵抗可能であれば必死に抵抗したことが語られたが、これは、被害者が当該性行為を拒否していたことを示す役割を果たしていた。さらに、被害者の「落ち度」や〈性行為への主体性の発揮〉が、徐々に語られなくなることで、または加害者の巧妙な手口によると解釈されることで非難が消去されることもあった。この被害者への非難の消去は、被害者の「真の被害者」としての地位を担保するためであると考えられるが、被害者を非難しない語りも「落ち度」などの被害者への非難を前提としている点で限界を抱えている（タイプⅣ）。また、従来であれば「落ち度」と認識される要素が存在しても、被害者による同意が存在しないことだけをもって性暴力を認めることで、被害者を非難しない語りの登場という新たな動向もみられた（タイプⅢ）。

一方、被害者が非難されるとき（B＋）、ここには二つの回路が存在していた。第一に、性暴力の存在を認める語りであり、そこで被害者は性暴力の原因を作り出したり、女性の規範に違反したりしたとして非難されていた。具体的には、加害者のもとに自ら向かった、自分から酒を飲んだ、性行為を望んだと認識されたこと、すなわち〈性行為への主体性の発揮〉が読み込まれることで非難されていた（タイプⅠ）。第二に、性暴力を否定する語りであり、そこで被害者は、当該性行為は同意のうえの性行為であるのに、それを性暴力として「捏造」したとして非難された。「捏造」の語りには、抵抗しなかったことを「落ち度」と認識されたり、〈性行為への主体性の発揮〉を読み込まれたりして非難されていた（タイプⅡ）。また、被害者への非難の考察から、被害者非難を、①抵抗しなかったこと、②自ら原因を作り出したこと、③〈性行為への主体性の発揮〉による女性の規範に違反したこと、④性暴力を「捏造」したことへの非難の四つに分類できることを述べた。

続いて、加害者が他者化されるとき（O＋）、加害者は「異常な者」として語られていた。具体的には、「正常な性行為」とは慎重に区別される「異常な性暴力」を行った者として、そしてその性暴力を引き起こす「異常な性欲」をもつ者として語られた。さらに、該当する要素が存在するときには、性暴力以前に「正常な仕方」での〈性行為への主体性の発揮〉が認められなかった加害者は、「未熟」な男性として語られることで、また被害者にとって見知らぬ者として語られることでも、他者化されていた（タイプⅣおよびタイプⅠ）。

加害者が他者化されないとき（〇一）、二つの回路が存在していた。第一に、加害者は「正常な性行為」を行った者として一般性を強調されて語られることで、他者化されなかった。そこでは、被害者の同意が読み込まれることや、暴行および脅迫が存在しないと主張されることで、性暴力が否定されていた（タイプⅡ）。第二に、男性優位の社会が生み出した存在として加害者をとらえる、つまり当該事件の加害者を「異常な存在」として社会から切り離すのではなく、社会全体の問題として性暴力をとらえることで、加害者を他者化しない語りもみられた。ただし、この語りは二件しかみられず、性暴力をめぐる語りにおける新しい動向であるといえる（タイプⅢ）。

第二のクエスチョンは、誰もが認める「真の被害者／加害者」はどのような者として語られているか、であった。「真の被害者」は、いかなる点においても非難されないと語られる被害者であるといえる。つまり、被害が性暴力と認められ、抵抗不可能であればそのまま被害にあい、抵抗可能であれば抵抗し、〈性行為への主体性の発揮〉をけっして行わず、「落ち度」がまったく存在しない被害者である。一方、「真の加害者」は、「正常な性行為」とは弁別される「異常な性暴力」を行ったと語られることで他者化される「異常な者」であるといえる。具体的には、「異常な性欲」をもつ者であり、場合によっては男性であるのに〈性行為への主体性の発揮〉が達成できない者、被害者にとって見知らぬ者である。

第三のクエスチョンは、被害者でも加害者でもない（と自分では考える）「わたしたち」は性暴力との関係においてどのように語られているのか、であった。ジェンダーを問わない「わたしたち」は、性暴力や加害者に怒りや悲しみを表明する者として語られていた。ジェンダー差について検討すると、女性の「わたしたち」は、性暴力被害にあう可能性を前提とし、〈性行為への主体性の発揮〉を行うなど「落ち度」があったとして非難される被害者とは異なる行動をとるために、被害にあわない者と自らを提示していた。一方、男性の「わたしたち」は、「異常な性暴力」を行った加害者を「劣った男性」と位置づけ、卑劣な性暴力などけっして行わない「真の男性」として自らを位置づけつつ、「正常な性行為」を行うことによって「正常な仕方」で〈性行為への主体性の発揮〉を達成できる者として自らを提示していた。

第四のクエスチョンは、性暴力をめぐる語りにジェンダー規範がどのように作用しているか、であった。女性による〈性行為への主体性の発揮〉への評価と、男性によるそれへの評価との差異に着目し、「性の二重基準」の議論に依拠しながら考察すると、女性が〈性行為への主体性の発揮〉を認められると否定的に評価され、「悪い女性」と認識される。そこには男性の保護に値する「良い女性」の存在が前提とされていることから、「性の二重基準」が女性に適用されると、女性は「良い女性」と「悪い女性」とに二分されるといえる。一方、男性に〈性行為への主体性の発揮〉が認められないと、男性間の序列において従属的な立場に位置づけられるが、逆にそれが認められると覇権的な立場に位置づけられる。この男性性の布置は、覇権的な男性による〈性行為への主体性の発揮〉、すなわち女性支配を正当化するとともに、従属的な男性に女性支配を志向させるため、男性を上位に、女性を下位に位置づけるジェンダー秩序を維持・再生産しているといえる。

1　「わたしたち」を問うこと

以上でまとめた本書の知見は、一部は英語圏の先行研究が日本語圏でも妥当であることを示すものであるが、一部は本書ではじめて明らかになったことであった。第一に、ひとつの事件をひとつのタイプとしてのみとらえるのではなく、語りの複層性をふまえた分析を行った本書は、被害者を語る言説における被害者非難を前提とする語りの分析を二つの意味で精緻化した。一つ目は、「真の被害者」の語りにおける被害者への非難がいかに消去されていたかを描き出した意味においてである。「真の被害者」をめぐる語りにおいても「落ち度」が前提とされていることは、すでに四方由美によって以下のように指摘されていた。

被害者に「落ち度のない」とする報道があることも、他方で「性暴力被害者には非がある」ことを強調してしまう。「落ち度がない」ことが報道において強調されると、「落ち度がある」場合には被害に遭《ママ》っても仕方がないという見方につながる可能性がある（四方 2014:193）。

ただ、これは被害者が批判されないタイプⅣにおいて、当該事件の被害者が他の事件の被害者の「落ち度」を前提として語られたことの指摘にとどまり、被害者の「真の被害者」としての地位を強調する語りがいかにして達成されていたのかを分析しえていない。これにたいして、本書は、タイプⅣにおいて被害者の「落ち度」や〈性行為への主体性の発揮〉が語られなくなること、または加害者の巧妙な手口によるものと解釈されることによって、他の事件や状況における被害者への非難が前提とされつつ当該事件の被害者への非難が消去される過程を描き出した点で、「落ち度」などの被害者非難につながる要素にかんする語りをめぐる分析を精緻化する意義をもっているといえる。

二つ目は、「被害者非難」を四つに分類し、それぞれを腑分けして検討した意味においてである。先行研究においては、被害者に「落ち度」を読み込む語りも、性暴力を「捏造」したという語りもすべて「被害者非難（victim blaming）」として一括して議論されていた。しかし、本書は被害者非難を、①抵抗しなかったこと、②自ら原因を作り出したこと、③性行為に積極的になるべきでないという女性の規範に違反したこと、④性暴力を「捏造」したことへの非難、の四つに分節化し、それぞれに用いられる論理を腑分けしながら議論した点で、被害者非難をめぐる議論の精緻化に貢献しうる意義を有すると考えられる。

こうした議論の精緻化は、被害者非難のメカニズムを解明し、非難をなくすための実践に活用されうる。ある性暴力事件の語りにおいて、被害者が非難されなければそれでよいのではなく、語りが非難される他の被害者の存在を前提としている場合があることを問題化し、被害者非難や「真の被害者」というイメージそれ自体を根絶する必要があることを示せる。そして、被害者非難を分節化できるということは、それぞれに用いられる論理が異なることを意味するから、ひとつひとつの論理にたいしてより的確に反駁することを可能にする。

第二に、〈性行為への主体性の発揮〉が認められない男性を男性間の序列の下位に置く構造を、「性の二重基準」が男性にも適用された結果であるととらえ、「複数の男性性」が存在することの指摘にとどまらず、その男性性の布置が、男性を上位に女性を下位に位置づけるジェンダー秩序を維持・再生産することを議論した。これは本書独自の視点である。この点に付随して、本書は、「非モテ男性」の「苦しさ」や「生きづらさ」にのみ焦点化しがちであった男性性研究に新たな視点を導入するという意義を有すると考えられる。

「非モテ男性」の苦悩に限らず、近年、男性の「生きづらさ」――多賀太や田中俊之などの従来の男性学がいうところのそれ――を強調し、女性の「生きづらさ」と併置させる「男性学」が好評を博している（澁谷 2019: 30-1）。この男性の「生きづらさ」に焦点をあてた男性学を、江原由美子は「男はつらいよ型男性学」と名づけた（江原 2019: 11-2）。もちろん、筆者は男性が「非モテ」であることを「苦しい」と感じることは否定しないが、一方で「非モテ男性」にそのように感じさせること自体が、ジェンダー秩序を維持・再生産することを本書は明らかにしたのである。「苦しさ」を強調するだけの「男はつらいよ型男性学」は、こうした既存のジェンダー秩序の維持・再生産に加担してしまう。

そもそも、この社会で「男性であること」に向き合う方法は、なにも男性の「生きづらさ」を強調するような議論を展開することだけではない。実際、二〇二一年には、男性自身が「男性であること」の加害性に向き合った書籍が相次いで翻訳・出版されている（崔 2018=2021; Liogier 2018=2021）。これらは、男性の「生きづらさ」のみを強調するのではなく、男性優位の社会においてまさに優位に位置づけられる男性自身が、その構造の維持に加担してしまう葛藤や、構造に抵抗する実践を描き出した仕事である。本書は性暴力を撲滅するための処方箋を提示するものではないが、男性の「正常な性行為」への固執や、「非モテ」であることを「苦しい」と感じさせる男性性の布置が男性優位の構造を維持・再生産することを、男性である筆者自身が明らかにした意味で、これらの仕事の系譜に位置づけられるであろう。

こうした視点をもった男性性研究が男性自身の手によってなされること、そしてそれが広く受け入れられることは、男性優位の社会において、男性自身がその構造の存在に気づき、変革に向けて行動するために必要不可欠である。とりわけ、性暴力の大半が男性から女性にたいして行われている現状では、性暴力は男性の問題である側面が大きいから、加害者と同じジェンダーに属する男性が変わることは、性暴力を撲滅するうえで欠かせない(1)。このように主張してもなお、男性が「性暴力の問題を男性一般の問題に広げて考えないでほしい。自分は性暴力など行わないから関係がないし、責任もない」と反論するのであれば、それこそが他者化およびその効果――「異常な加害者」をラベリングすることで性暴力を行わない「わたしたち」を立ちあげ、無根拠に自分を「わたしたち」の側に位置づけて自分の言動を顧みることを放棄すること――のなせるわざである。

第三に、被害者への非難と加害者の他者化の過程を描き出すことにとどまらず、それを「わたしたち」が性暴力と距離をとるための戦略と位置づけたうえで、男性と女性とで異なる意味をもつことを分析した。性暴力被害者でも加害者でもない「わたしたち」の側に焦点を当てた研究が乏しい現状にあって、本書は被害者への非難と加害者の他者化の議論の射程を「わたしたち」の側にも広げるという意義を有する。

ある性暴力を「問題化するべき性暴力」と認識するか否か、その被害者を非難したり加害者を他者化したりするか否かを決めるのが、事件とは無関係の「わたしたち」である以上、「わたしたち」それ自体、およびそのジェンダー差を問うことは、性暴力をめぐる語りを考えるうえで重要である。そして、男性の「わたしたち」についていえば、「異常な加害者」を他者化することによって、どのようにして性暴力を行わない「正常な男性」を立ちあげるのかを問うことなしに、性暴力をなくすことはできない。性暴力は必ずしも相手の性的自己決定権を侵害してやろうという意図をもって行われるとは限らないからであり、むしろひとりよがりに相手を「愛している」から、「大切に思っている」からこそ起こっていることも、十分に考えられるからである。

さらに、「わたしたち」、とりわけ男性の「わたしたち」をマジョリティととらえれば、本書をより広くマジョリティ研究のなかに位置づけることもできる。男性性研究（masculinities studies）[2]を分析したトリスタン・ブリッジズは、これまでの男性性研究が白人性《ホワイトネス》研究やヘテロセクシュアリティ研究、エリート研究といった、特権と不平等を扱う研究との接続を欠いていることを指摘し、男性性研究とこれらの研究を架橋することを提案している（Bridges 2019:29）。特権を享受し、不平等な構造から利益を得ているのがマジョリティであるから、ブリッジズの提案は、男性性研究とマジョリティ研究との接続の提案と解釈できる。男性の「わたしたち」というマジョリティを主題のひとつに掲げる本書の知見は、差別する側、特権を享受する側としてのマジョリティ研究との接続可能性をもっている。

たとえば、マジョリティ研究のなかでもレイシズム・白人性研究に焦点をあてると、本書の知見との興味深い類似をみることができる。アメリカ社会において人種の側面でマジョリティである白人側の問題としてレイシズムを研究するロビン・ディアンジェロは、「レイシズム＝悪と見なすことが前向きな変化に思えても、実際にそれがどう機能するかに注目しなくてはならない」と警鐘を鳴らす（DiAngelo 2018=2021:111）。たとえレイシズムが悪いことであると認識されたとしても、レイシズムのイメージを「公民権を求める抗議活動をする黒人が……暴力を加えられている様子」のような苛烈なイメージに限定し（DiAngelo 2018=2021:110）、「レイシズムは冷酷な個人による意図的な行動だと単純に限定してしまうこと」によって「大きな制度に立ち向かうために必要な、個人的、相互的、歴史的、組織的な分析がごまかされてしまう」からである（DiAngelo 2018=2021:113）。さらに、レイシズムと個人とのかかわりについて以下のように続ける。

もし、私が一人の白人として、レイシズムを善／悪の二項対立的なものと捉え、自分を「レイシストではない」側〔善の側〕に置いたとしたら、私にそれ以上何が求められるだろう？　私はレイシストではないから、何もする必要がない。こうしてレイシズムは私の問題ではなくなり、心配することも、すべきこともなくなるだろう（DiAngelo 2018=2021:113）。

ディアンジェロの指摘は、本書における男性の「わたしたち」が行う性暴力加害者の他者化、およびその効果と見事なまでの相似形をなしている。この指摘を本書の言葉で置き換えてみると、次のようになる。マジョリティである白人は、人種差別（の表出としての言動）を苛烈で「異常」なイメージに限定し、こうした言動を行う「異常なレイシスト」を他者化して、構造的なレイシズムの問題を少数の「異常な個人」の問題に矮小化しつつ、自分をそうではない者に位置づけ、自らの行いを反省する必要性を消去するのである。もちろん、男性優位社会における男性から女性への性暴力の研究とレイシズムの研究、その他の特権や不平等にかんする研究とでは、それぞれ文脈や事情が異なっている。しかし、差別や不平等をマジョリティ側の問題ととらえるとともに、そのマジョリティ側に「自分はその問題とは無関係である」と認識させて問題や差別を温存させる構造を批判的に分析する研究が求められるのではないか。本書は、男性を優位に置く構造、すなわち性差別を維持・再生産する効果をもつ性暴力の領域における構造の精緻化をめざした。

2　さらなる研究の発展に向けて

本書は以上のような意義をもつと考えられるが、一方で課題も抱えている。第一に、分析対象が男性から女性への性暴力に限定されていることである。それ以外の形態の性暴力が存在していることは報告されているとおりであるが（たとえば、内閣府男女共同参画局 2018:68, 2021:70）、調査や研究の蓄積にもかかわらず、それが不可視化されていることもまた事実である。その現状において、男性から女性への性暴力のみを分析対象とした本書は、それ以外の形態の性暴力を不可視化することにつながりかねないという課題を抱えている。

　しかし、本書が示した性暴力被害者への非難と加害者の他者化を軸とした二元図や、〈性行為への主体性の発揮〉概念は、男性から女性への性暴力以外の性暴力の（語りの）分析にも適用できると考えられる。たとえば、同性愛嫌悪が根強く残る現状にあって、男性から男性への性暴力の加害者が（加害者の意図とは無関係に）男性を欲望する男性や、女性ではなく男性にたいして〈性行為への主体性の発揮〉を行った「異常な同性愛者」として他者化される可能性がある（O＋）。また、加害者が性的な側面が消去された拷問を行ったと解釈される場合には（Sivakumaran 2007:256; Charman 2018:200）、たんなる暴力をふるった男性として語られることも考えられる（O－）。一方、男性被害者が、女性と比較して身体的に強靱で抵抗可能であると考えられるにもかかわらず「男らしく」抵抗しなかったとして非難される（Davies and Rogers 2006:369–70）こともあれば（B＋）、拷問のまったき被害者として非難されないことも考えられる（B－）。ただ、そこでは性的欲望の主体として想定される男性が性暴力被害にあう、すなわち性的欲望の客体となることが、性的欲望の客体として想定される女性が被害者となることとは異なる仕方で評価されると考えられる。そこで、将来において、本書の知見と男性から女性へという形態以外の性暴力の分析とを接続し、そこに用いられるジェンダー規範（とりわけ〈性行為への主体性の発揮〉の評価にかんするそれ）を比較しながら議論するという研究の方向性が示唆される。

第二に、分析対象が大きく取り上げられる性暴力事件のみに限られていた点である。本書が対象とした事件は、はじめからほぼ「疑う余地のない性暴力」として枠づけられており、性暴力を否定する語り（タイプⅡ）はほとんど存在しなかった。そのため、被害者が性暴力を「捏造」したと解釈する語りの分析が、他のタイプの分析ほどには深まらなかったという限界を抱えている。さらに、第二章で扱われた事件が、知りあいもしくは恋人から行われたことで、マーサ・R・バートのいう〈真の性暴力〉に該当しないと認識されたことは確認した（第二章第五節）。しかし、知りあいからの性暴力（acquaintance rape）や恋人間の性暴力（date rape）、配偶者間の性暴力（marital rape）における、被害者と加害者が知りあい、恋人、配偶者という間柄であったことによって性暴力を否定したり矮小化したりする語り（たとえば、Estrich 1987=1990; Parrot 1988=2005; Bechhofer and Parrot 1991; Burt 1991; 北風 2019）を、その不存在ゆえに分析できなかった。(3) そこで、大きく取り上げられなかった性暴力事件をめぐる語りを分析することで、性暴力を女性による「捏造」と認識したり、知りあいや恋人、配偶者からの性暴力を否定／矮小化したりする語りを、本書の分析視角や認識論を用いて分析し、本書の知見と比較・接続するという研究の方向性が示唆される。

第三に、言説生産の場が男性に占められていたことによる影響の考慮が薄かった点である。たとえ

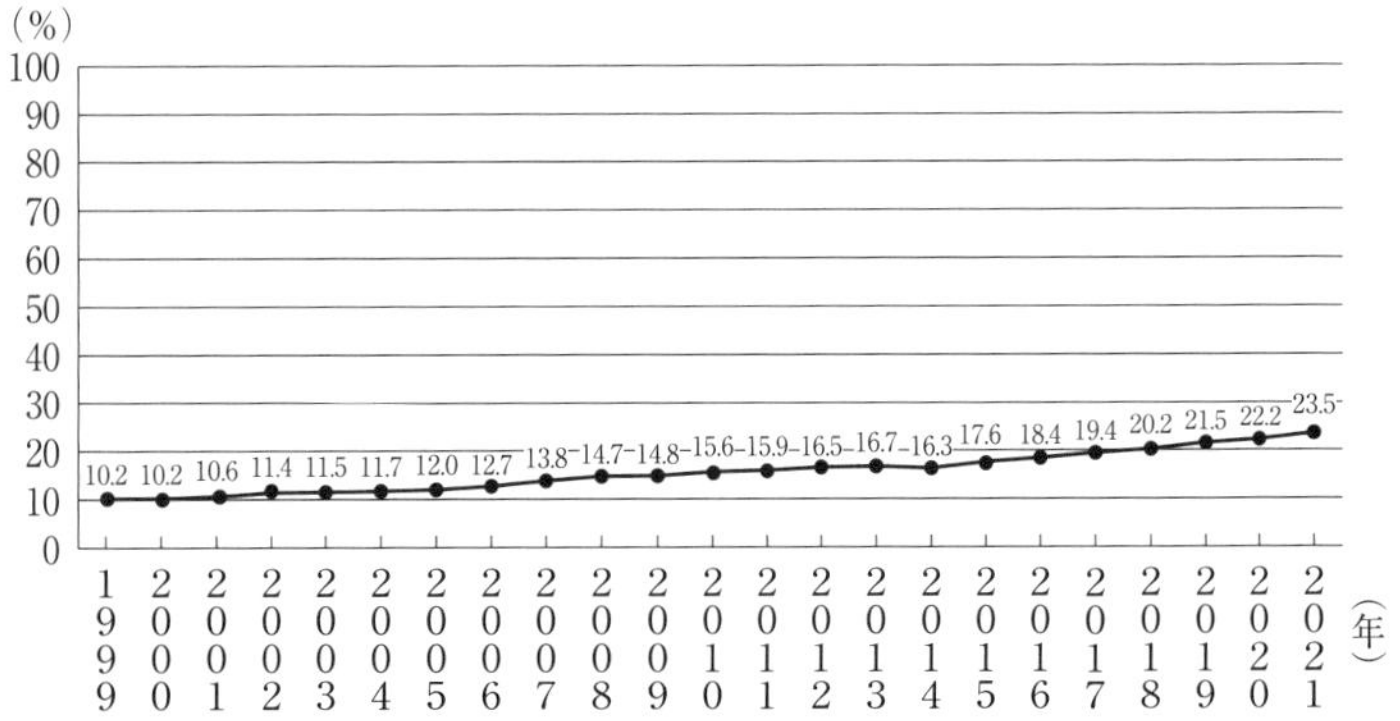

図 5-1　新聞・通信社従業員数に占める女性記者比率の推移

出典：日本新聞協会（2022）および内閣府男女共同参画局（2011:145）をもとに筆者が作成。

ば、新聞・通信社における女性記者比率は二〇〇〇年代には一〇%程度であり、二〇%をはじめて超えたのは二〇一八年である（図5－1を参照）。

つまり、言説生産組織における女性の割合は低いのであり、その組織で生産された言説が「女性の立場」を反映している可能性も同様に低いといえる（Benedict 1992:265; 小林 2014:57–66）[4]。したがって、本書の対象は主として男性が生産する言説であり、女性による発言も男性によって取り上げられたもの（または男性が想像して作り出したもの）であった可能性があるといえる。そのため、本書が分析した女性の「わたしたち」についての語りも、実際の女性像ではなく、男性の視点をとおして語られた女性像であった可能性がある。この点をふまえると、女性が性暴力や被害者・加害者をどのように認識しているのかを、実際の女性を対象とした調査（たとえばアンケート調査や面接調査）によって検証し、本書の知見の妥当性を検討するという研究の方向性が示唆される。

この節では本書の課題を確認してきた。本書が得た知見をもってこれらの点を乗り越える研究を蓄積することで、性暴力をめぐる語りや「わたしたち」の性暴力についての考え方にかんする理解をより深めることが期待できる。

最後に、次節ではここまでの議論をふまえて性暴力をなくすことについて考えたい。

3　加害を生まないために

本書は性暴力をめぐる語りを分析してきた。男性から女性に行われる性暴力についての語りにはジェンダー規範が色濃く反映されており、その語られ方の様相を探ることでどのような規範が再生産されているかを明らかにするとともに、性暴力がどのように維持されてきたのかを分析できると考えたからである。〈性行為への主体性の発揮〉を行う女性を非難し、それを達成できない男性を他者化する「性の二重基準」という規範が維持・再生産されていること、そして性暴力加害者を他者化して性暴力を「異常な個人」の問題へと矮小化することで男性の「わたしたち」が自らの言動を反省することを放棄して性暴力を続ける構造を本書は見いだした。

本書は性暴力加害者を直接の分析対象とせず、社会の性暴力にたいする認識を分析してきた。これにたいして加害者臨床を専門とし、多くの暴力加害者と向き合ってきた中村正は、性暴力を含む男性による女性への暴力を生み出す要因について、次のように述べている。

暴力に対して、その加害者個人のパーソナリティだけに要因を帰してしまう（個別化・心理化を起点にした病理化）のではなく、社会のなかに暴力を肯定する意識や態度があり、それを凝縮するようにして加害男性の人格と行動が表出されているというべきである（中村 2019:64）。

性暴力はなにもない空間で起こるのではない。男性優位の社会、そしてそれを下支えして維持・再生産する「性の二重基準」が厳然と存在する社会においてこそ、男性から女性への性暴力は起こるのである。中村の指摘は、加害者を他者化せず、性暴力を社会の問題へとひらいて考える必要があるという本書の主張と響きあう。

性暴力をジェンダーという視角からとらえた本書は、性暴力をめぐる語りに用いられるジェンダー規範の分析をとおして、男性の「わたしたち」が〈性行為への主体性の発揮〉を達成したり追求したりすることが、女性支配の達成および志向であるという意味で、男性を上位に、女性を下位に位置づけるジェンダー秩序を維持・再生産していることを明らかにした。先述のように、男性から女性への暴力や差別の構造を問う研究、とりわけ性の領域における権力や不平等の構造を明らかにした研究のなかに本書を位置づけることができる。こうした差別の構造を解き明かす研究と、加害者個人に着目する臨床分野の研究とを重ね合わせることで、男性から女性への暴力の問題を、暴力を行う男性個人の問題としてのみ扱うのではない視点から考えること――「ミクロ（個人の問題とする）だけでもなく、マクロ（男性の暴力として過剰な一般化をする説明）だけでもなく暴力と加害を説明し、予防と対策を講じること」（中村 2019:64）――が可能になるのではなかろうか。

性暴力にかんする研究は、性暴力のない社会を実現することを究極的な目標としている。そして、性暴力をなくすとは、「夜に一人で外を歩いたら危ないから、出歩くのを控えなさい」、「誰かを誘うような露出の多い服装はやめなさい」などと、被害者になりうる人にたいして非難を前提とした対策を強制することではない。なぜなら、こうした対策に用いられる論理は容易に逆転し、「夜に出歩くような女性は襲われても仕方がない」、「こんなに肌を出した格好をして被害にあったなら、それは本人が悪い」と被害者を非難すること、それによって性暴力を不可視化することに直結するからである。そうではなく、性暴力をなくすとは、新たな加害および加害者を生み出さないことなのである。それは、自分はけっして性暴力を行わないと信じてやまない「わたしたち」をも例外としない。「自分は性暴力を行わない」、「自分の行為は性暴力ではない」と信じ続けることをやめ、すべての人が性暴力を行わない――それ以外に性暴力をなくす方法はないのである。

注

（1）男性の手になる仕事ではないが、アメリカの調査報道記者であるエマ・ブラウンが男子の性暴力加害・被害の実態を聞き取り、性暴力をなくすため――男子を性暴力加害者にしないため――の実践を紹介する書籍が翻訳・出版されている（Brown 2021=2021）。この書籍が男性を性暴力加害者にすることを防ぐというアプローチでの性暴力対策が広がるきっかけとなることを期待したい。

（2）ここでいう「男性性研究」と「（日本における既存の）男性学」との違いについて述べておきたい。日本の男性学を批判的に検討した川口遼は、「男性問題の当事者である男性、つまり男性学研究者自身がその被抑圧経験をもとに男性問題を分析すること」に日本の男性学の本質的な特徴があることを喝破したが（川口 2008:31）、海妻径子によれば、こうした特徴は日本の既存の男性学が「海外の男性性研究の動向をみるとき、……かなり特異な展開をしてきている」ことを示している（海妻 2019:100）。これにたいして、「男性性研究」とは、海妻が海外の研究を整理して呼称する、「フェミニズムやクィア・スタディーズなどとの理論的・人的交叉が前提とされており、男性（性）をその内部および外部との権力関係に着目して捉えようとする『CSMM（Critical Studies on Men and Masculinities／男性［性］批判研究）』」（［ ］内は原典。海妻 2019:92）と同義である。なお、平山亮（2017）の研究は「（日本における既存の）男性学」ではなく、「男性性批判研究」に位置づけられる（澁谷 2019:30）。

（3） スーザン・エストリッチは、「知り合《ママ》いの男性が犯したレイプは、本当《リアル》のレイプと見なされる可能性がもっとも小さい」（Estrich 1987=1990:14）という状況に異議を申し立て、「シンプル・レイプ（知りあいからの性暴力）こそ真のレイプである」と結論している（Estrich 1987=1990:192）。この主張は見知らぬ者からの性暴力こそが〈真の性暴力〉と考えられている状況への異議申し立てとしては効果的である一方、〈真の性暴力〉を別の形態の性暴力へと置き換えただけにすぎないと評価することもできる。この点について田中麻子は、ある性暴力神話を否定するための説明が別の新たな神話になり、それが再生産されると、「そこから外れる性暴力がまた議論からこぼれ落ちることになる」と指摘している（田中麻子 2016:47）。そうであるならば、〈真の性暴力〉という考え方それ自体を脱構築して性暴力間の序列を解体し、被害者の同意にもとづかないすべての性的言動を性暴力と定義することが、多くの性暴力が不可視化されている現状を改善することにつながるであろう。

（4） 一方で、「メディア産業で働く女性が増えることは『女性の声』が反映する機会を増加させ、メディア内容におけるジェンダー・バイアスを減少させることに本当につながるのか」という疑問も提出されている（松田 1996:192。同様の指摘として、四方 2004:92 など）。

あとがき

男性である私が男性から女性への性暴力について、とりわけ加害者の他者化について研究しようと思ったのは、「男性」を公言する人びとが、メディアに登場する性暴力加害者を威勢のよい言葉で批判することで、性暴力と自分たちを完全に切り離していることに疑問をもったからです。「異常な加害者」をスケープゴートにするだけでは性暴力をなくすどころか、「普通のわたしたち」による性暴力を不可視化して温存するだけではないのか――そうした思いが私の研究の原動力になっています。本文中で他者化をかなり鋭く批判していますが、その批判の矛先が筆者である私自身に向かないはずがありません。本書を書き終えて、自分の言動が相手の――男性である私にとってはとりわけ女性の――性的自己決定権を侵害しないように注意し続けなければならないということを、あらためて実感しています。

＊　＊　＊

本書は、二〇二一年一月に一橋大学大学院社会学研究科に提出した修士論文『性暴力と「性の二重基準」――新聞・雑誌メディアの言説分析から』を加筆・修正したものです。本書および元の修士論文は、多くの方々に支えられてなんとか形になりました。ここに記して感謝いたします。

学部二年生の入門ゼミナールのときからお世話になっている佐藤文香先生に、心からの感謝を申し上げます。主ゼミナール教員の佐藤先生には、文献を批判的に読解する方法といった研究の基礎や、自分以外の人びとにたいする想像力を働かせることの大切さなど、多くのことを教えていただきました。すべてをここに書ききることはとてもできませんが、なかでも印象に残っているのは、修士二年生の六月にあった中間報告のさいに、「おもしろい研究だから頑張って」と励ましていただいたことです。日本語の先行研究がほとんど存在せず、先行研究がないのはこの研究に意味がないからではないかと自分の研究の方向性に迷っていたので、この言葉が本当に励みになりました。

また、副ゼミナール教員の小林多寿子先生にも大変お世話になりました。扱った一〇の事件の報道を分析することにとどまらず、その結果がどのように汎用性をもっているのかについて検討することが必要である、という小林先生のアドヴァイスがあったからこそ、本書は「性の二重基準」の考察など、メディアを社会的な文脈に位置づけて分析する形の研究となりました。

さらに佐藤文香ゼミナール、小林多寿子ゼミナールのゼミ生のみなさまには、それぞれのご専門の立場から私には思いつかない視点や論点を教えていただきました。毎回の報告での活発な議論のおかげで本書をまとめることができました。感謝の意を表します。

最後に、本書の編集をご担当いただいた勁草書房の橋本晶子さんにもお礼を申し上げます。原稿を何度も丁寧に読んでくださり、改善すべきポイントやご助言を多くいただきました。はじめての単著の出版でわからないことも多々ありましたが、仕事の繁閑に応じたスケジュール調整など、柔軟にご対応いただいたおかげで無事に出版に至りました。

本書が性暴力研究に、そして性暴力の撲滅に少しでも貢献できたとしたら、それはこれまで私を支えてくださったみなさまのおかげです。本当にありがとうございます。

二〇二二年二月二八日

前之園和喜

著者略歴

1996年　神奈川県横浜市生まれ
2021年　一橋大学大学院社会学研究科修了（修士・社会学）
現　在　民間調査会社勤務
著　書　『ジェンダーについて大学生が真剣に考えてみた』（分担執筆（執筆代表），明石書店，2019年）
「アンケートで性別をどのように聞くべきか」『日本世論調査協会報 よろん』（2022年）

性暴力をめぐる語りは何をもたらすのか
被害者非難と加害者の他者化

2022年6月15日　第1版第1刷発行

著　者　前《まえ》之《の》園《その》和《かず》喜《き》

発行者　井　村　寿　人

発行所　株式会社　勁《けい》草《そう》書　房

112-0005　東京都文京区水道2-1-1　振替 00150-2-175253
（編集）電話 03-3815-5277／FAX 03-3814-6968
（営業）電話 03-3814-6861／FAX 03-3814-6854
堀内印刷所・中永製本

ISBN978-4-326-65437-6　Printed in Japan

事項索引

人名索引

あ 行

か 行

さ 行

た 行

な 行

は 行

ま　行

や　行

ら　行

参 考 文 献

荒牧央，2019，「45 年で日本人はどう変わったか（1）――第 10 回『日本人の意識』調査から」『放送研究と調査』NHK 放送文化研究所，69(5): 2–37.
蘭信三，2018，「戦時性暴力被害を聞き取るということ――『黄土の村の性暴力』を手がかりに」上野千鶴子・蘭信三・平井和子編『戦争と性暴力の比較史へ向けて』岩波書店，283–314.
Bechhofer, Laurie and Andrea Parrot, 1991, “What Is Acquaintance Rape?,” Andrea Parrot and Laurie Bechhofer eds., *Acquaintance Rape: The Hidden Crime*, New York: John Wiley & Sons, 9–25.
Becker, Howard S., 1963, *Outsiders: Studies in The Sociology of Deviance*, New York: The Free Press.（村上直之訳，［1978］1993，『新装 アウトサイダーズ――ラベリング理論とはなにか』新泉社.）
Benedict, Helen, 1992, *Virgin or Vamp: How the Press Covers Sex Crimes*, New York: Oxford University Press.
ぼくらの非モテ研究会，2020，『モテないけど生きてます――苦悩する男たちの当事者研究』青弓社.
Boshoff, Priscilla and Jeanne Prinsloo, 2015, “Expurgating the Monstrous: An Analysis of the South African *Daily Sun*'s Coverage of Gang Rape,” *Feminist Media Studies*, 15(2): 208–22.
Bridges, Tristan, 2019, “The Costs of Exclusionary Practices in Masculinities Studies,” *Men and Masculinities*, 22(1): 16–33.
Brown, Emma, 2021, *To Raise a Boy: Classrooms, Locker Rooms, Bedrooms, and the Hidden Struggles of American Boyhood*, New York: One Signal Publishers/Atria.（山岡希美訳，2021，『男子という闇――少年をいかに性暴力から守るか』明石書店.）
Brownmiller, Susan, 1975, *Against Our Will: Men, Women and Rape*, New York: Simon and Schuster.（幾島幸子訳，2000，『レイプ・踏

みにじられた意思』勁草書房.）
Burt, Martha R., 1980, “Cultural Myths and Supports for Rape,” *Journal of Personality and Social Psychology*, 38(2): 217–30.
———, 1991, “Rape Myths and Acquaintance Rape,” Andrea Parrot and Laurie Bechhofer eds., *Acquaintance Rape: The Hidden Crime*, New York: John Wiley & Sons, 26–40.
Charman, Thomas, 2018, “Sexual Violence or Torture?: The Framing of Sexual Violence against Men in Armed Conflict in Amnesty International and Human Rights Watch Reports,” Marysia Zalewski, Paula Drumond, Elisabeth Prügl and Maria Stern eds., *Sexual Violence against Men in Global Politics*, New York and London: Routledge, 198–210.
崔乗範，2018，저는 남자고，페미니스트입니다, Seoul: 생각의힘.（金みんじょん訳，2021，『私は男でフェミニストです』世界思想社.）
Connell, R. W., 1987, *Gender and Power: Society, the Person and Sexual Politics*, Cambridge, U.K.: Polity Press.（森重雄・菊地栄治・加藤隆雄・越智康詞訳，1993，『ジェンダーと権力――セクシュアリティの社会学』三交社.）
———,［1995］2005, *Masculinities*, 2nd ed., Berkeley, California: University of California Press.
——— and James W. Messerschmidt, 2005, “Hegemonic Masculinity: Rethinking the Concept,” *Gender & Society*, 19(6): 829–59.
Crawford, Mary and Danielle Popp, 2003, “Sexual Double Standards: A Review and Methodological Critique of Two Decades of Research,” *The Journal of Sex Research*, 40(1): 13–26.
Davies, Michelle and Paul Rogers, 2006, “Perceptions of Male Victims in Depicted Sexual Assaults: A Review of the Literature,” *Aggression and Violent Behavior*, 11(4): 367–77.
DiAngelo, Robin, 2018, *White Fragility: Why It’s So Hard for White People to Talk about Racism*, Boston, Massachusetts: Beacon Press.（貴堂嘉之監訳／上田勢子訳，2021，『ホワイト・フラジリティ――私たちはなぜレイシズムに向き合えないのか？』明石書

店.）
DiBennardo, Rebecca A., 2018, "Ideal Victims and Monstrous Offenders: How the News Media Represent Sexual Predators," *Socius: Sociological Research for a Dynamic World*, 4: 1–20.
Dworkin, Andrea, 1987, *Intercourse*, New York: The Free Press.（寺沢みづほ訳,［1989］1998,『インターコース――性的行為の政治学 新版』青土社.）
江原由美子，1992,「セクシュアル・ハラスメントのエスノメソドロジー――週刊誌にみる『解釈の政治学』」好井裕明編『エスノメソドロジーの現実』世界思想社，111–33.
――――，1994,「『セクシュアル・ハラスメントの社会問題化』は何をしていることになるのか？――性規範との関連で」鐘ヶ江晴彦・広瀬裕子編『セクシュアル・ハラスメントはなぜ問題か――現状分析と理論的アプローチ』明石書店，171–93.（再録：井上輝子・上野千鶴子・江原由美子編，1995,『日本のフェミニズム 6 セクシュアリティ』岩波書店，105–28.）
――――，2001,『ジェンダー秩序』勁草書房.
――――，2019,「『男はつらいよ型男性学』の限界と可能性――ポジショナリティ論とグローバリゼーションとの関わりで」『女性学』日本女性学会，27: 10–22.
Enloe, Cynthia, 2017, *The Big Push: Exposing and Challenging the Persistence of Patriarchy*, Oxford: Myriad Editions.（佐藤文香監訳, 2020,『〈家父長制〉は無敵じゃない――日常からさぐるフェミニストの国際政治』岩波書店.）
Estrich, Susan, 1987, *Real Rape: How the Legal System Victimizes Women Who Say No*, Cambridge, Massachusetts: Harvard University Press.（中岡典子訳，1990,『リアル・レイプ』JICC出版局.）
Feild, Hubert S., 1978, "Attitudes toward Rape: A Comparative Analysis of Police, Rapists, Crisis Counselors, and Citizens," *Journal of Personality and Social Psychology*, 36(2): 156–79.
Franiuk, Renae, Jennifer L. Seefelt, Sandy L. Cepress and Joseph A. Vandello, 2008a, "Prevalence and Effects of Rape Myths in Print

Journalism: The Kobe Bryant Case," *Violence against Women*, 14(3): 287–309.
———, Jennifer L. Seefelt and Joseph A. Vandello, 2008b, "Prevalence of Rape Myths in Headlines and Their Effects on Attitudes toward Rape," *Sex Roles*, 58(11/12): 790–801.
Fugère, Madeleine A., Carlos Escoto, Alita J. Cousins, Matt L. Riggs and Paul Haerich, 2008, "Sexual Attitudes and Double Standards: A Literature Review Focusing on Participant Gender and Ethnic Background," *Sexuality & Culture*, 12(3): 169–82.
福富護，2000，『「援助交際」に対する成人男性の意識と背景要因』女性のためのアジア平和国民基金.
Gerger, Heike, Hanna Kley, Gerd Bohner and Frank Siebler, 2007, "The Acceptance of Modern Myths about Sexual Aggression Scale: Development and Validation in German and English," *Aggressive Behavior*, 33(5): 422–40.
Giacopassi, David J. and R. Thomas Dull, 1986, "Gender and Racial Differences in the Acceptance of Rape Myths within a College Population," *Sex Roles*, 15(1/2): 63–75.
Greer, Chris, 2003, *Sex Crime and the Media: Sex Offending and the Press in a Divided Society*, Cullompton, Devon: Willan Publishing.
濱口桂一郎，2016，「性別・年齢等の属性と日本の非典型労働政策」『日本労働研究雑誌』労働政策研究・研修機構，58(7): 4–13.
姫野カオルコ，2018，『彼女は頭が悪いから』文藝春秋.
平林紀子，1989，「『逸脱』に関するニュースの社会過程」『新聞学評論』日本新聞学会，38: 124–37.
平山亮，2017，『介護する息子たち——男性性の死角とケアのジェンダー分析』勁草書房.
———，2019，「『男性性による抑圧』と『男性性からの解放』で終わらない男性性研究へ」『女性学』日本女性学会，27: 42–56.
法制審議会刑事法（性犯罪関係）部会，2015，「法制審議会刑事法（性犯罪関係）部会 第2回会議 議事録」，法務省ホームページ，（2022年2月12日取得，https://www.moj.go.jp/content/001172417.pdf）.

細井洋子・四方由美，1995，「女性犯罪の報道に関する一考察――規範を再生産するメディアという観点から」『犯罪と非行』日立みらい財団，103: 24–41.
稲本絵里／クスマノ・ジェリー，2009，「犯罪被害者に対する社会的偏見――強姦神話と犯罪被害の暗数との関連」『上智大学心理学年報』上智大学総合人間科学部心理学科，33: 33–43.
石川義之，1994，「性的被害の実像――被害内容に関する経験的一般化」『島根大学法文学部紀要 文学科編』島根大学法文学部，22: 33–68.
岩間夏樹・辻泉，2002，「性行動・性意識から見た日本人像」NHK「日本人の性」プロジェクト『データブック NHK 日本人の性行動・性意識』日本放送出版協会，38–146.
岩崎直子，2000，「日本の男女学生における性的被害―― date/acquaintance rapeの経験および被害者にとっての“重要な他者”としての経験」『こころの健康』日本精神衛生学会，15(2): 52–61.
――――，2009，「男児／男性の受ける性被害についての『レイプ神話』に関する大学生意識調査」『小児の精神と神経』日本小児精神神経学会，49(4): 355–62.
Johnson, Barbara E., Douglas L. Kuck and Patricia R. Schander, 1997, “Rape Myth Acceptance and Sociodemographic Characteristics: A Multidimensional Analysis,” *Sex Roles*, 36(11/12): 693–707.
Johnson, Kim K. P., 1995, “Attributions about Date Rape: Impact of Clothing, Sex, Money Spent, Date Type, and Perceived Similarity,” *Family and Consumer Sciences Research Journal*, 23(3): 292–310.
香川県，2015，「【香川県の性犯罪に対する意識調査】の調査集計結果」，香川県ホームページ，(2021 年 12 月 4 日取得，https://www.pref.kagawa.lg.jp/documents/5127/seihanzai.pdf).
海妻径子，2006，「フーパーの『マスキュリニズム』論の意義と課題――男性性研究におけるコンネル *Masculinities* 以降の理論展開」『フィロソフィア・イワテ』岩手哲学会，38: 1–12.
――――，2019，「CSMM（男性［性］批判研究）とフェミニズム」『現代思想』青土社，47(2): 92–104.
観音堂智子・井上千尋・李節子，2003，「新聞の性犯罪・性暴力に関す

る記事の数量的・質的分析研究」『母性衛生』日本母性衛生学会, 44(2): 260-7.

狩谷あゆみ, 2013, 「『出世する女』はお嫌いですか？―― 1997 年『東電OL殺人事件』に関するマスコミ報道を事例として」『広島修大論集』広島修道大学学術交流センター, 53(2): 67-83.

加藤秀一, 2000, 「性暴力の〈力〉はどこからくるのか――セクシュアリティと権力とをめぐる断章」『現象学年報』日本現象学会, 16: 143-52.

川端多津子, 2008, 「痴漢冤罪」居永正宏・川端多津子・寺野朱美・橋爪由紀『女性専用車両の学際的研究――性暴力としての痴漢犯罪とアクセス権の保障（大学院生学際研究レポート 第 1 輯）』大阪府立大学大学院人間社会学研究科人間科学専攻現代人間社会分野, 27-35, （2021 年 12 月 6 日取得, https://web.archive.org/web/20101117041430/http://www.hs.osakafu-u.ac.jp/page2/page22/gakusai2007light01.pdf）.

川口遼, 2008, 「男性学における当事者主義の批判的検討」『Gender and Sexuality』国際基督教大学ジェンダー研究センター, 3: 23-41.

――――, 2014, 「R. W. コンネルの男性性理論の批判的検討――ジェンダー構造の多元性に配慮した男性性のヘゲモニー闘争の分析へ」『一橋社会科学』一橋大学大学院社会学研究科, 6: 65-78.

Kelly, Liz, 2010, "The Everyday/Everynightness of Rape: Is It Different in War?," Laura Sjoberg and Sandra Via eds., *Gender, War, and Militarism: Feminist Perspectives*, California: Praeger, 114-23.

金富子, 2014, 「関東大震災時の『レイピスト神話』と朝鮮人虐殺――官憲史料と新聞報道を中心に」『大原社会問題研究所雑誌』法政大学大原社会問題研究所, 669: 1-19.

北風菜穂子, 2019, 『親密な関係間の性暴力の判断に関する心理学的研究』風間書房.

Kitakaze, Nahoko, Takehiko Ito and Takayo Inoue, 2008, "Social Perception of Rape in Japan: Comparing Spanish and Japanese University Students," Paper presented at 13th Pacific Rim College

of Psychiatrists Scientific Meeting, Tokyo, October 30–November 2, 2008.
Kitzinger, Jenny, 2009, "Rape in the Media," Miranda Horvath and Jennifer Brown eds., *Rape: Challenging Contemporary Thinking*, Cullompton, Devon: Willan Publishing, 74–98.
小林直美，2014，「テレビニュースに表象される女性被害者――内容分析による男性被害者との比較研究」武蔵大学 2013 年度博士論文.
国家公安委員会・警察庁，2018，『平成 30 年版 警察白書』日経印刷.
Lees, Sue, 1995, "Media Reporting of Rape: The 1993 British 'Date Rape' Controversy," David Kidd-Hewitt and Richard Osborne eds., *Crime and the Media: The Post-Modern Spectacle*, London and East Haven, Connecticut: Pluto Press, 107–30.
Liogier, Raphaël, 2018, *Descente au cœur du mâle: de quoi #MeToo est-il le nom?*, Paris: Les Liens qui Libèrent.（伊達聖伸訳，2021，『男性性の探求』講談社.）
Lonsway, Kimberly A. and Louise F. Fitzgerald, 1994, "Rape Myths: In Review," *Psychology of Women Quarterly*, 18(2): 133–64.
――――，1995, "Attitudinal Antecedents of Rape Myth Acceptance: A Theoretical and Empirical Reexamination," *Journal of Personality and Social Psychology*, 68(4): 704–11.
Loś, Maria and Sharon E. Chamard, 1997, "Selling Newspapers or Educating the Public?: Sexual Violence in the Media," *Canadian Journal of Criminology*, 39(3): 293–328.
Lule, Jack, 1995, "The Rape of Mike Tyson: Race, the Press and Symbolic Types," *Critical Studies in Mass Communication*, 12(2): 176–95.
MacKinnon, Catharine A., 1979, *Sexual Harassment of Working Women: A Case of Sex Discrimination*, New Haven, Connecticut: Yale University Press.（村山淳彦監訳／市川達人・市川伸子・後藤玲子・小松香織・志田昇・長尾素子・村山知恵・森田成也訳，1999，『セクシャル・ハラスメント オブ ワーキング・ウィメン』こうち書房.）

———, 1981, "Sex and Violence: A Perspective," Manuscript presented at 12th National Conference on Women and the Law, Boston, Massachusetts, April 5, 1981. Reprinted in: 1987, *Feminism Unmodified: Discourses on Life and Law*, Cambridge, Massachusetts: Harvard University Press, 85–92.（奥田暁子訳, 1993,「性と暴力——一つの見方」奥田暁子・加藤春恵子・鈴木みどり・山崎美佳子訳『フェミニズムと表現の自由』明石書店，137–50.）

———, 1991, "Does Sexuality Have a History?," *Michigan Quarterly Review*, 30(1): 1–11. Reprinted in: 2005, *Women's Lives, Men's Laws*, Cambridge, Massachusetts: Harvard University Press, 269–76.（森田成也・中里見博・武田万里子訳，2011,「性に歴史はあるか——フーコーと性の歴史学」『女の生，男の法（下）』岩波書店, 121–38.）

———, 1995, "Pornography Left and Right," *Harvard Civil Rights-Civil Liberties Law Review*, 30(1): 143–68. Reprinted in: 2005, *Women's Lives, Men's Laws*, Cambridge, Massachusetts: Harvard University Press, 327–44.（森田成也・中里見博・武田万里子訳, 2011,「ポルノグラフィ，左と右」『女の生，男の法（下）』岩波書店，207–60.）

———, 2003, "A Sex Equality Approach to Sexual Assault," *Annals of the New York Academy of Sciences*, 989(1): 265–75. Reprinted in: 2005, "Unequal Sex: A Sex Equality Approach to Sexual Assault," *Women's Lives, Men's Laws*, Cambridge, Massachusetts: Harvard University Press, 240–8.（森田成也・中里見博・武田万里子訳, 2011,「不平等なセックス——性的暴行への平等アプローチ」『女の生，男の法（上）』岩波書店，313–36.）

Madriz, Esther I., 1997, "Images of Criminals and Victims: A Study on Women's Fear and Social Control," *Gender & Society*, 11(3): 342–56.

前之園和喜，2019,「女性専用車両って男性への差別じゃない？」佐藤文香監修／一橋大学社会学部佐藤文香ゼミ生一同『ジェンダーにつ

いて大学生が真剣に考えてみた――あなたがあなたらしくいられるための 29 問』明石書店，138–42.
牧野雅子，2019,『痴漢とはなにか――被害と冤罪をめぐる社会学』エトセトラブックス.
Marhia, Natasha, 2008, *Just Representation?: Press Reporting and the Reality of Rape*, London: Eeaves.
Masters, N. Tatiana, 2010, "'My Strength Is Not for Hurting': Men's Anti-Rape Websites and Their Construction of Masculinity and Male Sexuality," *Sexualities*, 13(1): 33–46.
松田美佐，1996,「ジェンダーの観点からのメディア研究再考――ジェンダーとメディアの社会的構成に焦点をあてながら」『マス・コミュニケーション研究』日本マス・コミュニケーション学会，48: 190–203.
メディアの中の性差別を考える会，［1991］1993,「性差別的表現と望ましい表現」『メディアに描かれる女性像――新聞をめぐって 増補・反響編付』桂書房，13–58.
Messerschmidt, James W., 2016, *Masculinities in the Making: From the Local to the Global*, Lanham, Maryland: Rowman & Littlefield.
――― and Michael A. Messner, 2018, "Hegemonic, Nonhegemonic, and 'New' Masculinities," James W. Messerschmidt, Patricia Yancey Martin, Michael A. Messner and R. W. Connell eds., *Gender Reckonings: New Social Theory and Research*, New York: New York University Press, 35–56.
Messner, Michael, 2015, "Bad Men, Good Men, Bystanders: Who Is the Rapist?," *Gender & Society*, 30(1): 57–66.
Meyers, Marian, 1997, *News Coverage of Violence against Women: Engendering Blame*, Thousand Oaks, California: Sage.
―――, 2004, "African American Women and Violence: Gender, Race, and Class in the News," *Critical Studies in Media Communication*, 21(2): 95–118.
宮地尚子，2005a,「男制の暴力とオルタナティブな親密性」『情況 第三期』情況出版，6(5): 162–71.

――――，2005b，「支配としてのDV――個的領域のありか」『現代思想』青土社，33(10): 121–33.
――――，2006，「男児への性的虐待――気づきとケア」『小児の精神と神経』日本小児精神神経学会，46(1): 19–29.
――――，2008a，「性暴力と性的支配」宮地尚子編『性的支配と歴史――植民地主義から民族浄化まで』大月書店，17–63.
――――，2008b，「男性の性被害――被害と加害の『連鎖』をめぐって」『トラウマティック・ストレス』日本トラウマティック・ストレス学会，6(2): 145–55.
――――，2010，「親密的領域での暴力は被害者から何を奪うのか」『ジュリスト』有斐閣，1409: 152–61.
――――・松村美穂，2019，「DV（ドメスティック・バイオレンス）からみえてくる公共――公的領域／親密的領域／個的領域の三分法」『思想』岩波書店，1140: 23–39.
Moorti, Sujata, 2002, *Color of Rape: Gender and Race in Television's Public Spheres*, New York: State University of New York Press.
森田成也，2011，「訳者解題」キャサリン・A・マッキノン／森田成也・中里見博・武田万里子訳『女の生，男の法（下）』岩波書店，319–24.（Harvard University Press 2005）
村田陽平，2002，「日本の公共空間における『男性』という性別の意味」『地理学評論』日本地理学会，75(13): 813–30.（再録：2009，「日常空間における『男性』という性別の意味――セクシュアルマイノリティの視点から」『空間の男性学――ジェンダー地理学の再構築』京都大学学術出版会，113–36.）
内閣府男女共同参画局，2006，『男女間における暴力に関する調査 報告書』，内閣府ホームページ，（2021 年 12 月 4 日取得，https://www.gender.go.jp/policy/no_violence/e-vaw/chousa/pdf/h18report2-5.pdf）.
――――，2009，『男女間における暴力に関する調査 報告書』，内閣府ホームページ，（2021 年 12 月 4 日取得，https://www.gender.go.jp/policy/no_violence/e-vaw/chousa/pdf/h21report2-5.pdf）.
――――，2011，『メディアにおける女性の参画に関する調査 報告書』，

内閣府ホームページ，(2020 年 12 月 23 日取得，https://www.gender.go.jp/research/kenkyu/sekkyoku/pdf/00_full_set.pdf).
―――，2012，『男女間における暴力に関する調査 報告書』，内閣府ホームページ，(2021 年 12 月 4 日取得，https://www.gender.go.jp/policy/no_violence/e-vaw/chousa/pdf/h23danjokan-8.pdf).
―――，2015，『男女間における暴力に関する調査 報告書』，内閣府ホームページ，(2021 年 12 月 4 日取得，https://www.gender.go.jp/policy/no_violence/e-vaw/chousa/pdf/h26danjokan-8.pdf).
―――，2018，『男女間における暴力に関する調査 報告書』，内閣府ホームページ，(2021 年 12 月 4 日取得，https://www.gender.go.jp/policy/no_violence/e-vaw/chousa/pdf/h29danjokan-12.pdf).
―――，2021，『男女間における暴力に関する調査 報告書』，内閣府ホームページ，(2021 年 12 月 4 日取得，https://www.gender.go.jp/policy/no_violence/e-vaw/chousa/pdf/r02/r02danjokan-12.pdf).
中河伸俊，1998，「悩む――個人の悩みと社会問題」伊藤公雄・牟田和恵編『ジェンダーで学ぶ社会学』世界思想社，126–41.
中村正，2019，「暴力の遍在と偏在――その男の暴力なのか，それとも男たちの暴力性なのか」『現在思想』青土社，47(2): 64–76.
成瀬幸典，2006，「『性的自由に対する罪』に関する基礎的考察」辻村みよ子監修／齊藤豊治・青井秀夫編『セクシュアリティと法（ジェンダー法・政策研究叢書 第 5 巻）』東北大学出版会，251–73.
Naylor, Bronwyn, 2001, “Reporting Violence in the British Print Media: Gendered Stories,” *The Howard Journal of Criminal Justice*, 40(2): 180–94.
NHK「日本人の性」プロジェクト，2002，「調査結果全データ」『データブック NHK 日本人の性行動・性意識』日本放送出版協会，187–264.
日本弁護士連合会人権擁護委員会，2000，『人権と報道――報道のあるべき姿をもとめて』明石書店.
日本家族計画協会，2003，『第 1 回 男女の生活と意識に関する調査報告書――性に関する知識・意識・行動について』日本家族計画協会.
日本新聞協会，2022，「新聞・通信社従業員数と記者数の推移」，日本新

聞協会ホームページ，(2022 年 1 月 10 日取得，https://www.pressnet.or.jp/data/employment/employment03.php)．
Nilsson, Gabriella, 2019a, "Narrating the Moral Geography of Rape in Swedish Newspapers," Ulrika Andersson, Monika Edgren, Lena Karlsson and Gabriella Nilsson eds., *Rape Narratives in Motion*, Cham, Switzerland: Palgrave Macmillan, 119–46.
————，2019b, "Rape in the News: On Rape Genres in Swedish News Coverage," *Feminist Media Studies*, 19(8): 1178–94.
西井開，2019,「痛みとダークサイドの狭間で――『非モテ』から始まる男性運動」『現代思想』青土社，47(2): 154–60.
————，2020a,「周縁化された男性の生活体験の臨床社会学的探求――『非モテ』現象にかかわる男性のナラティブをとおして」『現代の社会病理』日本社会病理学会，35: 97–113.
————，2020b,「戸惑いの内側から」ぼくらの非モテ研究会『モテないけど生きてます――苦悩する男たちの当事者研究』青弓社，10–26.
————，2021,『「非モテ」からはじめる男性学』集英社.
大庭絵里，1990,「犯罪・非行の『凶悪』イメージの社会的構成――『凶悪』事件ニュース報道をめぐって」『犯罪社会学研究』日本犯罪社会学会，15: 18–33.
大淵憲一・石毛博・山入端津由・井上和子，1985,「レイプ神話と性犯罪」『犯罪心理学研究』日本犯罪心理学会，23(2): 1–12.
荻上チキ，2011,『検証 東日本大震災の流言・デマ』光文社.
O'Hara, Shannon, 2012, "Monsters, Playboys, Virgins and Whores: Rape Myths in the News Media's Coverage of Sexual Violence," *Language and Literature*, 21(3): 247–59.
小俣謙二，2013,「レイプ被害者に対する大学生の態度を規定する要因――性役割観とレイプに対する認知」『犯罪心理学研究』日本犯罪心理学会，51(1): 13–27.
大髙実奈，2021,「電車内痴漢の分類とその特徴――新聞報道を用いた探索的分析」『東洋大学大学院紀要』東洋大学大学院，57: 65–85.
大竹優太・髙瀬泉・門屋亮・和田尚・藤宮龍也，2018,「男性の性暴力

被害への医師の対応状況および‘神話’に関する意識調査――二次被害の防止を見据えて」『犯罪学雑誌』日本犯罪学会，84(4): 110–6.
Parrot, Andrea, 1988, *Coping with Date Rape & Acquaintance Rape*, New York: The Rosen Publishing Group.（村瀬幸浩監修／冨永星訳，2005，『デートレイプってなに？――…知りあいからの性的暴力』大月書店.）
Payne, Diana L., Kimberly A. Lonsway and Louise F. Fitzgerald, 1999, "Rape Myth Acceptance: Exploration of Its Structure and Its Measurement Using the Illinois Rape Myth Acceptance Scale," *Journal of Research in Personality*, 33(1): 27–68.
Peterson, V. Spike, 1992, "Security and Sovereign States: What Is at Stake in Taking Feminism Seriously?," V. Spike Peterson ed., *Gendered States: Feminist (Re)visions of International Relations Theory*, Boulder, Colorado: Lynne Rienner Publishers, 31–64.
Planty, Michael, Lynn Langton, Christopher Krebs, Marcus Berzofsky and Hope Smiley-McDonald, [2013] 2016, "Female Victims of Sexual Violence, 1994–2010," Washington, D.C.: Office of Justice Programs, (Retrieved December 4, 2021, https://bjs.ojp.gov/content/pub/pdf/fvsv9410.pdf).
Pollard, Paul, 1992, "Judgments about Victims and Attackers in Depicted Rapes: A Review," *British Journal of Social Psychology*, 31(4): 307–26.
Reiss, Ira L., 1956, "The Double Standard in Premarital Sexual Intercourse: A Neglected Concept," *Social Forces*, 34(3): 224–30.
――――, 1960, *Premarital Sexual Standards in America: A Sociological Investigation of the Relative Social and Cultural Integration of American Sexual Standards*, New York: The Free Press.
斉藤章佳，2017，『男が痴漢になる理由』イースト・プレス.
――――，2018，「性犯罪治療の現場から――性犯罪者の包括的地域トリートメント」『アディクションと家族』日本嗜癖行動学会，33(2): 206–13.
齊藤豊治，2006，「性暴力犯罪の保護法益」辻村みよ子監修／齊藤豊

治・青井秀夫編『セクシュアリティと法（ジェンダー法・政策研究叢書 第5巻）』東北大学出版会，221–50.
桜井厚，2002，『インタビューの社会学――ライフストーリーの聞き方』せりか書房.
佐藤文香，2018，「戦争と性暴力――語りの正統性をめぐって」上野千鶴子・蘭信三・平井和子編『戦争と性暴力の比較史へ向けて』岩波書店，315–40.
Schippers, Mimi, 2007, "Recovering the Feminine Other: Masculinity, Femininity, and Gender Hegemony," *Theory and Society*, 36(1): 85–102.
Sedgwick, Eve K., 1985, *Between Men: English Literature and Male Homosocial Desire*, New York: Columbia University Press.（上原早苗・亀澤美由紀訳，2001，『男同士の絆――イギリス文学とホモソーシャルな欲望』名古屋大学出版会.）
性犯罪の罰則に関する検討会，2015，『「性犯罪の罰則に関する検討会」取りまとめ報告書』，法務省ホームページ，（2021年10月10日取得，https://www.moj.go.jp/content/001154850.pdf）.
Sela-Shayovitz, Revital, 2015, "'They Are All Good Boys': The Role of the Israeli Media in the Social Construction of Gang Rape," *Feminist Media Studies*, 15(3): 411–28.
澁谷知美，2001，「『フェミニスト男性研究』の視点と構想――日本の男性学および男性研究批判を中心に」『社会学評論』日本社会学会，51(4): 447–63.
――――，［2003］2015，『日本の童貞』河出書房新社.
――――，2019，「ここが信用できない日本の男性学――平山亮『介護する息子たち』の問題提起を受けて」『国際ジェンダー学会誌』国際ジェンダー学会，17: 29–47.
――――，2021，『日本の包茎――男の体の200年史』筑摩書房.
執行三佳・河野美江・武田美輪子・折橋洋介・大草亘孝・川島渉・布施泰子，2019，「KH coderを用いた大学生の性暴力をめぐる自由記述分析の一考察――支援・予防教育に関する大学生のニーズに焦点を当てて」『大学のメンタルヘルス』全国大学メンタルヘルス学会，

3: 135–43.
四方由美，2004，「『ジェンダーとメディア』研究におけるメッセージ分析」『マス・コミュニケーション研究』日本マス・コミュニケーション学会，64: 87–102.
――――，2014，『犯罪報道におけるジェンダー問題に関する研究――ジェンダーとメディアの視点から』学文社.
島岡まな，2012，「『男性化された』犯罪」『ジェンダーと法』ジェンダー法学会，9: 17–26.
――――，2017，「（強制性交等）第177条」浅田和茂・井田良編『新基本法コンメンタール 刑法 第2版』日本評論社，388–91.
白佐俊憲・今野洋子・星信子・佐々木邦子，2001，「日本における青少年の性に関する最近の主要文献リスト」白佐俊憲・今野洋子・星信子・佐々木邦子編『日本と中国の青少年の性意識・性教育』川島書店，168–212.
Shoham, Efrat, 2009, "Reconstructing the Narrative of Rape in the Kibbutz by the Israeli Press," *International Journal of Conflict and Violence*, 3(2): 220–9.
Sivakumaran, Sandesh, 2007, "Sexual Violence against Men in Armed Conflict," *European Journal of International Law*, 18(2): 253–76.
Soothill, Keith and Sylvia Walby, 1991, *Sex Crime in the News*, New York and London: Routledge.
Sprecher, Susan and Elaine Hatfield, 1996, "Premarital Sexual Standards among U.S. College Students: Comparison with Russian and Japanese Students," *Archives of Sexual Behavior*, 25(3): 261–88.
Spring，2018，『見直そう！ 刑法性犯罪――性被害当事者の視点から』，Springホームページ，（2021年10月10日取得，http://spring-voice.org/wp-content/uploads/2019/02/%E8%A6%8B%E7%9B%B4%E3%81%9D%E3%81%86%E5%88%91%E6%B3%95%E6%80%A7%E7%8A%AF%E7%BD%AAPDF.pdf）.
Stiehm, Judith H., 1982, "The Protected, the Protector, the Defender," *Women's Studies International Forum*, 5(3/4): 367–76.
杉田聡，2001，「レイプの神話学――新たな『レイプ神話』の誕生」『人

文社会科学論集』帯広畜産大学，10(4): 116–92.（再録：2003,「レイプの神話学」『レイプの政治学——レイプ神話と「性＝人格原則」』明石書店，13–126.）
杉田俊介，2011,「『男性弱者』とは誰か？——非正規雇用・非モテ・ミソジニー」『女も男も』労働教育センター，118: 44–53.
————，2016,『非モテの品格——男にとって「弱さ」とは何か』集英社.
水津嘉克，2012,「逸脱（排除対象）分析枠組みとしての『レイベリング理論』の整理・再検討（1)」『東京学芸大学紀要 人文社会科学系II』東京学芸大学，63: 185–92.
————，2014,「逸脱（排除対象）分析枠組みとしての『レイベリング理論』の整理・再検討（2）——社会的相互作用過程としての『レイベリング』」『東京学芸大学紀要 人文社会科学系II』東京学芸大学，65: 95–104.
————，2015,「逸脱（排除対象）分析枠組みとしての『レイベリング理論』の整理・再検討（3）——逸脱（排除対象）カテゴリーとは」『東京学芸大学紀要 人文社会科学系II』東京学芸大学，66: 87–97.
————，2018,「逸脱（排除対象）分析枠組みとしての『レイベリング理論』の整理・再検討（4）——H.S.ベッカーによる逸脱概念の認識利得とその矛盾」『東京学芸大学紀要 人文社会科学系II』東京学芸大学，69: 99–107.
多賀太，2016,「男性支配のパラドックス——男の生きづらさ再考」『男子問題の時代？——錯綜するジェンダーと教育のポリティクス』学文社，31–59.
————・伊藤公雄・安藤哲也，2015,『男性の非暴力宣言——ホワイトリボン・キャンペーン』岩波書店.
田中麻子，2016,『不可視の性暴力——性風俗従事者と被害の序列』大月書店.
田中東子，1999,「ジェンダーポリティクスの中のメディアと女性——ジェンダー構築主義とアクティブオーディエンス論を媒介として」『早稲田政治公法研究』早稲田大学大学院政治学研究科，61: 335–66.

（再録：2012,「メディア表象とジェンダー構築のメカニズム」『メディア文化とジェンダーの政治学――第三波フェミニズムの視点から』世界思想社，83-121.）
田中俊之，2009,『男性学の新展開』青弓社.
――――，2019,「男性学は誰に向けて何を語るのか」『現代思想』青土社，47(2): 34-44.
谷原圭亮・小嶋聡・中島寛・水野剛也，2005,「『元少年』殺人犯の再犯と実名報道――女子高生コンクリート詰め殺害事件の準主犯格少年をめぐるマス・メディアの報道（前編）」『情報研究』文教大学情報学部，33: 331-44.
――――，2006,「『元少年』殺人犯の再犯と実名報道――女子高生コンクリート詰め殺害事件の準主犯格少年をめぐるマス・メディアの報道（後編）」『情報研究』文教大学情報学部，34: 165-75.
角田由紀子，2001,『性差別と暴力――続・性の法律学』有斐閣.
――――，2017,「性犯罪法の改正――改正の意義と課題」『論究ジュリスト』有斐閣，23: 120-7.
上野千鶴子，1996,「『国民国家』と『ジェンダー』――『女性の国民化』をめぐって」『現代思想』青土社，24(12): 8-45.（再録：2012,「国民国家とジェンダー」,「『従軍慰安婦』問題をめぐって」『ナショナリズムとジェンダー 新版』岩波書店，1-149.）
――――，2007,「性の二重基準と女の分断支配――『聖女』と『娼婦』という他者化」『scripta』紀伊國屋書店出版部，2(1): 31-9.（再録：2018,『女ぎらい――ニッポンのミソジニー（文庫版）』朝日新聞出版，42-60.）
――――，2009,「『非モテ』のミソジニー」『scripta』紀伊國屋書店出版部，3(4): 34-43.（再録：2018,『女ぎらい――ニッポンのミソジニー（文庫版）』朝日新聞出版，61-83.）
――――，2010,「ミソジニーは超えられるか」『女ぎらい――ニッポンのミソジニー』紀伊國屋書店，257-73.（再録：2018,『女ぎらい――ニッポンのミソジニー（文庫版）』朝日新聞出版，284-302.）
――――，2018a,「諸君！ セクハラで晩節を汚さないように」『WEBRONZA』朝日新聞社，（2021年12月4日取得，https://

webronza.asahi.com/culture/column.html?id=%E8%AB%B8%E5%90%9B%EF%BC%81%E3%80%80%E3%82%BB%E3%82%AF%E3%83%8F%E3%83%A9%E3%81%A7%E6%99%A9%E7%AF%80%E3%82%92%E6%B1%9A%E3%81%95%E3%81%AA%E3%81%84%E3%82%88%E3%81%86%E3%81%AB). (再録：2018,「諸君！ 晩節を汚さないように――セクハラの何が問題か？」『女ぎらい――ニッポンのミソジニー（文庫版)』朝日新聞出版，303–37.)

――――，2018b,「戦争と性暴力の比較史の視座」上野千鶴子・蘭信三・平井和子編『戦争と性暴力の比較史へ向けて』岩波書店，1–31.

van Dijk, Teun A., 1992, "Discourse and the Denial of Racism," *Discourse & Society*, 3(1): 87–118. (山下仁・野呂香代子訳，2006,「談話に見られる人種差別の否認」植田晃次・山下仁編『「共生」の内実――批判的社会言語学からの問いかけ』三元社，187–232.)

van Zoonen, Liesbet, 1991, "Feminist Perspectives on the Media," James Curran and Michael Gurevitch eds., *Mass Media and Society*, London: Hodder Arnold, 33–54. (平林紀子訳，1995,「メディアに対するフェミニズムの視点」児島和人・相田敏彦監訳『マスメディアと社会――新たな理論的潮流』勁草書房，31–76.)

Walby, Sylvia, Alex Hay and Keith Soothill, 1983, "The Social Construction of Rape," *Theory, Culture & Society*, 2(1): 86–98.

Worthington, Nancy, 2013, "Explaining Gang Rape in a 'Rough Town': Diverse Voices in Gender Violence News Online," *Communication, Culture & Critique*, 6(1): 103–20.

山口毅，2014,「レッテル貼りが逸脱を生む逆説――ラベリング論」岡邊健編『犯罪・非行の社会学――常識をとらえなおす視座』有斐閣，169–87.

Yamawaki, Niwako and Brian T. Tschanz, 2005, "Rape Perception Differences between Japanese and American College Students: On the Mediating Influence of Gender Role Traditionality," *Sex Roles*, 52(5/6): 379–92.

横山麻衣，2021,「強かん神話支持と性別ごとの社会的文脈――性的に不快な経験後のプロセスに着目して」『人文学報 社会学』首都大学

東京人文科学研究科，517-1: 107-26.
Zaikman, Yuliana and Michael J. Marks, 2017, “Promoting Theory-Based Perspectives in Sexual Double Standard Research,” *Sex Roles*, 76(7/8): 407-20.